《逸周書》研究文獻輯刊

第一册

國家圖書館出版社

圖書在版編目(CIP)數據

《逸周書》研究文獻輯刊(全九册) / 宋志英,晁岳佩選編.--
北京:國家圖書館出版社, 2015.8
(先秦典籍研究文獻輯刊)
ISBN 978-7-5013-5635-5

Ⅰ.①逸… Ⅱ.①宋… ②晁… Ⅲ.①中國歷史—西周時代
②《逸周書》—研究 Ⅳ.①K224.04

中國版本圖書館 CIP 數據核字(2015)第156045號

書　　名　《逸周書》研究文獻輯刊(全九册)
著　　者　宋志英　晁岳佩　選編
叢 書 名　先秦典籍研究文獻輯刊
叢書策劃　宋志英　晁岳佩
責任編輯　林　榮
封面設計　程春燕

出　　版　國家圖書館出版社(100034 北京市西城區文津街7號)
　　　　　(原書目文獻出版社　北京圖書館出版社)
發　　行　010-66114536　66126153　66151313　66175620
　　　　　66121706(傳真),66126156(門市部)
E-mail　btsfxb@nlc.gov.cn(郵購)
Website　www.nlcpress.com→投稿中心
經　　銷　新華書店
印　　裝　北京華藝齋古籍印務有限公司
版　　次　2015年8月第1版　2015年8月第1次印刷

開　　本　850×1168(毫米)　1/32
印　　張　168.5

書　　號　ISBN 978-7-5013-5635-5
定　　價　2900.00圓

《先秦典籍研究文獻輯刊》編委會

前言

《逸周書》七十一篇，其中十一篇有目無書，最後一篇《周書序》，爲各篇篇名解題，實有内容五十九篇。其中，若干篇衹有數行，有的地方明顯殘缺有脱誤，難以理解。各篇篇目均作『某某解』，『解』字當是孔晁注此書時所加。《逸周書》的内容，大部分屬於記言文字，少數篇目記事。各篇之間大致按照時間順序排列，但内容相互獨立，文章風格也有明顯差異，整體上屬於文獻彙編性質。各篇均無作者姓名，成書年代不詳。《太子晉》記事至春秋中期，成書當在此之後。

《漢書・藝文志》載：『《周書》七十一篇。周史記。』顏師古注：『劉向云：「周時誥誓號令也，蓋孔子所論百篇之餘也。」今之存者四十五篇矣。』這是關於《逸周書》的最早著録，後世學者在此基礎上重點關注四個問題：第一，《逸周書》和《周書》是否同一種書；第二，《逸周書》的内容是否屬於『誥誓號令』，它與《尚書》有無關係；第三，《逸周書》是否周代史書；第四，今本《逸周書》較唐初多出的十五篇來自何處。這些問題至今仍没有完全解决。

《左傳》《國語》等先秦文獻多有對《周書》或《周志》的徵引，其中有見於今本《尚書》者，也有見於今本《逸周書》者，又有不見於此二書者。據此，先秦時人所謂《周書》或《周志》，未必是編輯定稿的書名，而是對周人之書的泛稱。衆所周知，很多先秦文獻的書名都是劉向、劉歆父子在整理中秘書時所加，如《戰國策》等。《漢志》載《周書》七十一篇，亦當是劉向整理出除《尚書》所載之外的周人文章，取《周書》之名以冠之，而未必與先秦時人所稱的《周書》或《周志》完全相同。至於所謂『周史記』，衹是班固的自注，並不能説明在劉向之前已有這部《周書》。劉向說『蓋孔子所論百篇之餘也』，即是認定這是周人之書的遺篇。東漢許慎《說文解字》始稱《逸周書》，稱『逸』之意不詳。晉郭璞注《爾雅》，唐李善注《文選》，徵引稱《逸周書》。東漢馬融、鄭玄徵引時仍稱《周書》。據此，此書在東漢已有二名，自晉以後定名爲《逸周書》。

孔子創辦私學需要教材，從傳世文獻中選用課本也是情理中事，孔子或因此編成了《尚書》。漢人認爲孔子刪定的《尚書》共有百篇，而漢代流傳的《今文尚書》衹有二十九篇。劉向說《周書》是『孔子所論百篇之餘』，顯然並不認爲它是《尚書》的一部分。西漢時魯恭王拆孔子舊宅，發現了一批用先秦文字寫成的古書，其中包括《尚書》，後世稱《古文尚書》。現代有學者認爲，《古文尚書》本有百篇，除《今文尚書》二十九篇外，其餘七十一篇就是今本《逸周書》。《逸周書》中的《世俘》與今本《古文尚書》中的《武成》相同，就是證據。此說没有得到學術界認同。《今文尚書》中有《虞書》《夏書》《商書》《周書》，而《逸周書》中衹有一篇《商誓》記夏商之際事，其餘均爲周人周事，若謂《尚書》逸篇，似乎

『逸』的太巧。《古文尚書》是孔安國所傳，但傳世情況一直不清楚，今本《古文尚書》雖然不一定都是僞作，但與孔安國的《尚書傳》究竟有多少關係，還有待地下考古發現的證實。僅憑《世俘》與《武成》的相同，便定論《逸周書》是孔子《尚書》逸篇，似嫌證據不足。《逸周書》既不必是孔子編《尚書》有意不取者，更不必是孔子《尚書》的組成部分，它衹是不同於《尚書》的周人文件彙編。

劉向説《周書》的内容是『周時誥誓號令』，班固認定爲『周史記』，皆以此書爲可信的周代史書。至《四庫全書總目》（以下簡稱《總目》），雖認定《逸周書》『爲三代遺文』，但對其可信性卻産生了懷疑：『所云文王受命稱王，武王、周公私計東伐，俘馘殷遺，暴殄原獸，輦括寶玉，動至億萬，三發下車，懸紂首太白，又用之南郊，皆古人必無之事。陳振孫以爲戰國後人所爲，似非無見。』《總目》所指，主要是《克殷》所載武王伐紂之事。《總目》認定此爲『古人必無之事』，即不可憑信，但没有説明理由，大概是因爲這些記載與古代儒生心目中的文王、武王、周公之聖明形象不符。按照孟子的説法，商湯滅夏，文、武亡殷，都是替天行道，誅獨夫民賊以解民倒懸，人民皆簞食壺漿以迎王師，東征而西怨，西征而東怨。王者之師是不可能殺人盈城、殺人盈野的。凡不符合王者形象的記載，都是不可信的，『盡信書，不如無書』。《總目》認定《逸周書》不可全信，可能是戰國後人所爲，正是源於這種觀念。現代學者破除了三王盛世的舊觀念，認爲孟子所説不過是對理想王道的一種表述，《逸周書》記載的武王滅殷反映出來的暴力傾向，纔真正符合古代部族英雄的典型形象，故《逸周書》是可信的歷史文獻。這種觀點逐漸成爲主流。當然，也有學者認爲，《逸周書》中一些議論文性質的篇章，明顯帶有戰國時人的觀念和文章風格，有創作痕跡，也不可完全憑信。

《隋書·經籍志》記載：『《周書》十卷。《汲冢書》。』始認爲《逸周書》出於汲冢。《新唐書·藝文志》《崇文總目》《太平御覽》等則直接稱《汲冢周書》。《總目》對此做了較詳考證：

舊本題曰《汲冢周書》。考《隋經籍志》《唐藝文志》，俱稱此書以晉太康二年得於魏安僖王冢中。則汲冢之説其來已久。然《晉書·武帝紀》及《荀勖傳》《束皙傳》，載汲郡人不準所得《竹書》七十五篇，具有篇名，無所謂《周書》。杜預《春秋集解後序》，載汲冢諸書，亦不列《周書》之目。是《周書》不出汲冢也……知爲漢代相傳之舊。郭璞注《爾雅》，稱《逸周書》。李善《文選注》所引，亦稱《逸周書》。知晉及唐初，舊本尚不題『汲冢』。其相沿稱汲冢者，殆以梁任昉得竹簡漆書，不能辨識，以示劉顯。顯識爲孔子删書之餘。其時《南史》未出，流傳不審，遂誤合汲冢、竹簡爲一事，而修《隋志》者誤採之耶……《文獻通考》所引《李燾跋》及劉克莊《後村詩話》，皆以爲漢時本有此書，其後稍隱，賴汲冢竹簡出，乃得復顯。是又心知其非而巧爲調停之説。惟舊本載嘉定十五年丁黼跋，反復考證，確以爲不出汲冢。斯定論矣。

實際上，《逸周書》不出於汲冢，並未因此定論。《晉書·束皙傳》所列汲冢書篇目中，確有《周書》之名，《總目》考之未審。顏師古已説《逸周書》在唐初僅有四十五篇，今本卻有六十篇，多出部分來自何處，《總目》並未給出合理的解釋。因此，至近世仍有許多學者認爲今本《逸周書》就是《汲冢周書》，或者認爲其中有一部分來自《汲冢周書》。但學者們的考證，材料基本上都没有超出《總目》，故也難以真正推翻《總目》的結論。關於《汲冢周書》的記載，主要有晉荀勖《穆天子傳序》、晉杜預《春秋經傳集解後序》、唐修《晉書·束皙傳》、唐孔穎達《春秋左傳正義》引王隱《晉書·束皙傳》等。這些記載對《竹書紀年》和《穆天子傳》的介紹最多，《周書》之名僅出現一次，且没有任何介紹。若《周書》有諸多篇章，且保存非常完整，又被認爲是孔子删《書》之餘，各家記載不應隻字不提。據各家記載，汲冢書出土時，多有『燼簡斷札』，且整理者對蝌蚪文字不能盡識，故初次整理已有諸多缺誤難通之處。《穆天子傳》是其中唯一較爲完整地流傳至今者，處處留有『燼簡斷札』的痕跡。今本《逸周書》中雖然也有一些脱誤難通之處，與《穆天子傳》相比，可以説整體還算文通字順，許多長篇大論甚至完全没有『燼簡斷札』的痕跡，如果説這是出土竹簡的整理成果，是難以想象的。因此，《逸周書》不出汲冢的結論，應該是正確的。至於今本較唐初多出十五篇，可能有兩種情况：第一是顔師古所見非當時全本，第二是唐初的四十五篇被後人分割以充七十一篇之數。今本中有若干篇衹有數行，文意明顯不完整，與其他篇章相較不類，當是後人割裂而成，甚至是後人的僞作，至於何時何人所爲則無從考察。

《逸周書》中《克殷》《世俘》《作雒》《皇門》等以記事爲主的篇章，現代學者普遍認爲真實可信，可以與《尚書》相互印證，具有極高的史料價值。有些學者懷疑《逸周書》的可信性，主要是指占《逸周書》絶大部分的記言篇章。其中，記文王、武王、周公言辭者最多，而文字卻與《尚書》的『佶屈聱牙』差别巨大，與春秋戰國間的文字頗有相近之處。但是，《國語》所記各國賢哲的言辭，《左傳》所述先賢聖哲之言，甚至《尚書》所載誥誓號令，是否也有後人加工潤色呢？答案顯然是肯定的。先秦記言爲主的文獻，應該都是文人根據已有材料改寫而成的，古樸者成書較早，典雅者成書較晚。《左傳》《國語》《論語》等，都成書於戰國年間，學者們一般並不懷疑其可信性。《逸周書》中即使有一些出自戰國人之手的篇章，我們又何必一定不相信它的真實性呢？《尚書》《國語》《論語》都以記言爲主，《左傳》也記載大量言辭，《語》體文獻或者是周代文化的主要載體。注重記録前賢的語言表述，實際上是重在吸取前人的智慧。重記言而輕記事，或是周人作文的特徵。從這一點上説，《逸周書》應是周人文章的彙編，反映着周人的觀念。

孔子推崇周公，儒家傳承着周人的禮樂文明，這是學術界公認的。由於《尚書》中的《周書》衹有十九篇，且與春秋戰國間的文風不同，很難確證儒家觀念與周人禮樂文明之間的直接聯繫。《逸周書》正可填補這一空白。《逸周書》所記文王、武王、周公等人之言，與《左傳》《國語》《論語》中體現的觀念是相近或相通的，使用的許多概念是相同的，明確體現着文化上的傳承關係。如果把《逸周書》與《戰國策》及其他諸子文獻進行比較，更可看出概念與觀念的明顯區别。《逸周書》不僅記事部分真實可信，其記言部分對研究思想史、文化史同樣具有很高價值。《逸周書》的地位，應與《尚書》相近或相同。

自劉向整理《逸周書》，已認爲它是孔子編定《尚書》所不取的篇章，在以經學爲正統的時代，它自然不會受到太多的重視。晉五經博士孔晁爲它做的簡注，成爲清代以前唯一的《逸周書》研究成果。孔注本在唐初存四十五篇，元代以來僅有四十二篇，其他篇章没有孔晁注文。清代是歷史上文獻整理研究最興盛的時期，研究《逸周書》者也多有名家。盧文弨搜集多種版本及諸家校訂，整理出比較有權威性的《逸周書》校注本。王念孫、洪頤煊等對《逸周書》也做過專門研究。朱右曾的《逸周書集訓校釋》被認爲是集大成之作，代表着清代《逸周書》研究的最高水平。孫詒讓的《周書斠補》和劉師培的《逸周書補釋》，也都各有獨到的貢獻。

國家圖書館出版社選擇前人研究《逸周書》的優秀成果，按照版本時間依次排列，收録了從晉代至民國的《逸周書》研究著作十五種，彙集成本叢書。本叢書的出版對二十世紀末以來逐漸興起的《逸周書》重新研究，無疑會起到巨大的推動作用，有關《逸周書》成書年代、性質等問題的討論有望進一步深入，《逸周書》的價值將得到更多層面的發掘並取得公認。

由於年代久遠，先秦典籍多數存在作者、成書年代、版本等問題。由於各地圖書收藏都難以完備，很多優秀的前人研究成果不易找到，更制約着研究的進一步深入。這套以國家圖書館豐富館藏爲後盾選編而成的系列叢書，對先秦文獻研究者可謂功德無量，一定會大力推動先秦文獻研究。研究先秦文獻，其功最巨者當屬清代學者。清代學者最大的特點，是竭澤而漁地收集資料，並對這些資料做辨析考證，以求得出最可信的結論。這套系列叢書所收研究文獻多數屬於清代的優秀研究成果，故其中的各種資料都極爲豐富，實際上就是一座先秦資料寶庫，史學、文學、語言、文化等各科學者均可以從中各取所需。先秦研究者備此一套研究文獻系列叢書，開展研究工作，或不需走出斗室。

晁岳佩

二〇一五年五月

總目録

第一册

第二册

第三册

第四册

第五册

第六册

第七册

第八册

第九册

第一册目録

逸周書十卷附録一卷校正補遺一卷

（晉）孔晁 注　（清）盧文弨 校

周書王會篇補注一卷（晉）孔晁注（宋）王應麟補注……三六九

周書解義十卷（卷一—三）（清）潘振注

（晉）孔晁 注　（清）盧文弨 校

逸周書十卷附録一卷校正補遺一卷

清乾隆五十一年（1786）餘姚盧氏抱經堂刻本

序

周書本以總名一代之書猶之商書夏書也自漢以來以所傳五十八篇目爲尙書而於尙書所載周書之外以七十一篇者稱之爲周書而別之劉向以爲孔子删削之餘茀漢志載周書七十一篇卽列於尙書之後而總繫之以辭則究未嘗别之於尙書之外也至隋志始降列雜史之首以爲與穆天子傳俱汲冢書然漢志未嘗列穆傳則其非出自汲冢可知不當牽合愚嘗玩其文義與尙書周時誥誓諸篇絕異而其宏深奧衍包孕精微斷非秦漢人所能仿彿不

苐克殷度邑爲龍門所引用也明堂見於禮記職方
載在周官其文雖有小異要不足爲病而箕子月令
想卽洪範呂覽所傳之文周史所記載者也惟其闕
佚既多又頗有爲後人羼入者篇名亦大率俗儒更
易必有妄爲分合之處其序次亦未確當如大匡爲
荒政第四卷王在管時不當復以名篇且文內大匡
中匡小匡意不可解時訓似五行傳謚法與史記正
義大同殷祝雜出殷事與王會篇末成湯伊尹語皆
爲不類若太子晉一篇尤爲荒誕體格亦卑弱不振
不待明眼人始辨之也愚謂是書文義酷似國語無

疑周末人傳述之作其中時涉陰謀如寤儆之歎謀泄和寤之記圖商多行兵用武之法豈卽戰國時所稱太公陰符之謀與時蓋周道衰微史臣掇拾古訓以成此書始於文武而終於穆王厲王也好古之士所宜分別觀之立乎千載以下讀千載以上之書而猶執篇目之多寡以繩之豈不誤哉乾隆五十有一年歲在丙午八月望日嘉善謝墉題於江陰使院

班志載周書七十一篇僅存四十五篇今其目仍有七十篇而存者乃有五十九篇較班志轉多十四篇此由後人妄分以符七十之數實祇四十五

篇未嘗亡耳且如大武以下並論攻伐之宜文氣不斷不得分爲三篇卷一之糴匡與卷二之大匡俱屬荒政辭義聯屬自是一篇蓋糴匡之文卽在大匡中間如勤而不賓祈而不賓利民不淫民利不淫文義一律簡冊舛錯遂分而爲二因有鄉參告糴之句而妄立糴匡之名也若第四卷大匡爲監殷事篇內雖有大匡中匡小匡之名不應與前篇同其名目二者必有一譌武寤文勢亦似竟接前文非另篇也世俘與克殷事詞相屬文筆亦一類應爲克殷一篇今中隔大匡文政大聚三篇蓋

亦妄立世俘之名而分之并亂其篇次也

孔氏既註周書而尚有不註者十餘篇豈此十餘篇爲孔氏之所未見後乃附入者耶如器服篇多闕文固不可註至若酆謀度邑武儆嘗麥官人諸篇均多名言法語何以概置不註是可疑也

是書之刻盧抱經同年積數年校勘之功加以博雅之士薈萃所見而成之而墉適以採風莅止遂以夙昔管見參互考訂課士之餘不辭炳燭之明悉力討論謹以質之同好汲古之士願更有以開我也丙午九月下浣墉又識

逸周書舊序

古書之存者六籍之外葢亦無幾汲冢周書其一也其書十卷自度訓至於器服凡七十解自敘其後爲一篇若書之有小序同孔晁爲之註晉太康中盜發汲郡魏安釐王冢而得之故繫之汲冢所言文王與紂之事故謂之周書劉向謂是周時誓誥號令孔子刪錄之餘班固藝文志亦有其篇目司馬遷記武王伐紂之事正與此合然則兩漢之時已在中祕非始出於汲冢也觀其屬辭成章體製絕不與百篇相似亦不類西京文字是葢戰國之世逸民處士之所纂

緝以備私藏者性命道德之幾微文武政教之要略與夫謚法職方時訓月令無不切於脩己治人雖其閒駁而不純要不失爲古書也郡太守劉公廷幹好古尤至出先世所藏命刻板學宮俾行於世上不負古人之用心下得以廣諸生之聞見其淑惠後人不既多乎至正甲午冬十一月四明後學黃玠謹志

晉太康二年汲郡人不（音彪○文弨案何超晉書音義云不甫鳩反姓也）準私發魏安釐王冢得竹書數十車其紀年十三篇易經二篇易繇陰陽卦二篇卦下易經一篇公孫段二篇（文弨案晉書段作叚說文碬字引左氏傳鄭公孫碬字子石乎加切又九經字樣碬音霞云見春秋

然則作段字未爲非也公孫段與邵涉論易國語三篇言楚晉事名三篇似爾雅論語又似禮記師春一篇瑣語十一篇諸國夢卜妖相書也梁丘藏一篇先敘魏之世數次言丘藏金玉事繳書二篇論弋射法生封一篇帝王所封大歷二篇鄒生談天類也穆天子傳五篇圖詩一篇又雜書十九篇凡七十五篇七篇簡書折壞不識名題漆書皆科斗文字多燼簡斷札文既殘缺不復詮次武帝詔荀勖撰次之以爲中經列在祕書著作郎束皙得觀竹書隨疑分釋皆有義證此晉書武帝紀荀勖及束皙傳文也又杜預春秋集解後

逸周書　舊序

序亦云汲冢古文七十五卷多不可訓周易及紀年最爲分了周易上下篇與今正同别有陰陽說而無彖象文言繫辭其紀年起自夏殷周皆三代王事無諸國别也惟特記晉國起自殤叔皆用夏正建寅之月爲歲首編年相次晉滅獨記魏事至魏哀王之二十年蓋魏國之史記也文大似春秋經又稱伊尹放太甲七年太甲潛出自桐殺伊尹乃立其子伊陟伊奮令復其父之田宅而中分之師春一卷則純集左氏傳卜筮事合此觀之汲冢所得書雖不可見而其目悉具於此曾無一語及所謂周書者也 攴弨案束皙傳又有

雜書十九篇內周書論楚事然則亦非此周書也案漢藝文志有逸周書七十一篇文弨案漢志無逸字以今所謂汲冢周書校之止缺四篇蓋漢以來原有此書不因發冢始得也李善注文選日月遠在晉後而其所引亦稱逸周書不曰汲冢書也惟宋太宗時脩太平御覽首卷引目始有汲冢周書之名蓋當時儒臣求汲冢七十五篇而不得遂以逸周書七十一篇充之矣文弨案隋唐志已云汲冢矣晁氏公武陳氏振孫洪氏适高氏似孫黃氏震李氏燾吳氏澄周氏洪謨號通知古今者皆未暇深攷文弨案李巽巖已云繫之汲冢失其本矣升菴失攷余故錄晉書及左傳後序文於此則

此書也當復其舊名題曰逸周書可也嘉靖壬午八月望日楊愼書

史以事辭勝如以事而已則自周秦以逮於今體無論繁簡辭無論工拙而是非善敗興壞之端備見於史何可廢也如以辭而已則自左氏內外傳子長孟堅二書以及於范曄陳壽而下遂無足論然吾以爲皆不能當左氏左氏所紀載雖斷自東遷以後而彼其時去古未遠所稱引多三代盛時微言遺事迄今讀之若揭日月而行千載其博大精深之旨非晚世學者所及固道法所存而六藝之羽翼也等左氏而

上之則無如世所稱汲冢周書者周書七十一篇自劉歆七略班史藝文志已有之而汲冢發自晉太康二年得書七十五篇其目具在無所謂周書當仍舊名不得繫之汲冢楊用脩太史論辨甚覈茲可無論其文辭湛深質古出左氏上所不必論若酆謀世俗諸篇記武王謀伐殷與克殷俘馘甚眾往往誇誕不雅馴疑衰周戰國之士以意參入之然吾觀文傳柔武和寤大聚度邑時訓官人王會職方諸篇其陳典常垂法戒辨析幾微銓敘名物亦有非叔季之主淺聞之士所能彷彿者蓋文武周公所爲政教號令概

見此書固不徒以事與辭勝而已也丘明氏以博物君子抒藻摛辭臣素王以垂不朽千載而下誦法素王者不能舍左氏故諸家訓詁犁然甚具而周書視左氏辭特深奧流俗畏難好易不復研覈孔晁一注寥寥及今亦頗多繆誤矣楊用脩太史嘗序是書以傳顧未嘗一為參合讐校予讀之不無遺憾乃稍加參訂正其舛誤其不可以意更定者仍闕之以竢博聞之士說者謂尚書纂自孔子而此逸書者劉向以為孔子所論之餘若不足存嗟乎是書不知當孔子刪與否其指誠不得與經竝然其事則文武周公其

文辭則東周以後作者不逮也蓋不離屬辭紀事而道法猶有存者謂尙書百篇而外是書無一語足傳於經吾猶疑之安得以一二駁辭盡疑其爲孔子所詘遂置不復道哉自六藝以下文辭最質古者無如是書與周髀穆天子傳諸篇而是書深遠矣然皆殘缺漫漶不甚可讀蓋去古日遠綴文者喜爲近易故時俗之言易傳而古語日就脫誤有足歎者予既刻是書因爲敘之如此萋士昌仲文序

逸周書目錄

卷三

卷四

卷六

謚法解第五十四
明堂解第五十五
嘗麥解第五十六
本典解第五十七
卷七
官人解第五十八
王會解第五十九
卷八
祭公解第六十
史記解第六十一

逸周書目錄終

逸周書讎校所据舊本幷校人姓名

元劉廷榦本名貞有四明黄玠序大戴禮亦其所梓鄭元祐序稱海岱劉貞庭榦父以中朝貴官出爲嘉興路總管

明章蘗本

明程榮本

明吳琯本

明卜世昌本

明何允中本

明胡文煥本

明鍾惺本

元和惠棟定宇校 惠曾見宋本并雜取他書相參攷今書中稱惠云者是也其援引乃考士奇號半農之說今稱號以識別之

吳江沈彤果堂校

嘉善謝墉金圃校

江陰趙曦明敬夫校

臨潼張坦芑田校

江寧嚴長明東有校

金壇段玉裁若膺校

仁和沈景熊朗仲校

仁和梁玉繩曜北校

錢塘梁履繩處素校
錢塘陳雷省衷校
餘姚盧文弨紹弓合衆本并集諸家說校

逸周書卷第一

晉　孔晁注

度訓解第一

天生民而制其度【注】聖人爲制法度度小大以正權輕重以極明本末以立中【注】制法度所以立中正立中以補損補損以知足【注】損益以中爲制故知足也口爵以明等極【注】極中也貴賤之等尊卑之中也極

以正民正中外以成命【注】內外正則大命成也正上下以順政【注】順其政教政以內□□□自邇彌興自遠遠邇備極終也□微補在□□分微在明【注】知精□□□微分理有明故明王是以敬微而順分分次以知和知和以知樂知樂以知哀知哀以知慧內外以知人【注】慧者甚明所以知人凡民生而有好有惡小得其所好則喜喜舊本作善今從沈改大得其所好則樂小遭其所惡則憂大遭其所惡則哀【注】言其性之自然凡民之所好惡生物是好死物是惡民至有好而不讓不從其所好必犯法無以事上【注】不讓則爭爭

則必犯法矣民至有惡不讓不去其所惡必犯法無以事上偏行於此尙有頑民而況囗不去其所惡而從其所好民能居乎【注】偏謂兼行好惡也能居乎言不能居好也舊本正文作而況曰以可去其惡而得其所好民能居乎今從沈改注居好好字亦疑衍若不囗力何以求之【注】言力爭也力爭則力政力政則無讓無讓則無禮無禮雖得所好民樂乎【注】爭則不樂若不樂乃所惡也凡民不忍好惡不能分次【注】忍爲持久堅以次第爲疑當作謂堅字句以疑當作次不次則奪奪則戰戰則何以養老幼何以救痛疾死喪何以胥役也【注】胥相也明王是以極等以斷好惡教民次

分揚舉力竟揚舉舊作注下空二字今從卜本作正文無脫字力竟疑力競之訛競盛也強也優爲下三事則揚舉之也任壯養老長幼有報【注】壯者任之老者養之幼者長之使相報此謂力竟也民是以胥役也夫力竟非衆不尅衆非和不衆【注】和之以懷衆和非中不立中非禮不愼禮非樂不履明王是以無樂非人無哀非人【注】言明王所樂所哀無非人也人是以衆人衆賞多罰少政之美也罰多賞少政之惡也罰多則困賞多則乏乏之困無醜困舊本作因今從沈改教乃不至【注】醜謂所厚薄疑脫所二字是故民主明醜以長子孫民主趙疑當作明王子孫習服鳥獸仁德【注】歸其仁德土宜天時

百物行治【注】土之所宜天時所生皆行其物治之初歷初哉歷字無攷趙疑卽下文厲字之訛治化則順是故無順非厲【注】明醜以使之所以成順者也長幼成而生曰順極【注】言使小人大人皆成其事上之心而生其義順之至也

命訓解第二

天生民而成大命【注】賢愚自然之性命也命司德正之以禍福【注】司主也以德爲主有德正以福無德正以禍然注末然字衍卜本無立明王以順之【注】順天作政曰大命有常小命日成成則敬有常則廣廣以敬命則度

至于極注日成日進也如有常則其人法度至中正也夫司德司義而賜之福祿福祿在人能無懲乎若懲而悔過則度至于極注懲止也以德居身深術息其義案能無懲乎三句又見下文謝云悔過即所以召福懲其不德不義即福祿在人矣注文義殊晦夫或司不義而降之禍在人能無懲乎若懲而悔過則度至于極夫民生而醜不明無以明之能無醜乎若有醜而競行不醜則度至于極注不謂醜者若道上爲君無以明之民不能自明也在上者能無醜乎謂旌別淑慝也舉直錯枉能使枉者直斯所謂競行不醜也是則止於至善矣下無以穀之無以畏之皆謂民能無勸乎能無恐乎皆謂君夫民生而樂生無以穀之能無勸乎若勸之以忠趙疑若勸

以之忠則度至于極【注】穀善也謂忠信也夫民生而惡
死無以畏之能無恐乎若恐而承教則度至于極【注】
以死亡恐民使奉上易教也六極既通六閒具塞【注】
六中之道通則六閒塞矣通道通天以正人正人莫
如有極道天莫如無極【注】道謂言說之也趙云道卽通道之道
注訓言非是文弨案天道遠人道邇此卽民可使由之不可使知之道天有極則不威
不威則不昭正人無極則不信不信則不行【注】政教
不明明王昭天信人以度功地以利之使信人畏天
則度至于極夫天道三人道三【注】言相方以立教天
有命有禍有福人有醜有紼絻有斧鉞紼絻與黻冕同以人

之醜當天之命以紼絻當天之福以斧鉞當天之禍六方三述其極一也（述與術同）不知則不存【注】一者善之謂也不行善不知故也極命則民憜民憜則曠命曠命以誡其上則殆於亂【注】此下六極謂行之極其道殆近極福則民祿民祿則干善干善則不行【注】不行善也極禍則民鬼民鬼則淫祭淫祭則罷家【注】罷弊其財冀無禍也極醜則民叛民叛則傷人傷人則不義【注】民不堪行則叛義也極賞則民賈其上賈其上則民無讓無讓則不順【注】賈賣以功求其賞也極罰則民多詐多詐則不忠不忠則無報【注】上遇其禮不

報口終凡此六者政之殆也明王是故昭命以命之曰大命世小命身注遵大命則世受罰犯小命則罰身舊本正文作大命世罰小命罰身案大戴禮本命篇注引周書大命世小命身本無兩罰字故孔氏注以明之今据以改正福莫大於行義禍莫大於淫祭醜莫大於傷人賞莫大於信義讓莫大於賈上罰莫大於貪詐注言此六者最大文沼案行義當依上文作干善又莫大於信義讓六字當爲衍文此皆約上文而言上云無讓此安得云讓所謂六者兼命而言也其語意非以干善爲福淫祭爲禍所謂莫大正申言極之害大耳與孝經罪莫大於不孝之語不同後人以福莫大於干善賞莫大於賈上語勢似不順遂爾改之所云讓莫大於賈上何解將以爲責讓耶上文無極讓之語何可添出上云無讓自指辭讓而言寧可牽混古之明王奉此六者以牧萬民民用而

不失【注】不失其義撫之以惠和之以均斂之以哀娱之以樂慎之以禮教之以藝震之以政動之以事勸之以賞畏之以罰臨之以忠行之以權【注】以權行之權不法忠不忠罰不服賞不從勞事不震政不成【注】言行權當有如此時（時字疑誤）藝不淫禮有時樂不滿哀不至均不壹惠不忍人凡此物攘之屬也【注】物事惠而不忍人人不勝害害不如死【注】害則死口而猶不如口均一則不和哀至則匱樂滿則荒禮無時則不貴藝淫則害于才政成則不長事震則寡功【注】不長言近淺也震而其功寡矣以賞從勞勞而不至以法

從中則賞賞不必中以權從法則行行不必以知權以法從中以下數句有脫誤以上文推之賞之下當言罰言忠然後終於權也趙云當作以法從賞賞不必中以權從法法則必行行以知權權以知微微以知始始以知終〔注〕言事勢之相權物理之相致如此也

常訓解第三

天有常性人有常順順在可變性在不改〔注〕學能故可變自然故不改不改可因因在好惡好惡生變變習生常常則生醜醜命生德〔注〕雖有天性可因其好惡以變之明醜所以命之則德生矣明王於是生政以正之民生而有習有常以習爲常以常爲慎民若

生于中習常爲常【注】習常爲常如性自然故若生于中也夫習民乃常爲自血氣始【注】性本所有而幼小習之若自其血氣生之始也明王自血氣耳目之習以明之醜【注】示之以好惡也醜明乃樂義樂義乃至上上賢而不窮【注】窮謂不肖之人哀樂不淫民知其至而至于子孫民乃有古古者因民以順民【注】皆有經遠之規謂之有古父教子子教孫故曰因也夫民羣居而無選爲政以始之始之以古終之以古【注】言政必敬始慎終選行也行古志今政之至也政維今法維古頑貪以疑疑意以兩平兩以參參伍以權權

數以多多難以允允德以慎慎微以始而敬句終乃不困【注】重明終始之義（左傳襄廿五年引慎始而敬終終以不困又中論法象篇亦引）困在坌誘在王民乃苟苟乃不明哀樂不時四徵不顯六極不服八政不順九德有姦九姦不遷萬物不至【注】言以坌導民政之弊夫禮非尅不承非樂不竟民是乏之生口好惡有四徵喜樂憂哀動之以則發之以文成之以民行之以化【注】以中道化之也六極命醜福賞禍罰（醜舊本作聽訛）六極不巖【注】巖巖謂無常八政和平八政夫妻父子兄弟君臣八政不逆九德純恪九德忠信敬剛柔和固貞順順言曰政順政曰遂遂

僞曰姦姦物在目姦聲在耳耳目有疑舊本目作因譌又有下有皆字衍今改删疑言有樞樞動有和和意無等注等謂差等萬民無法口口在赦口復在古古者明王奉法以明幽幽王奉幽以廢法奉則一人也而績功不同注所行相反故也明王是以敬微而順分

文酌解第四

民生而有欲有惡有樂有哀有德有則則有九聚德有五寶哀有四忍樂有三豐惡有二咎欲有一極注廣演其義也極有七事咎有三尼豐有三頻忍有四教寶有五大聚有九酌注又敷陳也九酌一取允移

人二宗傑以親舊本作以觀今据下注改三發滯以正民趙疑當作振民四貸官以屬五人口必禮六往來取此趙疑取比言求其相稱也七商賈易資八農人美利九口寵可動注此言所酌爲政之事英傑人當親之也五大一大知率謀二大武劒勇三大工賦事四大商行賄五大農假貸注率謀言爲謀之帥假貸恤貧振施者也四教一守之以信二因親就年三取戚免梏四樂生身復注就年尊長年也戚近也免梏無患也三頻一頻祿質瀆瀆字依宋本俗閒本作瀆二陰福靈極三畱身散眞注頻數也散失也三尼一除戎咎醜二申親考疏三假時權要注尼是

也咎罪也考成也時是也七事一騰咎信志二援拔瀆謀三聚疑沮事惠案聚字說文引作⿱驫木⿱驫木云衆盛也所臻切四騰屬威衆五處寬身降六陵塞勝備七錄兵免戎注騰勝也錄謂不備兵卜本戎作戍一極惟事昌道開蓄伐注言事事皆以忠政行之則吉昌之道開行而征伐之道蓄之也忠政趙謂當作中正伐有三穆七信一幹二御三安十二來注言征伐之道必有此事可也三穆一絕靈破城二筮奇昌爲三龜從惟凶注絕靈不淫祀也不正而卜雖從而凶惠半農云三穆卽所謂穆卜七信一仁之愼散二智之完巧三勇之精富四族之寡賄五商之淺資六農之

少積七貴之爭寵【注】七者所宜信明之也一幹勝權輿【注】言有權無不輿謝云注謬幹謂骨幹勝讀平聲權輿始基也立基能勝之也趙云勝權輿言當先立勝算于其始二御一樹惠不㾹二既用玆憂【注】㾹巔也以爲己巔也既盡㾹字無攷注亦難曉三安一定居安帑二責貴得布三刑罪布財十二來一弓二矢歸射【注】射當可用三輪四輿歸御【注】言御可用五鮑六魚歸蓄【注】積以爲資鄭注周官籩人鮑魚鱐云鮑者以魚於楅室中糗乾之出於江淮也七陶入冶歸竈【注】言竈善則陶冶良也注良舊訛長趙改九柯十匠歸林【注】林當作材匠以爲用十一竹十二葦歸時【注】取之以時所以來人也三穆七信一幹二

御三安十二來伐道咸布物無不落落物取配維有永究注落始也類也究終也趙云落如左傳落實取材之落不當訓始急哉急哉後失時宋本重急哉別本不重

糴匡解第五

成年年穀足賓祭祭以盛注言賓客宗廟足而不奢也正文年字祭字各衍其一注不奢何本作不儉詰以盛似尢切與記所云祭豐年不奢不必強合大馴鍾絕服美義淫注大馴後落淫過謝云大馴鍾絕注亦難曉義當闕疑服美義淫謂禮之盛也注訓淫爲過凡義之所當爲者皆可過盛淫如聲淫及商之淫與周書服美于人迥異皁畜約制餘子務藝注皁廄別名畜則馬約制不常秣餘衆也藝樹也注秣字舊訛秩今從趙改秣馬食穀也宮室

城廓脩爲備供有嘉菜於是日滿注嘉善也謂薑蒜之屬滿也廓與郭同嘉菜本亦作嘉萊注舊本訛作爲薑等也屬滿之令改正年儉穀不足賓祭以中盛注有黍稷無稻粱樂唯鍾鼓不服美注外有祭服內無文飾外內二字疑衍三牧五庫補攝注事物相兼不物設也文弨案三牧當謂戎馬田馬駑馬三物之牧也月令季春令百工審五庫之量金鐵一也皮革筋一也角齒一也羽箭幹一也脂膠丹漆一也凡美不脩餘子務穡於是糺秩注糺之令有事秩年饑則勤而不賓舉祭以薄注用下牲也樂無鍾鼓凡美禁書不早羣疑畜皁羣不車不雕攻兵備不制民利不淫注攻治文弨案爾雅攻善也謂功緻也征當商旅以救窮乏之問隨鄉不鬻熟注

鬻賣正文舊作聞隨鄉下鬻塾訛謝云大匡解有鄉問其人語又云無粥熟此當作問隨鄉不鬻熟鬻熟則啓奢惰故禁之沈解亦同章本亦作鄉不作鄉今從改正分助有匡以綏無

者於是救困大荒有禱無祭注饑饉師旅爲大荒也穀梁襄廿四年傳鬼神禱而不祀范甯引周書曰大荒有禱無祀郎此文國不稱樂企不

滿壑刑罰不脩舍用振穹注不滿壑不于治地舍用常以振民也鍾伯敬本地作也因疑于治或于治之訛舍與釋同穹與窮同君親巡

方鄉參告糴餘子倅運開口同食民不藏糧曰有匡注倅副也盡行此事名曰有匡也左傳振廩同食此亦當然俾民

畜唯牛羊於民大疾惑殺一人無赦注雖有凶疾惑而相殺者不赦也男守疆戎禁不出五庫不膳喪禮

無度察以薄資【注】我事自守而已不征伐也喪儉也而速喪察用注訛脫難曉禮無樂宮不幃嫁娶不以時賓旅設位有賜【注】不以時秋冬也媒氏會□□合之賓旅隨位賜之不饗燕案媒氏司男女之無夫家者而會之蓋荒政十有二多昬亦其一也注所脫蓋不止二字又饗燕本多作錫燕今從何本

逸周書卷第一

逸周書　卷一

逸周書卷第二

晉 孔晁 注

武稱解第六

大國不失其威小國不失其卑敵國不失其權【注】此卽所謂稱也岠嶮伐夷岠嶮與距險同幷小奪亂口強攻弱而襲不正武之經也【注】經常伐亂伐疾伐疫武之順也【注】武道逆取順守故曰順也賢者輔之亂者取之作者勸之怠者沮之恐者懼之欲者趣之武之用也【注】武以爲用事也美男破老美女破舌今戰國秦策引此二句破舌作破少唯高誘所注本與此同淫圖破口淫巧破時淫樂破正淫言破義武之毀也【注】凡行此事所以毀敵國也敹其衆遂其咎撫其口助其囊武之閒也餌敵以分而照

其儲以伐輔德追時之權武之尚也【注】以分謂以分器土田餌之此術春違其農秋伐其穡夏取其麥冬寒其衣服春秋欲舒冬夏欲亟武之時也【注】寒衣爲敗其絲麻冬夏寒暑盛故欲疾之注疾舊作度案正文云冬夏欲亟亟疾也故改爲疾長勝短輕勝重直勝曲衆勝寡強勝弱飽勝饑肅勝怒先勝後疾勝遲怒忿兵也古人謂敬可以攝勇與此肅勝怒意同趙疑怒是怠之誤遲本或作徐武之勝也【注】肅敬也追戎無恪竊寇不格【注】格鬬也力倦氣竭乃易克乃易克上疑脱一字趙疑是敵字武之追也【注】追敵之法既勝人舉旗以號令吏禁掠無取侵暴爵位不謙田宅不虧各寧其親民服如

化武之撫也【注】謙損也寧安也案謙當與減同百姓咸服偃兵興德夷厥險阻以毀其服四方畏服奄有天下武之定也【注】毀武謂毀服之案注言毀武則正文以毀其服服當作武且與上下句韻皆協惠云左氏傳楚莊王曰夫武禁暴戢兵保大定功安民和衆豐財者也七者皆具此篇中

允文解第七

思靜振勝允文維記【注】以靜規勝康文紀武昭告周行維旌所在【注】旌旗治亂所在收武釋賄無遷厥里官校屬職因其百吏【注】收其戎器不取賄因其官吏無敢改公貨少多振賜窮士救瘠補病賦均田布【注】主施赦布政也命夫復服用損憂恥孤寡無告獲厚

咸喜【注】損除憂恥謂赦罪振窮敷大惠也咸問外戚書其所在遷同氏姓位之宗子【注】誅其君爲之主口及羣臣宗主率用十五綏用口安文弨案夏小正綏多女士此當是綏用士女與韻協作女士亦協教用顯允若得父母【注】懷其德政也寬以政之孰云不聽聽言靡悔遵養時晦【注】養時闇昧而誅之晦明遂語于時允武死思復生生思復所【注】使昧者脩明而遂告以信武也人知不棄愛守正戶上下和協靡敵不下【注】人守正戶言不逃巳執彼玉珪以居其宇庶民咸畊童壯無輔無拂其取通其疆土民之望兵若待父母【注】彼謂亂邦之君是故天

下一旦而定有四海

大武解第八

武有六制政攻侵伐搏戰注政者征伐之政善政不攻善攻不侵善侵不伐善伐不搏善搏不戰注言廟勝也北堂書鈔一百十三引周書七制一曰征二曰攻三曰侵四曰伐五曰陣六曰戰七曰鬭善征不侵善侵不伐善伐不陣善陣不鬭善鬭不敗與此不同書鈔善征不侵句有脫字政有四戚五和攻有四攻五良侵有四聚三斂伐有四時三興搏有三哀四赦戰有六厲五衞六庳五虞注此皆有義然後能致其攻四戚一內姓二外婚三友朋四同里注言所宜親也五和一有天無惡二有人無郤隙同

三同好相固四同惡相助五遠宅不薄注雖遠居皆厚之文弨案戰國策黃歇說秦引詩云大武遠宅不涉當是引此文詩必本是書字之誤梁云大武遠宅不涉國策鮑吳兩注及史記正義所解各不同與此文不合似未可牽連也此九者政之因也注言因此以成政也四攻者一攻天時二攻地宜三攻人德四攻行利注攻謂奪其計使不成也五良一取仁二取智三取勇四取材五取藝注所務來而任之良當爲來字之誤也舊本作良當爲求求乃來之訛此九者攻之開也注言開此道以成攻也四聚一酌之以仁二懷之以樂三旁聚封人四設圍以信三斂一男女比二工次三祇人死注祇敬此七者侵之酌也注

言酌此法以成侵也四時一春違其農二夏食其穀三秋取其刈四冬凍其葆【注】此皆所用以□敵也凍謂發露其葆聚之舊本作此皆所用以敵之詭疑當作以毀敵也三興一政以和時二伐亂以治三伐飢以飽【注】此所行當之也此七者伐之機也【注】機要也以此要成其伐也三哀一要不羸二喪人三擯厥親【注】哀敵人之困窮如此要當爲惡擯一作損文弨案所當哀者羸病者也失位者也六親不能收卹者也正文要不字訛注亦難曉梁處素云不羸當作不羸不足也下文必羸程榮本誤作必羸可知此字亦訛四赦一勝人必羸二取威信復三人樂生身四赦民所惡【注】羸謂益之復謂有之皆赦救也此七者搏之來

也【注】所以懷來之也六厲一仁厲以行二智厲以道三武厲以勇四師厲以士五校正厲御六射師厲伍【注】厲爲治政也□□五衞一明仁懷怨二明智輔謀三明武攝勇四明材攝士五明藝攝官【注】皆所以成戰矣案尚有六庳闕五虞一鼓走疑二備從來三佐車舉旗四采虞人謀虞人趙疑輿人五後動撚之【注】撚從也皆求安道令之道注道令二字非訛卽衍無競惟害有功無敗【注】雖強常念害則不敗也

大明武解第九

畏嚴大武曰維四方畏威乃寧【注】大武之道四方畏

威天下乃寧之也〔寧之言安之〕天作武脩戎兵以助義正違【注】正順其義順天行五官條厥政謂有所已【注】五官舉大官之言已無也〔此五官當卽曲禮所云司徒司馬司空司士司寇也注之言疑倒〕城廓溝渠高厚是量【注】謂敵人所處也旣踐戎野〔各本戎作戍今從吳本〕備愼其殃敬其嚴君乃戰赦【注】言當明耳目遠斥候十藝必明加之以十因靡敵不荒【注】荒敗也陣若雲布侵若風行輕車翼衛在戎二方【注】奔敵之陣如此我師之窮靡人不剛【注】知敵之強乃剛勇也〔文弨案此卽韓信爲背水陣以破趙者也注非是〕十藝一大援二明從三餘子四長興五伐人六刑餘七三疑〔文弨案三當爲

參八開書九用少十興怨【注】刑餘赦徒用少者省費興怨離構也十因一樹仁二勝欲三賓客四通旅五親戚六無告七同事八程巧九口能十利事【注】凡成皆有因也勝欲以義勝欲藝因伐用是謂強轉應天順時時有寒暑【注】言時有難易也風雨飢疾民乃不處移散不敗農乃商賈委以淫樂賂以美女【注】謂扇動之使沈惑也主入若杖口至城下高堙臨內日夜不解【注】杖謂堅也方陣並功云何能禦功與攻同梁處素云方陣之陣當作陳雖易必敬是謂明武【注】禦當也城高難平湮之以土開之以走路俄傳器櫓【注】湮土謂爲土山以

臨之也此洭字與下洭溪皆塡塞之義亦與堙通用左傳井洭木刋从水堙之傳于堞从土開之之字疑衍趙云傳當爲傳音附著城也因風行火障水水下惠用元元文誨其寡注言務口恤刑也㑹隧外權贖城洭溪老弱單處其謀乃離注單處謂無保鄣離舊本作難今依惠半農定爲離與上溪協注謂無舊亦誤倒今並改正旣克和服使衆咸宜竟其金革是謂大夷注咸皆夷平

小明武解第十

凡攻之道必得地勢以順天時觀之以今稽之以古注兵凶器戰危事故以詳順之稽考也攻其逆政毀其地阻立之五教以惠其下注五教五常之教也矜

寡無告寔爲之主五教允中枝葉代興注爲之君枝葉謂衆善政也案正文代興當是代舉方與上下韻協興雖可與中協然獨二句間隔非是國爲僞巧後宮飾女荒田逐獸田獵之所游觀崇臺泉池在下淫樂無旣百姓辛苦注言凡有此事皆可伐上有困令乃有極口上困下騰戎遷其野敦行王法濟用金鼓注濟成也言以金鼓濟其伐降以列陣無悗怒口文弨案悗與懣同當訓爲憤怒字是韻與上下協疑所脫字在上句按道攻巷無襲門戶注言不赦有罪怒伐無辜襲掩也漢武帝封韓說爲按道侯本此無受貨賂攻用弓弩上下禱祀靡神不下具行衡梯振以長旗注先祈禱而後攻戰也懷

戲思終左右憤勇無食六畜無聚子女羣振若雷造于城下鼓行參呼以正什伍〔注〕言士卒之奮厲也元本何本若雷俱作若電上有軒冕斧鉞在下勝國若化故曰明武〔注〕軒冕所以爲賞也

大匡解第十一

維周王宅程三年遭天之大荒〔注〕程地名在岐州左右後以爲國初王季之子文王因焉而遭饑饉後乃徙豐焉趙云竹書紀年文丁五年王季作程邑帝辛三十三年文王遷于程三十五年周大饑正與此合作大匡以詔牧其方三州之侯咸率〔注〕文王初未得三分有二故三州也率謂奉順也王乃召冢卿

三老三吏大夫百執事之人朝于大庭【注】冢卿孤卿三吏三卿也大庭公堂之庭問罷病之故政事之失刑罰之戾哀樂之尤【注】戾罪尤過賓客之盛用度之費及關市之征山林之匱田宅之荒溝渠之害【注】匱荒害皆謂官不修無征注征趙疑是政怠墮之過驕頑之虐水旱之菑【注】皆以爲失之者曰不穀不德政事不時國家罷病不能胥匡二三子不尙助不穀官考厥職鄉問其人【注】不尙尙也問人政得失案注云不尙尙也舊正文脫不字今依注增因其耆老及其總害惠半農疑是總轄愼問其故無隱乃情【注】總衆人也及某日以告于廟有不用命有

常不赦注明日王至廟告常者常刑也王既發命入食不舉百官質方口不食饔注王不舉樂百官徹膳以思其職方道及期日質明王麻衣以朝朝中無采衣注此凶服自居爲荒變文弨案凶禮有五荒居一焉詩云麻衣如雪蓋純素也王有朝服其下非列采不入公門今而如是故云凶服官考其職鄉問其利因謀其菑旁匡於衆無敢有違注衆衆民也百官卒職故無違詰退驕頑方收不服慎惟怠墯什伍相保注方收方方收其不服化者也注方方舊本止一方字今案當重動勸游居事節時茂農夫任戶戶盡夫出注茂勉也言無戶不出夫以勸農農廪分鄉鄉命受糧程課物徵躬

競比藏〔注〕農人藏穀于廩分在諸鄉合課程比藏者

比方其收藏也（注合字本或作命然　命課程亦有訛脫）藏不粥糴糴不

加均賦洒其幣鄉正保貸〔注〕糧不加均多從所有不

限也洒散也幣以糴以資窮也成年不償信誠匡助

以輔殖財〔注〕名曰貸而不償所以生殖民財也財殖

足食克賦爲征數口以食食均有賦〔注〕均民足食而

征其賦以入官也（數口之口元　本作方圍）外食不贍開關通糧

糧窮不轉孤寡不廢〔注〕窮征困內不轉出外也滯不

轉畱戍城不畱口足以守出旅分均馳車送逝旦夕

運糧〔注〕口不戍者不令畱足以守之衆皆共運之也

於是告四方遊旅旁生忻通津濟道宿所至如歸【注】有告者竆者有所歸也幣租輕乃作母以行其子【注】以貴重爲母謂錢幣之屬易資貴賤以均遊旅使無滯【注】非但租賦作母行子遊旅易資亦然無粥熟無室市權內外以立均無蚤暮閒次均行【注】均平民財行之無早晚之常也均行衆從積而勿口以罰助均無使之竆平均無乏之利民不淫【注】雖積賞進有無不隄防之使民有過者罰其穀幣其穀幣通以助均無播蔬無食種【注】可食之菜曰蔬以數度多少省用【注】國家常用祈而不賓祭服漱不制【注】不賓殺禮不制

不造新也車不雕飾人不食肉畜不食穀〔注〕畜謂馬

也國不鄉射樂不牆合牆合户郎所謂宮懸是也牆屋有補無作

〔注〕皆爲荒降之也資農不敗務〔注〕農務不廢棄也一作

農桑之務不廢非公卿不賓賓不過具〔注〕唯賓公卿酒食而

已哭不酉日登降一等〔注〕酉盡也降一等爲荒廢之

也注廢當作降庶人不獨葬伍有植送往迎來亦如之〔注〕

均恤興迎亦如植共送迎亦相救也有不用命有常

不違

程典解第十二

維三月既生魄文王合六州之侯奉勤于商〔注〕三分

天下有其二以伏事殷也伏與服同商王用宗讒震怒無
疆注宗衆疆境也謝云宗不當訓衆六州歸化安得衆人讒之當是商宗之人耳程榮
本宗下作方闉蓋亦疑之諸侯不娛一本作虞義亦同逆諸文王文王弗
忍乃作程典以命三忠注娛樂也不忍從諸侯即王
位所以爲至德典常也趙云當是諸侯勸文王叛商於上下文俱協若作勸即王
位恐非特文王不爲諸侯亦不敢爲文王言之也注末典常也舊作常典也係誤倒謝改正曰助
余體民無小不敬如毛在躬拔之痛無不省注毛以
喻小也無不省故宜敬小也舊本注文小字誤作外今從沈改政失
患作作而無備死亡不誠誠在往事備必慎備思地
思地慎制思制慎人思人慎德德開開乃無患注以

往事誠將來開通言德合也慎德必躬恕恕以明德

德當天而慎下【注】以慎道教天下下爲上貸力竸以

讓讓德乃行【注】以讓爲化慎下必翼上上中立而下

比句爭省句和而順此下舊有慎同二字乃校者之辭誤入正文今刪攜乃

爭和乃比【注】翼敬也中立謂無比也比事無政無政

無選無選民乃頑頑乃害上【注】無雋選之士在官故

頑民害上故選官以明訓頑民乃順慎守其教小大

有度以備菑寇【注】小大口吉凶也協其三族固其四

援明其伍候左氏昭廿三年傳明其伍候賈服王董皆作五候王肅曰五候山候澤候林候川候平地候也杜預以部伍候望解之非是習其武誡依其山川通其舟

車利其守務【注】脩文教誡武備聖王之事士大夫不雜于工商【注】使各專其業商不厚工不巧農不力不可成治必善其事治乃成也注商不厚趙云當作不愿舊本巧作朽成作力皆誤訂正今士之子不知義不可以長幼【注】有士行之義方爲士工不族居不足以給官族不鄉別不可以入惠【注】族謂羣也不別其鄉難以行其惠也舊作雖不別其鄉所以行其惠也語意相反非是今訂正爲上不明爲下不順無醜【注】言國無恥醜也謝云醜當訓類注似誤解輕其行多其愚不智【注】不重其行自多其愚何智之有正文不智舊本多作不習今依卜本改愼地必爲之圖以舉其物物其善惡【注】別其地所生物之

善惡也度其高下利其陂溝愛其農時脩其等列務其土實【注】務其勤樹藝也舊本藝誤範今改正差其施賦設得其宜宜協其務務應其趣【注】言其所施當也慎用必愛工攻其材商通其財百物鳥獸魚鼈無不順時【注】順時所爲愛之也生穡省用不濫其度津不行火藪林不伐【注】濫過也非時不火不伐也牛羊不盡齒不屠【注】老不任用食之土勸不極美土一本作上美不害用用乃思慎口備不敬不意多口用寡立親用勝懷遠遠格而邇安【注】多用謂振施也於安思危於始思終於邇思備於遠思近於老思行不備無違嚴戒【注】必

有忍乃有濟也終謂終其義也格至也謝云注必有忍句引用無謂疑正文有脫句文弨案注終其義下舊衍之字今從卜本刪又格至也當是上文注

程寤解第十三已今以太平御覽卷三百九十七又卷五百三十三及藝文類聚所引補七十五字

文王去商在程正月既生魄太姒夢見商之庭產棘小子發取周庭之梓樹于闕閒化爲松柏棫柞寤驚以告文王文王乃召太子發占之于明堂王及太子發並拜吉夢受商之大命于皇天上帝案帝王世紀作十年正月又以告文王下云文王不敢占召太子發命祝以幣告於宗廟羣神然後占之于明堂及發並拜吉夢遂作程寤見御覽八十四當亦本諸周書及發上有脫字

秦陰解第十四 亡

九政解第十五 亡

九開解第十六 亡

劉法解第十七 亡

文開解第十八 亡

保開解第十九 亡

八繁解第二十 亡

逸周書卷第二

逸周書卷第三

晉　孔晁　注

酆保解第二十一

維二十三祀庚子朔九州之侯咸格于周王在酆昧爽立于少庭王告周公旦曰嗚呼諸侯咸格來慶辛苦役商吾何保守何用行旦拜手稽首曰商爲無道棄德刑範欺侮羣臣辛苦百姓忍辱諸侯莫大之綱福其亡亡人惟庸王其祀德純禮明允無二卑位柔色金聲以合之王乃命三公九卿及百姓之人曰恭敬齊潔咸格而祀于上帝商饋始于王因饗諸侯重禮庶吏出送于郊樹昏于崇內備五祥六衞七厲十敗四葛外用四蠹五落六容七惡五祥一君選擇二官得度三務不舍四不行賂五察民困六衞一明仁

懷恕二明智設謀三明戒攝勇四明才攝士五明德攝官六明命攝政案此六衞與前卷大武解有相同者明明智設謀前卷作明智輔謀又明戒攝勇戒本或作武明德攝官本或作明藝法官疑皆後人以前卷改易此文也趙云明戒以攝其勇則知方而不妄逞明德以攝其官則在官者皆以實心行實政矣七厲一翼勤厲務二動正厲民三靜兆厲武四翼藝厲物五翼言厲復六翼敬厲衆七翼知厲道十敗一佞人敗樸二諂言毀積三陰資自舉四女貨速禍文弨案此卽左傳叔向之所云女富溢尤也五比黨不揀不揀不知所擇也六佞說鬻獄謝云亦卽左傳叔向所云鮒也鬻獄七神龜敗卜趙云此如詩所云我龜既厭不我告猶也八賓祭推穀九忿言自辱十異姓亂族四葛一葛其農時不移二

費其士慮不化三正賞罰獄無姦奇梁處素云姦奇卽姦邪文弨案奇當如奇請它比之奇四葛其戎謀族乃不罰四蠹一美好怪奇以治之二淫言流說以服之三羣巧仍興以力之四神巫靈寵以惑之五落一示吾貞以移其名二微降霜雪以取松柏三信蟜萌莫能安宅惠云周禮占夢舍萌于四方眂祲掌安宅敘降四厚其禱巫其謀乃獲五流德飄枉以明其惡六容一游言二行商工三軍旅之庸四外風之所揚五困失而已作事應時時乃喪困本或作因六厚使以往來其所藏七惡一以物角兵二令美其前而厚其傷三開於大國安得吉凶四交其所親靜之以物

則以流其身五率諸侯以朝賢人而己猶不往六令之有求遂以生尤七見親所親勿與深謀命友人疑旦拜曰嗚呼王孫其尊天下適無見過過適無好自益以明而迹嗚呼敬哉視五祥六衛七厲十敗四葛不脩國乃不固務周四蠹五落六容七惡不時不允不率不緩緩本或作緩或作緩皆訛疑當作綏反以自薄嗚呼深念之哉重維之哉不深乃權不重從權乃慰不從乃潰潰不可復戒後人其用汝謀王曰允哉次潰字舊本作潰沈云當作潰

又舊本複出復戒後人四字係因上誤衍

大開解第二十二

維王二月既生魄王在酆立于少庭兆墓九開開厥
後人八儆五戒八儆一□旦于開二躬脩九過三族
脩九禁四無競維義五習用九教六□用守備七足
用九利八寧用懷□五戒一祗用謀宗二經內戒工
三無遠親戚四雕無薄□五禱無憂玉及爲人盡不
足王拜儆我後人謀競不可以藏戒後人其用汝謀
維宿不悉日不足

小開解第二十三

維三十有五祀王念曰多□正月丙子拜望食無時
汝開後嗣謀曰嗚呼于來後之人余聞在昔曰明明

非常維德曰爲明食無時汝夜何脩非躬何慎非言何擇非德嗚呼敬之哉汝恭聞不命賈粥不讎謀念之哉不索禍招無曰不免不庸不茂不次人菑不謀迷弃非人迷弃俗本作遷棄今從元本朕聞用人不以謀說說惡謟言謟音叨疑也或作諂亦通色不知適適不知謀謀泄汝躬不允嗚呼敬之哉後之人朕聞曰謀有共軵如乃而舍人之好惠云如讀若而讀曰佚而無窮貴而不傲富而不驕兩而ㄙ爭聞而不遙遠而不絕窮而不匱者鮮矣汝謀斯何嚮非翼維有共枳枳巳重大害小不堪柯引維德之用用皆在國謀大鮮無害嗚呼汝何敬非時何

擇非德德枳維大人大人枳維公公枳維卿卿枳維大夫大夫枳維士章懷注後漢書引此作周書呂刑篇舊文脫者今據章懷注補正注云枳者言上下相維遞爲藩蔽也登登皇皇君枳維國舊闕君字今從沈補國枳維都都枳維邑邑枳維家家枳維欲無疆動有三極用有九因因有四戚五私極明與與有畏勸汝何異非義何畏非世何勸非樂謀獲三極無疆動獲九因無限務用三德順攻奸口言彼翼翼在意仞時德春育生素草肅疏數滿肅本或作蕭夏育長美柯華務水潦秋初藝不節落冬大劉倍信何謀本口時歲至天視嗚呼汝何監非時何務非德何興非因何用非極

維周于民人謀競不可以後戒後戒宿不悉日不足

文儆解第二十四

維文王告夢懼後祀之無保庚辰詔太子發曰汝敬
之哉民物多變民何嚮非利利維生痛痛維生樂樂
維生禮禮維生義義維生仁嗚呼敬之哉民之適敗
上察下遂信何嚮非私私維生抗抗維生奪奪維生
亂亂維生亡亡維生死嗚呼敬之哉汝慎守勿失以
詔有司夙夜勿忘若民之嚮引汝何慎非遂何慎舊本倒今改正
遂時不遠非本非標非微非煇壤非壤不高水非
水不流嗚呼敬之哉倍本者槁汝何葆非監不維一

保監順時維周于民之適敗無有時蓋後戒後戒謀念勿擇

文傳解第二十五

文王受命之九年時維暮春（太平御覽百四十六所引同今本詩正義作維暮之春）在鄗召太子發曰嗚呼我身老矣吾語汝我所保與我所守傳之子孫吾厚德而廣惠忠信而志愛人君之行【注】四者君德（玉海卅一引作厚德廣惠忠信愛人君子之行）不爲驕侈不爲泰靡不淫于美括柱茅茨爲民愛費【注】言務儉也因就木枚曰括（括與刮楹之刮同御覽杜郎作楹注木枚俗本誤作不泱亦從御覽改）山林非時不升斤斧以成草木之長川澤非

時不入網罟以成魚鼈之長自在鄗召太子發至此皆依太平御覽卷八十四卷百四十六參校補正舊本吾語汝下作所保所守守之哉無下兩而字與御覽百四十六同川澤非時不入網罟御覽八十四作而順天時水澤不內舟不麛不卵以成鳥獸之長說文引云不卵不蹼以成鳥獸云䍐者纔獸足也畋漁以時童不夭胎馬不馳騖土不失宜注言土地所宜悉長之御覽八十四引此云畋獵唯時不殺童牛不夭胎童牛不服童馬不馳不騖澤不行害土不失其宜萬物不失其性天下不失其時藝文類聚亦引童牛不服童馬不馳土不失其萬物不失其性天下不失時以成萬材萬材已成牧以爲人天下利之而勿德是謂大仁案萬物不失其性以下今多見下卷大聚解中土可犯材可蓄潤溼不穀樹之竹葦莞蒲礫石不可穀樹之葛木以爲絺綌以爲材用注所爲土不失宜正文木一本作藟非

絺綌謂葛也材用謂木也注所爲疑是所謂故凡土地之閒者聖人裁之竝爲民利是魚鼈歸其泉鳥歸其林注取之以時不夭胎故正文是下疑有以字孤寡辛苦咸賴其生注得所生長材用山以遂其材山下疑當有林字工匠以爲其器百物以平其利商賈以通其貨注無二德也工不失其務農不失其時是謂和德注和故不失土多民少非其土也土少人多非其人也是故土多發政以漕四方四方流之注漕轉流歸言移內入也入舊作人訛土少安帑而外其務方輸注外設業而四民方輸轂注當作外設業民而四方輸轂夏箴曰中不容利民乃外次注夏禹之箴戒書

也利福業次舍於田注舊脫利福二字又次舍二字倒今据玉海增正開望

曰土廣無守可襲伐土狹無食可圍竭二禍之來不

稱之災注開望古書名也政以人土相稱爲善也潛夫論實邊篇引周書曰土多人少莫出其材是謂虛土可襲伐也土少人衆民非其民可遺竭也是故土地人民必相稱也遺竭疑是匱竭之誤天有四殃水旱饑荒其至無時非

務積聚何以備之注積材用聚穀蔬夏箴曰小人無

兼年之食遇天饑妻子非其有也大夫無兼年之食

遇天饑臣妾輿馬非其有也注古者國家三年必有

一年之儲非其有言流亡也御覽三十五引此作夏歸藏詭案墨子七患篇

引周書曰國無三年之食者國非其國也家無三年

之食者子非其子也胡廣百官箴敘曰墨子著書稱

夏箴之辭即謂此也戒之哉弗思弗行至無日矣【注】言不遠也不明開塞禁舍者其如天下何【注】不明謂失其機人各修其學而尊其名聖人制之【注】制而業用故諸橫生盡以養從謝云脫一生字從生盡以養一丈夫【注】橫生萬物也從生人也一丈夫天子也言兆民養天子也注養字舊訛者從趙改無殺夭胎無伐不成材無墮四時如此者十年有十年之積者王【注】通三十年之計也趙云三十年之通惟謂耕耳此兼言庶物如此者十年承上即以貫下但當就十年作解可耳注非是有五年之積者霸無一年之積者亡【注】通十五年之計有五年之積也已爲無國家生十殺一者物十重生一殺

十者物頓空十重者王頓空者亡【注】生少到空兵強勝人人強勝天能制其有者則能制人之有【注】勝天勝有天命不能制其有者則人制之【注】術自取之令行禁止王始也出一曰神明出二曰分光【注】政有二名分君之明光亦明也王始疑是王治注名字趙改作臣出三曰無適異出四曰無適與無適與者亡【注】君臣無適異民無適與不亡何待也

柔武解第二十六

維王元祀一月既生魄王召周公旦曰嗚呼維在文考之緒功【注】此文王卒之明年春也維周禁五戎五

戎不禁厥民乃淫【注】此戎周也而謂之戎言五者不禁戎之道也一曰土觀幸時政匱不疑二曰獄讎刑蔽姦吏濟貸【注】濟貸成其貨也三曰聲樂□□飾女滅德四曰維勢是輔維禱是怙五曰盤游安居枝葉維落【注】輔□怙恃盤游安居皆害之術輔□怙恃疑當作輔勢恃禱五者不距自生戎旅故必以德爲本以義爲術以信爲動以成爲心以決爲計以節爲勝【注】言以德爲本以節爲勝距戎之本也正文以成趨疑是以誠案注但舉首末兩語亦有訛疑當作言以德爲距戎之本也務在審時紀綱爲序和均□里以匡辛苦【注】匡正也辛苦窮也見寇□戚靡適無□勝國

若化不動金鼓善戰不鬬故曰柔武四方無拂奄有天下【注】拂違也言感也奄宋本作掩謝云當作奄注言感也元本作言威也

大開武解第二十七

維王一祀二月王在酆密命【注】密人及商紂謀周大命密如君不密之密注以爲密人非也訪於周公旦曰嗚呼余夙夜維商密不顯誰和【注】言欲以毀送之商密告歲之有秋今余不獲其落若何【注】和捐萬物而商密欲擯我周不得其落恐將已文弨案此蓋以田事爲喻也後云秋而不獲正是一意篇中無一語及密人序云武王忌商商亦不及密上云密不顯誰和蓋云茲事密不顯誰其與我合意意者注乃云欲以毀送之商密聖人豈有此意哉毀而徵懼毀其足以亡人國乎甚矣注之謬也周公曰茲在

德敬在周其維天命王其敬命【注】言天命在周當敬命而已遠戚無十和無再失維明德無佚【注】所親近疎遠也再失爲復失也注爲當作謂佚不可還維文考恪勤戰戰何敬何好何惡時不敬殆哉【注】言一佚不可還故念文王所敬王拜曰允哉余聞國有四戚五和七失九因十淫非不敬不知【注】言非不欲敬而未知所聞欲知之也今而言維格余非廢善以自塞維明戒是祗【注】而汝格至也是祇敬之周公拜曰茲順天天降寤于程程降因于商商今生葛葛右有周【注】言天寤周以和商謀商朝生葛是祐助周也趙云降寤于程盖郎

指太姒之夢維王其明用開和之言言孰敢不格注可否相濟曰和欲其開臣以和則忠告之言無不至也四戚一內同外二外婚姻三官同師四哀同勞五和一有天維國二有地維義三同好維樂四同惡維哀五遠方不爭注以文德來遠七失一立在廢二廢在祗三比在門四諂在內五私在外六私在公七公不違注立所廢則功多廢所敬則不見疑□比諂近公私干錯公法不能違之所謂失趙云立在廢立者在所敬也廢也廢在祗廢者在所不可曉注九因一神有不饗二德有不守舊作所守訛三才有不官四事有不均五兩有必爭六富有別七貪有

匱八好有遂九敵有勝【注】此皆因其事而以誤彼國也趙云因乃因利乘便之因無誤彼國意十淫一淫政破國動不時民不保二淫好破義言不協民乃不和三淫樂破德德不純民乃失常四淫動破醜醜不足民乃不讓五淫中破禮禮不同民乃不協六淫采破服服不度民乃不順七淫文破典典不式教民乃不類八淫權破故故不法官民乃無法九淫貸破職百官令不承十淫巧破用用不足百意不成嗚呼十淫不違危哉今商維茲【注】言商紂所行如此十者之所蔽其唯第茲命不承殆哉【注】不率天命則危殆也若人之有政令廢

令無赦乃廢天之命訖文考之功緒忍民之苦不祥注廢政令罪不赦而乃廢天命口父之業忍民患是不祥也若農之服田務耕而不耨維草其宅之旣秋而不獲維禽其饗之人而獲飢云誰哀之注草居之是農不脩也獸食之是飢也已自取之是時矜之父業之遵正文不獲沈改不穫又云字舊訛去今訂正注是時疑當作有誰又父業上疑有脫文蓋郎肎播肎穫之意周公欲武王纘承文考之功緒也王是以拜受其言王拜曰格乃言嗚呼夙夜戰戰何畏非道何惡非是不敬殆哉注王心以周公言爲至故拜也

小開武解第二十八

維王二祀一月既生魄王召周公旦曰嗚呼余夙夜忌商不知道極敬聽以勤天命周公拜手稽首曰在我文考順明三極躬是四察循用五行戒視七順順道九紀【注】皆文王所行之三極既明五行乃常四察既是七順乃辨明勢天道九紀咸當順德以謀罔惟不行【注】言化道大行也三極一維天九星二維地九州三維人四左【注】九星四方及五星也四左疏附禦侮奔走先後是也 惠云文選注引周書王曰余不知九星之光周公曰星辰日月四時歲是謂九星文昭案文選注三十六所云乃九紀也孔以經緯釋九星甚當他說皆不足取又四左成開解作四佐上言文考故注引詩爲釋 四察一目察維極二耳察維聲三

口察維言四心察維念【注】四者當所必察眞僞五行一黑位水二赤位火三蒼位木四白位金五黄位土【注】言其所順而勤勤疑當作動七順一順天得時二順地得助三順民得和四順利財足五順得助明謝云疑是順助得明六順仁無失七順道有功【注】順天時得天道順道有功得人功九紀一辰以紀日二宿以紀月三日以紀德四月以紀刑【注】日月之會曰辰甲乙十者於四方以紀日宿次十二紀十二月次日爲禮月爲法也五春以紀生六夏以紀長七秋以紀殺八冬以紀藏九歲以紀終【注】四時終則成歲時候天視可監時不

失以知吉凶【注】天視言視天時王拜曰允哉余聞在昔訓典中規非時罔有格言日正余不足【注】謙以受惠云恪即古文格字

寶典解第二十九

維王三祀唐書引作元祀二月丙辰朔王在鄗召周公旦曰嗚呼敬哉朕聞曰何脩非躬躬有四位九德【注】言脩身以四位九德也何擇非人人有十姦【注】凡人所不能免者何有非謀謀有十散不圉我哉【注】圉禁也惠云圉讀曰禦何慎非言言有三信信以生寶寶以貴物物周爲器【注】周用之爲器美好寶物無常維其所貴信無

不行【注】貴在周用行之以神振之以寶順之以事明衆以備改口以庸庶格懷患【注】言治實以器用四位一曰定二曰正三曰靜四曰敬敬位丕哉靜乃時非正位不廢定得安宅【注】丕大也時非待時不動九德一孝子畏哉乃不亂謀二悌悌乃知序序乃倫倫不騰上上乃不崩【注】不騰不越不相超越三慈惠知長幼知長幼樂養老舊慈惠下有茲字謝云因上慈字而誤衍耳今刪四忠恕是謂四儀風言大極意定不移【注】儀言也五中正是謂權斷補損知選六恭遜是謂容德以法從權安上無慝【注】遻數慝惡七寬弘是謂寬宇准德以義樂獲

純嘏注純大也嘏大也謂之大大之福八溫直是謂

明德喜怒不郄主人乃服注郄閒也九兼武是謂明

刑惠而能忍尊天大經九德廣備次世有聲注長有

令問十姦謝云十姦當作十干古字姦作奸奸與干通用後人訛作姦一窮□干

靜二酒行干理三辯惠干智四移潔干清五死勇干

武注實少而名多曰移也六展允干信惠云外傳云展而不信韋昭云展誠也誠謂復言非忠信之道七比譽干讓八阿衆干名九專愚

干果十愎孤干貞注十者皆不誠之行故曰姦十散

一廢□□□行乃泄□□□□□三淺薄

閒瞞其謀乃獲四說咷輕意乃傷營立五行恕而不

願乃憂其圖【注】閉瞞不察謂所謀也文弨案說咷當卽侻侻皆謂不厚重所謀一作聽謀六極言不度其謀乃費極言不度謂汗漫也七以親爲疎其謀乃慮八心私慮適百事乃僻九愚而自信不知所守十不釋太約見利忘親【注】適單也言十者皆散汝成三信一春生夏長無私民乃不迷二秋落冬殺有常政乃盛行三八治百物物德其德是謂信極【注】言其信至而其余也四字趙疑衍信旣極矣嗜欲口在在不知義欲在美好有義是謂生寶【注】以義爲寶

周公拜手稽首興曰臣旣能生寶恐未有子孫其敗【注】有口其心恐有寶而子孫不能有以致治也舊本注脫

孫不二字趙增既能生寶未能生仁恐無後親王寶生之恐失王會道維其廢【注】會所當會之寶王拜曰格而言維時余勸之以安位敎之廣【注】安位謂信有得用寶而亂亦非我咎上設榮祿不患莫仁【注】言以榮祿祿口仁也則用是榮人也仁以愛祿允維典程既得其祿又增其名上下咸勸孰不競仁維子孫之謀寶以爲常【注】言仁人以愛祿爲常法則人皆競仁欲愛子孫謀此爲常

酆謀解第三十

維王三祀王在酆謀言告聞【注】自文王受命至此十

年也知敵情向人問人曰以紂謀告武王也注十年
十二年向人問下舊本作人曰謀趙云是
以紂聞鄭謀告武王也衍三字王召周公旦曰嗚
呼商其咸辜維日望謀建功謀言多信今如其何【注】
言商君臣皆罪周日望以周建功也周公曰時至矣
乃興師循故【注】言可伐紂之時至謂循古法趙云循
用湯之故事即世俘解所云故謂循
脩商人典以斬紂身者也初用三同一戚取同二
任用能三矢無聲【注】矢誓言誓衆以盡心也三讓一
近市二賤粥三施資【注】以財讓也近來民而旅貧以
思也疑當作施貧以惠也三虞一邊不侵内二道不毆牧三郊
不留人【注】虞樂也設此三禁所以悅民王曰嗚呼允

從三三無咈厥徵可因【注】言三讓三同三虞無違言善徵可用以立功也與周同愛愛徵無疾疾取不取疾至致備【注】疾惡由禱不德不德不成害不在小終維實大悔後乃無【注】曲爲非義神不德之帝命不諂應時作謀不敵殆哉周公曰言斯允格誰從己出出而不允乃菑【注】帝天也謟僭也敵疾也往而不往乃弱士卒咸若周一心【注】不往則是弱一心則應時也

舊本應作不今從卜本

寤儆解第三十一

舊本皆作寤敬敬亦與儆通管子立政篇敬山澤敬同儆訓爲戒也

維四月朔王告儆召周公旦曰嗚呼謀泄哉今朕寤

有商驚予【注】言夢爲紂所伐故驚欲與無口則欲攻無庸以王不足戒乃不興憂其深矣【注】戒不興言所憂不從戒中來也周公曰天下不虞周驚以寤王王其敬命奉若稽古維王【注】虞度若順克明三德維則【注】三德剛柔正直咸和遠人維庸【注】和近人則遠人用攻王禱赦有罪懷庶有茲封福【注】庶衆封大監戒善敗護守勿失無虎傅翼將飛入邑擇人而食入邑舊作入宮今從韓非子難勢篇所引改不驕不悋時乃無敵【注】此是義也王拜曰允哉余聞曰維乃予謀謀時用臧不泄不竭維天而已【注】聞古言也天道無常余維與汝監舊之

葆咸祗曰戒戒維宿【注】言戒於心宿古文夙

武順解第三十二

天道尚左日月西移地道尚右水道東流舊左右互易今從博物志人道尚中耳目役心【注】言耳目爲心所役也心有四佐不和曰廢【注】四佐脾腎肺肝也地有五行不通曰惡【注】金木水火土更相生天有四時不時曰凶天道曰祥地道曰義人道曰禮知祥則壽知義則立知禮則行【注】言其相通禮義順祥曰吉吉禮左還順天以利本【注】本謂人也趙云注首亦當有天左還也一句與下注相配沈云人也人卽民武禮右還順地以利兵【注】地右還也正文天地舊互易今從沈

改將居中軍順人以利陣【注】人尚中人有中曰參無中曰兩兩爭曰弱參和曰彊【注】有中必有兩故曰參注兩字闕今補謝云有中無中卽謂男女皆以形體言之男成三女成兩皆下體形象合三兩而成五交構成室以生民下文左右手亦以形體言之注有中必有兩解未明男生而成三女生而成兩兩字舊脫今案文義補五以成室室成以生民民生以度【注】陽奇陰耦五謂相配成室正文成室生民舊皆誤倒民生亦訛民民今皆改正左右手各握五左右足各履五曰四枝元首曰末【注】四枝手足元首頭也惠半農云左傳風淫末疾謂首疾也文弨案易大過象曰本末弱本謂初末謂上又木上曰末則以元首爲末理固然也五五二十五曰元卒【注】伍兵名一卒居前曰開一卒居後曰敦【注】開猶

啓敦猶服注舊作開有豐又一作開謂啓文弨案當作開猶啓所謂元戎十乘以先啓行是也下當作敦猶殿軍後曰殿是也又司馬法曰大前驅啓乘車大晨倅車屬焉則古人名前軍爲啓又有名後軍爲晨者左氏襄二十三年傳齊莊公伐晉軍有啓有胠杜注謂左翼曰啓右翼曰胠此出後人所名耳

左右一卒曰閭四卒成衛曰伯注皆陣名伯卒名三伯一長曰佐三佐一長曰右注九伯卒也三右一長曰正三正一長曰卿三卿一長曰辟注伯卒則右千卒則正三千卒則卿萬卒舉令之於君辟君也此謂諸侯三軍數起於伍故不正相當此段注有訛案伯所統者四卒爲兵百人以下皆三三而益之佐十二卒兵三百人右三十六卒兵九百人正百八卒兵二千七百人卿三百二十四卒兵八千一百人辟九百七十二卒兵二萬四千三百人

辟必明卿必仁

正必智右必和〔注〕言其德如此乃堪其任也佐必肅（肅舊本口今從沈增）伯必勤卒必力〔注〕卒二十五人之帥故以勇力爲之也辟不明無以慮官卿不仁無以集衆伯不勤無以行令卒不力無以承訓〔注〕訓謂先後辟也承謂奉行後令也（注後令趙疑是其令）均卒力貌而無比比則不順〔注〕比者比同也均伯勤勞而無攜攜則不和〔注〕攜離均佐肅敬而無畱畱則無成〔注〕畱遲均右和恭而無羞羞則不興（正文舊本肅作和和作肅今從沈互易之沈又云此下疑有脫文蓋尚闕均正均卿也）辟必文聖如度〔注〕言聖君有所爲如度度功不有差也元忠尚讓親均惠下集固介德〔注〕介大

也言必所集則常在大道也危言不干德曰正【注】不干謂不犯也正及神人曰極世世能極曰帝【注】極謂其上

武穆解第三十三

曰若稽古曰昭天之道熙帝之載揆民之任夷德之用【注】夷常揔之以咸殷等之以□禁成之以□和【注】咸皆殷盛也皆以法揔之也咸康于民卿格維時監于列辟【注】視古公列君以爲師也列僻周上世之賢君也子孫臣民所當取法也舊本列下衍也字又本并古公列三字删之則又與列辟不相應矣敬惟三事永有休哉三事一倡德二和亂三終齊德有七倫亂有

五遂齊有五備五備一同往路以挨遠邇二明要醜友德以衆爾庸三明辟章遠以肅民教四明義倡爾衆教之以服五要權文德不畏強寵注同往路謂口遠之也教之以服先王法服也趙云服行也五遂一道其通以決其雍雍與壅同元本郎作壅二絕口無赦不疑三挫銳無赦不危四閉兵無用不害五復尊離羣不敵注羣離故不敵也七倫一毀城寡守不路注路通二通道不戰三小國不凶不伐四正維昌靜不疑五睦忍寧于百姓注中厚忍辱六禁害求濟民七一德訓民民乃章注明於教訓欽哉欽哉余夙夜求之無射

逸周書卷第三

逸周書卷第四

晉　孔晁注

和寤解第三十四

王乃出圖商至于鮮原［注］近岐周之地也小山曰鮮汲郡古文曰帝辛五十二年秋周師次于鮮原詩曰度其鮮原召邵公奭畢公高王

曰嗚呼敬之哉無競惟人人允忠惟事惟敬小人難保【注】言王以多賢人爲強保安之也注言王疑當作武王后降惠于民民罔不格惟風行賄賄無成事【注】人之歸惠如草應風如用賄則無成事緜緜不絕蔓蔓若何豪末不掇將成斧柯【注】此言防患在微也豪末不掇戰國魏策引作毫毛不拔王乃厲翼于尹氏八士唯固允讓【注】厲奬厲也尹氏八士武王賢臣也舊本注脫尹氏八士四字今補德降爲則振于四方行有令問成和不逆加用禱巫神人允順【注】言皆順成和志也

武寤解第三十五

王赫奮烈八方咸發高城若地商庶若化【注】言士卒應王之奮烈視高城若乎地若化恐怖也若化如蒲盧待化而成之化約期于牧案用師旅商不足滅分禱上下【注】於牧野將戰先禱天地也王食無疆王不食言庶赦定宗【注】言當赦其罪人定其宗主不食言也尹氏八士太師三公咸作有績神無不饗【注】言羣臣皆謀立功而神明享其禱績舊本訛作續案注云皆謀立功則當作績字注言羣臣舊本訛倒作羣臣言今竝改正王克配天合于四海惟乃永寧【注】德合四表

克殷解第三十六

周車三百五十乘陳于牧野帝辛從【注】十三年正月

牧野商郊紂出朝歌二十里而迎戰也武王使尚父與伯夫致師【注】挑戰也王既誓以虎賁戎車馳商師商師大崩【注】戎車三百五十乘則士卒三萬六千三百五十人有虎賁三千五百人也誓字舊本無又崩作敗今依御覽增改梁云書序孟子及國策蘇秦說趙魏皆云武王伐紂車三百兩獨此言三百五十乘而墨子明鬼下篇又云車百兩一多少似未可信古車戰之法一車甲士三人步卒七十二人至臨敵制變更以甲士配車而戰一車實百人每乘以虎賁一人爲右故有虎賁三百人書序可据孫奕示兒編以孟子三千人爲引經之誤是已周禮虎賁氏其屬八百安得有三千之多況又增三千五百乎至士卒之數一車百人卽依三百五十乘計之亦止三萬五千人安得三萬六千三百五十人哉張守節史記正義臆減爲二萬六千二百五十人亦非

商辛奔內登于鹿臺之上鹿舊作麂今据史記及御覽定

作鹿屏遮而自燔于火【注】屏遮自障武王乃手太白以麾諸侯諸侯畢拜遂揖之【注】太白旗名揖召也揖諸侯共追紂也商庶百姓咸俟于郊【注】待武王於郭外也羣賓僉進曰上天降休再拜稽首【注】諸侯賀武王也武王荅拜先入適王所乃尅射之三發而後下車而擊之以輕呂斬之以黃鉞【注】輕呂劍名輕呂史作輕劍折縣諸太白【注】折絕其首注折字舊作斬誤墨子明鬼下篇云武王折紂而繫之赤環載之白旗太平御覽引作折紂而出繫之赤轘則折字是今改正梁云此篇乃六國時僞撰竄入周書者也三代以上無弑君之事詎聖如武王而躬行大逆乎紂之死武之不幸也賈子連語篇言紂鬬死紂之官衛輿紂軀棄之玉門之外民之觀者皆進蹴之武王使人帷而守之夫倉卒之際尚使人帷守寧忍親

戮其身及骨肉邪射擊斬懸必無之事論衡恢國篇亦辨之乃適二女之所既縊注二女妲己及嬖妾縊自縊也舊本乃字在所下今從御覽移正王又射之三發乃右擊之以輕呂斬之以玄鉞縣諸小白注玄鉞黑斧小白旗名也乃出場于厥軍注場平治社以及宮徹宏去者宏居者居遷也及期百夫荷素質之旗于王前注素質白旗前為王道也一作以前于王叔振奏拜假注群臣諸侯應拜假者則曹叔振奏行也謝云史記叔振下有鐸字又陳常車周公把大鉞召公把小鉞以夾王注常車威儀車也三公夾衛王也召公史記作畢公泰顛閎夭皆執輕呂以奏王王入即位于社

太卒之左注執王輕呂當門奏太卒屯兵以衛也羣臣畢從毛叔鄭奉明水衛叔傳禮注羣臣盡從王而康叔相禮毛叔宋本與史記正同作毛伯者誤傳禮史記作布茲召公奭贊采師尚父牽牲注贊佐采事也倂王也尹逸筴曰殷末孫受德迷先成湯之明侮滅神祇不祀史記逸作佚滅作蔑注紂字受德也神祇天地也皋天地則宗廟已下廢可知也梁云受德猶云受之凶德書曰其在受德暋與此政同非紂字受德也自呂不韋誤著於仲冬紀漢以後諸儒因之而誤史記作季紂是暋暴商邑百姓其章顯聞于昊天上帝注言上天五帝皆知紂惡也章舊作彰字俗今從史記改正武王再拜稽首乃出注受天大命以改殷天明命王

天口也 梁云此有脱文史記作武王再拜稽首膺更大命革殷受天明命武王又再拜稽首乃出李善注王元長曲水詩序引周書亦有此數語唯膺更作膺受觀孔晁注正是釋武王之語則知周書本有之轉寫者因兩再拜稽首遂遺却上文耳

立王子武庚命管叔相【注】爲三監監殷人乃命召公釋箕子之囚命畢公衛叔出百姓之囚【注】紂所拘囚者也乃命南宮忽振鹿臺之財巨橋之粟【注】忽即括振散之以施惠也史記忽作括乃命南宮百達史佚遷九鼎三巫【注】鼎王者所傳寶三巫地名 史記三巫作保玉保與寶同謝云觀此文南宮忽南宮百達則論語八士皆南宮氏也百當與伯同梁處素云晉語諮于八虞注賈唐云周八士皆在虞官 乃命閎夭封比干之墓【注】益其塚也乃命宗祝崇賓饗禱之于軍【注】宗

祝主祀賓敬也饗祭前所禱之神宗祝舊誤作宗祀案史記作命宗祝享祠于軍今正文與注祀字俱改正其下似亦當從史記爲是乃班注還鄗京也

大匡解第三十七謝云前已有大匡此不應又名大匡蓋因篇內有大匡字也不能定其訛錯之故

惟十有三祀王在管管叔自作殷之監東隅之侯咸受賜于王王乃旅之以上東隅注東隅自殷以東旅謁各使陳其政事者也注各字宋本作名似非是用大匡順九則八宅六位注古大匡有此法古本一作言寬儉恭敬夙夜有嚴注言當嚴敬思所順也昭質非樸樸有不明明執於私私回不中中忠於欲思慧醜詐注忠於欲謂

忠於絶私欲也昭信非展展盡不伊伊言於允思復醜譖【注】展似信而非伊伊推也本或作誰也昭讓非背背黨雍德德讓於敬思賢醜爭【注】讓以得之非弃背也昭位非忿忿非口直直立於衆思直醜比【注】位所以行道非以息忿忿怒也昭政非閑閑非遠節節政於進思止醜殘【注】政以道民非禁閑之也故貴得節也昭靜非窮窮居非意意動於行思靜醜躁【注】仁者好靜窮非取樂昭潔非爲爲窮非涓涓潔於利思義醜貪【注】涓潔於利不以自污正文利舊作行訛今案注改正昭因非疾疾非不貞貞固於事思任醜誕【注】疾口昭明九則九

醜自齊齊則曰知悖則死勇【注】明此九法則所醜義成九法咸咸則苟死於勇不知節案上所陳九則九醜尚少其一疑昭質非樸一段有脫文勇如害上則不登于明堂如與而同舊作知誤左氏文二年傳引云勇則害上不登於明堂明堂所以明道明道惟法【注】惟以法度化人法人惟重老重老惟寶嗚呼在昔文考戰戰惟時祇祇汝其【注】言所尊重者老人乃政之寶也文王雖敬是道汝其用之汝諸侯也正文汝其下疑脫一庸字注乃字舊訛及今改正謝云戰戰惟時祇祇當句汝其當連下夙夜濟濟夙夜濟濟無競惟人惟允惟讓不遠羣正不邇讒邪【注】言當近正士遠讒人汝不時行汝害于士士惟都人孝悌子孫【注】不行

是文王之道其如此也不官則不長官戒有敬官□朝道舍賓祭器曰八宅【注】官以長官所戒惟敬則入宅順矣綏比新故外内貴賤曰六位【注】安之比之各以其道則位順也大官備武小官承長【注】承奉正文承舊誤作成今依注改正大臣封攝外用和大【注】和平大國正文封字舊本作抹不成字今從宋元本中臣用均勞故禮新【注】士大夫及賓客小臣用惠施舍靜衆【注】靜安也禁請無怨順生分殺不忘不憚【注】不計分部不失其理俾若九則生敬在國國咸順順維敬敬維讓讓維禮【注】言周大臣使順九則生其所敬於國國人皆順之以敬讓之禮也舊本

作生欲在國國咸敬沈案注文改今從之辟不及寬有永假【注】不及言同

假於王道

文政解第三十八

惟十有三祀王在管管蔡開宗循【注】管管叔之邑二叔開其宗族循鎬京之政言從化也王謝云王字當屬上文以開宗循爲句王禁九慝昭九行濟九醜尊九德止九過務九勝傾九戒固九守順九典【注】九人所茂政也濟謂濟其醜以好也順此戒也九慝一不類二不服三不則四口務有不功五外有內通六幼不觀國七閭不通徑八家不開刑九大禁不令路徑【注】刑法也不令不

宣令也九行一仁二行三讓四信五固六治七義八意九勇【注】意於道也九醜思勇醜忌思意醜變思義醜□思治醜亂思固醜轉思信醜奸思讓醜殘思行醜頑思仁醜疊【注】殘謂殘禮義也案九醜卽倒承上九行舊本上四信訛四言六治訛六始此又脫去思義醜□一句今俱增正九德一忠二慈三祿四賞五民之利六商工受資七祗民之死八無奪農九足民之財【注】敬死勸葬也足民之財也正文之財本亦作之則注同注末句上疑有脫文九過一視民傲二聽民暴三遠慎而近䫉藐同四法令□亂五仁善是誅六不察而好殺七不念□訾行八□思前後九偷其身不路而助無漁九

勝一□□□□二□□□□三同惡潛謀四同好和因五師□征惡六迎旋便路七明賂施舍八幼子移成九迪名書新【注】潛謀潛密之謀也移成謂易子而教也蹈名之子書而新用九戒一內有柔成二示有危傾三旅有罷寘四亂有立信五教用康經六合詳毀成七邑守維人入飢有兆積九勞休無期【注】柔成善柔諂人也罷寘言□囷倉墻也康逸也合詳無德而信也守邑無備恃其人衆皆危道注暗一本作晤字書無攷晤亦疑訛

九守一仁守以均二智守以等三固守以典四信守維假五城溝守立六廉守以名七戒守以信八競

守以備九國守以謀〔注〕維假言立信常至於義也信守維假二句似有訛九典一祇道以明之二稱賢以賞之三典師以教之四四戚以勞之四戚四字疑本是空圍五位長以遵之六羣長以老之七羣醜以移之八什長以行之九戒卒以將之〔注〕典師謀各隨所能而教之也遵行之以戒之事也將之軍旅行陣也嗚呼充虛爲害無由不通無虛不敗〔注〕陰陽姦謂之充國無人謂之虛也

大聚解第三十九

維武王勝殷撫國綏民乃觀于殷政告周公旦曰嗚呼殷政總總若風草有所積有所虛和此如何〔注〕總

總亂也有積有虛言不平也周公曰聞之文考來遠賓廉近者道別其陰陽之利相土地之宜水土之便注禮遠賓廉近者道總土宜以愛民也趙云欲來遠賓在廉察近者之安危利病使之各得其所如下文所云者是也相土地之宜土字疑衍以下句言水土之便故也案注廉本多作廣今從章本改愛本多作受今從元本改營邑制命之曰大聚先誘之以四郊王親在之注四郊自近始也在察也賓大夫免列以遷赦刑以寬復亡解辱注亡者復之辱者解之削赦囗重皆有數此謂行風注行風化也此本或作甚乃令縣鄙商旅曰能來三室者與之一室之祿注以一丈夫之耕祿者注丈字或衍文又者疑當作之闢開脩道五

里有郊十里有井二十里有舍【注】待行旅也案地官遺人三十里有廬此作二十里疑訛遠旅來至關人易資舍有委【注】貿易供其資也正文有本一作其市有五均早暮如一送行逆來振乏救窮【注】均平也言早暮一價惠云河間獻王所傳樂元語其道五均事云天子取諸侯之土以立五均則市無二價四民常均強者不得困弱富者不得要貧則公家有餘恩及小民矣老弱疾病孤子寡獨惟政所先【注】當先卹也民有欲畜發令【注】命之畜牧以國爲邑以邑爲鄉以鄉爲閭禍災相卹資喪比服【注】邑閭比相救卹比服供喪服也疑卽周禮所謂比共吉凶二服也五戶爲伍以首爲長十夫爲什以年爲長【注】首爲伍家最服合閭立教以威

爲長合旅同親以敬爲長【注】教由威行旅由敬親飲食相約興彈相庸趙云功作則互相勸是興游墮則互相糾是彈惠云漢時尚有街彈之室蓋取則于古耦耕口耘男女有婚墳墓相連民乃有親【注】言相通也六畜有羣室屋既完民乃歸之【注】六畜牛馬豬羊犬雞鄉立巫醫具百藥以備疾災畜五味以備百草【注】草味同言五味非一也注同疑是不同立勤人以職孤立正長以順幼立職喪以卹死立大葬以正同【注】職同立君子以脩禮樂立小人以教用兵【注】禮樂干戚兵刃也注有訛脫立鄉射以習容春和獵耕耘以習遷行【注】羣行出入坐起隨行教芓與樹藝比長立

職與田疇皆通【注】根衍曰芓比長之職通連比也芓本或作芧今從宋元本謝云根衍曰芓不知所出說文玉篇釋芓字皆謂草之可以爲繩者字亦通芓立祭祀與歲穀登下厚薄此謂德教【注】登下隨穀豐儉也若其凶土陋民賤食貴貨是不知政【注】不順政故曰凶山林藪澤以因其口工匠役工以攻其材商賈趣市以合其用【注】言政行也外商資貴而來貴物益賤資賤物出貴物以通其器【注】通其有無使相口也夫然則關夷市平財無鬱廢商不乏資百工不失其時無愚不教則無窮乏之此謂和德【注】言政治和之所致也則無窮乏舊作口無窮乏之則今依趙改正若有不言乃政其凶陂溝

道路藂苴丘墳不可樹穀者樹以材木【注】除藂種木

春發枯槁夏發葉榮疑當作華榮秋發實蔬冬發薪烝以

匡窮困【注】以此匡之也揖其民力相更爲師惠云揖與輯同

因其土宜以爲民資【注】更相爲師匡資次用也注有訛

則生無乏用死無傳尸此謂仁德【注】傳於溝壑惠云傳尸猶轉尸也淮南子鬱而無轉高誘曰轉讀作傳

旦聞禹之禁春三月山林不

登斧以成草木之長夏三月川澤不入網罟以成魚

鼈之長且以并農力執成男女之功【注】男耕女桑成

此功也夫然則有生而不失其宜萬物不失其性人

不失其事天不失其時以成萬財萬財既成放此爲

人此謂正德【注】放散供人用也藝文類聚引此有生作有土無而字財作材云萬材已成牧以爲人天下利之而勿德是謂大仁泉深而魚鼈歸之草木茂而鳥獸歸之稱賢使能官有材而士歸之士舊闕從惠補關市平商賈歸之分地薄斂農民歸之水性歸下農民歸利【注】歷言自然之至王若欲求天下民先設其利而民自至譬之若冬日之陽夏日之陰不召而民自來此謂歸德【注】政善德之至也五德既明民乃知常武王再拜曰嗚呼允哉天民側側余知其極有宜【注】側側愉多長有國也乃召昆吾冶而銘之金版藏府而朔之【注】昆吾古之利冶朔月旦朔省之也謝云昆吾

乃掌治世官注云利治誤

世俘解第四十

維四月乙未日武王成辟四方通殷命有國注言成者執殷俘通之以爲國也此克紂還歸而作也惟一月丙午旁生魄若翼日丁未舊丙午作丙辰丁未作丁巳今案從丙午十六日數至二月五日甲子方合王乃步自于周征伐商王紂注旁廣大月大時也此本紀始伐紂師度孟津也越若來二月既死魄越五日甲子朝至接于商注越於也朔後爲死魄惠云接讀爲捷則咸劉商王紂執矢惡臣百人注劉尅也矢惡臣崇侯之黨矢舊本作夫又或作天今案後文有矢惡臣定爲矢字

太公望命禦方來丁卯望至告以馘俘注太公受命追禦紂黨方來戊辰王遂禦循追祀文王時日王立政注禦循追祀以尅紂告祖考壇帷而祭是日立王政布天下正文追字舊本訛目又一本訛作自注又訛作禦追循亦祀壇帷訛壇惟一本改作壇墠非今竝考正呂他命伐越戲方王申荒新至告以馘俘注呂他將也越戲方紂三邑也惠云呂他南宮氏也越戲方一作反虎方見南宮中鼎銘侯來命伐靡集于陳辛巳至告以馘俘注侯來亦將也靡陳紂二邑也甲申百弇以虎賁誓命伐衛告以馘俘注百弇亦將辛亥薦俘殷王鼎注殷國之鼎案通鑑前編作薦殷俘正殷鼎武王乃翼矢珪矢憲告天宗上

帝【注】矢陳也稷太牢別於天也有稷太牢不見正文疑脫下云用牛于天于稷此不應預見案書正義云天神尊祭天明用犢稷是人神祭用太牢貶於天神王不革服格于廟秉語治庶國籥人九終【注】不改祭天之服以告祖考急於語治也廟無別人也末五字誤王烈祖自太王太伯王季虞公文王邑考以列升維告殷罪【注】虞公虞仲邑考文王子也皆升王於帝籥人造王秉黃鉞正國伯【注】於籥人進則王進正伯之位也注籥字舊訛蕭今從趙改王子王服袞衣矢琰格廟籥人造王秉黃鉞正邦君【注】正諸侯之位也癸丑薦殷俘王士百人【注】王士紂之士所囚俘者籥人造王矢琰秉黃鉞執戈王

奏庸大享一終王拜手稽首王定奏庸大享三終【注】大享獻爵奏庸擊鍾甲寅謁戎殷于牧野王佩赤白旂籥人奏武王入進萬獻明明三終【注】謁告也明明詩篇名武以下羽爲萬舞也惠云明明即大明乙卯籥人奏崇禹生開三終王定【注】崇禹生開皆篇名告非一故連日有事也庚子陳本命伐磨百韋命伐宣方新荒命伐蜀梁處素云磨必磿之訛下云馘磿即獻磿國之俘路史國名紀六云⿰磿阝商時侯國凡地从邑本作磿也又新荒前云荒新疑是二人故並舉異文文弨案黄歇說秦云割濮磿之北磿近濮在商畿內可知見秦策新序作濮歷乙巳陳本命新荒蜀磿至告禽霍侯艾侯俘佚侯小臣四十有六禽禦八百有三百兩告

以馘俘注此復說尅紂所命伐也庚子閏二月十一日禦大臣也此復說尅紂所命伐故日不與上次或以庚子爲庚申乙巳爲乙丑非也百韋至告以禽宣方禽禦三十兩告以馘俘百韋命伐厲告以馘俘注言兩隅之言也武王狩禽虎二十有二猫二糜五千二百三十五犀十有二容齋隨筆猫作貓糜作麋案下文別有麋必有一誤犀十有二作犀十有三梁處素云麋必有一字作麋者古麋麋多通寫氂七百二十有一熊百五十有一羆百一十有八豕三百五十有二貉十有八麈十有六麈容齋作麂麝五十麋三十鹿三千五百有八注武王克紂遂揔其囿所獲禽獸武王遂征四方凡憝國九十有九國注憝惡也

馘磿億有十萬七千七百七十有九磿舊作魔訛億下不當更言十萬十字非衍卽誤俘人三億萬有二百三十注武王以不殺爲仁無緣馘億也俘馘之多此大言之也凡服國六百五十有二注此屬紂也□□時四月既旁生魄越六日庚戌武王朝至燎于周維予沖子綏文注此於甲乙十六日也先廟後天者言功業已成故也注十六日訛當作四月二十二日謝云凡沖子似皆有錯簡書中惟成王有沖子之稱武王降自車乃俾史佚繇書于天號注使史佚用書重薦俘于天也武王乃廢于紂矢惡臣人百人上人字疑衍伐右厥甲小子鼎大師注廢其惡人伐其小子乃鼎之衆也伐

厥四十夫家君鼎帥司徒司馬初厥于郊號【注】言初克紂于商郊號令所伐也武王乃夾于南門用俘皆施佩衣衣先馘入【注】言陳列俘馘于宗廟南門夾道以示衆也取乃衣之施之以恥也武王在祀太師負商王紂縣首白旂妻二首赤旂乃以先馘入燎于周廟【注】王在祀主使樂師以紂首及妻首所馘入廟燎也謝云白旂赤旂與前大白小白亦辭異而意同負紂縣首太師爲之不類且從上文讀下則亦當在甲子下若翼日辛亥祀于天位用籥于天位【注】此詳說庚戌明日郊天祭俘所用籥衣事也越五日乙卯武王乃以庶祀馘于國周廟翼予沖子斷牛六斷羊二【注】

於辛亥五日以諸侯祭其有斷煞者庶國乃竟告于周廟曰古朕聞文考脩商人典以斬紂身告于天于稷【注】言諸侯竟殺牲告周廟天稷也正文疑當作告朕文考循商人典用小牲羊犬豕于百神水土于誓社【注】百神天宗水土山川誓告也曰惟予沖子綏文考至于沖子用牛于天于稷五百有四【注】及宗廟山川也用小牲羊豕于百神水土社二千七百有一【注】所用甚多似皆益之商王紂于商郊【注】更說始伐紂時謝云自商王紂于商郊始其文皆當在前甲子朝至接于商下何則咸劉商王紂于商郊此處商王紂三字衍文也俘商玉億有百萬下乃接武王在祀至燎于周廟而止則時日亦符而文義無舛矣時甲子夕商王紂

取天智玉琰五環身厚以自焚【注】天智玉之上美者也縫環其身以自厚也五環二字舊本作縫今依張守節史記正義改惠半農云御覽引此曰紂取天智玉琰五環身以自焚注曰天智玉之上美者班環身以自厚也又御覽七百十八引此云取天知玉珥及庶玉衣身以自焚庶玉則銷天知玉珥在火中不銷凡厥有庶告焚玉四千【注】衆人告武王焚玉四千也五日武王乃俾于千人求之四千庶玉則銷天智玉五在火中不銷【注】紂身不盡玉亦不銷正文于字疑衍凡天智玉武王則寶與同【注】言王者所寶不銷也凡武王俘商舊玉億有百萬

箕子解第四十一已惠云廣韻引書曰武王悅箕子之對賜十朋別無所見當在此篇

耆德解第四十二　亡

逸周書卷第四

逸周書卷第五

晉　孔　晁　注

商誓解第四十三

王若曰告爾伊舊何父□□□□幾耿肅執乃殷之舊官人序文□□□□及太史比小史昔及百官里居獻民□□□來尹師之敬諸戒疾聽朕言用胥生

蠲尹王曰嗟爾衆予言若敢顧天命予來致上帝之威命明罰今惟新誥命爾敬諸朕話言自一言至于十話言其惟明命爾王曰在昔后稷惟上帝之言克播百穀登禹之績凡在天下之庶民罔不維后稷之元穀用蒸享在商先誓王惠云誓讀曰哲下並同俗本王作正今從宋本元本明祀上帝□□□□亦維我后稷之元穀用告和用胥飲食肆商先誓王維厥故斯用顯我西土今在商紂昏憂天下弗顯上帝昏虐百姓奉天之命上帝弗顯乃命朕文考曰殪商之多罪紂肆予小子發弗敢忘天命朕考胥翕稷政肆上帝曰必伐之予惟甲子

尅致天之大罰□帝之來革紂之□予亦無敢違大命章本作天命敬諸昔在我西土我其有言本或作齊言胥告商之百無罪其維一夫趙疑百下當有姓字予既殛紂承天命予亦來休命爾百姓里居君子其周卽命□□□□□□□□□□□□□□□□□□□□□□□□□□□□□□□爾家邦君無敢其有不告見于我有周其比冢邦君我無攸愛上帝曰必伐之趙云上帝曰必伐之已見上文此處語勢似不當有疑衍今予惟明告爾予其往追□紂遂𨑓集之于上帝遂本或作逹𨑓與臻同天王其有命爾王疑衍百姓獻民其有綴芀綴芀謂若絲之絕而更續草之刈而更生也夫自敬其有

斯天命不令爾百姓無告西土疾勤其斯有何重天
維用重勤興起我罪勤我無克乃一心爾多子其人
自敬助天永休于我西土爾百姓其亦有安處在彼
宜在天命□及惻興亂予保奭其介有斯勿用天命
若朕言在周曰商百姓無罪朕命在周其乃先作我
肆罪疾予惟以先王之道御復正爾百姓越則非朕
負亂惟爾在我王曰百姓我聞古商先誓王成湯克
辟上帝保生商民克用三德疑商民弗懷用辟厥辟
今紂棄成湯之典肆上帝命我小國曰革商國肆予
明命汝百姓其斯弗用朕命其斯爾冢邦君商庶百

姓予則□劉滅之王曰霍予天命說文靃飛聲也兩而雙飛者其聲靃然徐呼郭切徐鍇曰其聲霍忽疾也然則此亦當爲命不于常之意維旣咸汝克承天休于我有周斯小國于有命不易昔我盟津帝休辨商其有何國命予小子肆我殷戎亦辨百度□□美左右予予肆劉殷之命今予維篤祐爾予史太史違予史本或作予吏今從元本章本何本然予字亦似訛我寔視爾寔各本多作史今從鍾本靖疑胥敬請其斯一話敢逸僭予則上帝之明命予爾拜拜□百姓越爾庶義庶刑予維及西土元本章本予作子我乃其來卽刑乃敬之哉庶聽朕言罔胥告

度邑解第四十四

維王克殷國君諸侯乃厥獻民徵主九牧之師見王于殷郊九牧九州之牧也鄭康成注尚書云州立十二人為諸侯師以佐牧王乃升汾之阜以望商邑司馬彪續漢郡國志襄城有汾丘案左氏襄十八年傳楚子庚治兵于汾卽此地也去朝歌不遠故可望商邑本有作爾字者誤永歎曰嗚呼不淑兌天對李善注王元長曲水詩序引此作充天之對遂命一日維顯畏弗忘王至于周自鹿至于丘中鹿舊□亦以李善注補善又云丘或為苑天具明不寢王小子御告叔旦叔旦亟奔卽王曰久憂勞問害不寢害與曷同何也舊作周以形近致訛曰安予告汝王曰嗚呼旦惟天不享于殷發之未生至于今六十年夷羊在牧飛鴻滿野舊作過野或遍野之訛今依史記博物志改作滿野梁云飛鴻淮南本經訓作飛蛩

史記索隱引隨巢子作飛拾天不享于殷天下舊有自幽二字係衍文今從史記去之乃今有成維天建殷厥徵天民名三百六十夫弗顧亦不賓威舊作賓成史記作賓滅隨巢子亦作滅今依惠定作威用戾于今嗚呼于憂茲難近飽于卹辰是不室我未定天保何寢能欲未舊作來又多一所字今依史記刪改王曰旦予克致天之明命定天保依天室志我共惡㝵從殷王紂日夜勞來定我于西土志我共惡史記作悉求夫惡沈云此書是㝵本作俾史記作貶惠云俾當作㝵古貶字又日夜勞來舊作四方赤宜未五字今一依史記改正史記本或無定字案索隱本作日夜勞來定我西土云八字連作一句讀我維顯服及德之方明叔旦泣涕于常悲不能對王口口傳于後王曰旦汝維朕達弟予有

使汝（予各本多作子今從章本）汝播食不遑暇食矧其有乃室今維天使予惟二神授朕靈期予未致予休予近懷予朕室汝維幼子大有知昔皇祖厎于今勖厥遺得顯義告期付于朕身肆若農服田饑以望穫（惠云饑與幾同幾讀曰冀）予有不顯朕卑皇祖不得高位于上帝（卑亦疑畀）汝幼子庚厥心庶乃來班朕大環兹于有虞意乃懷厥妻子德不可追于上民亦不可荅于朕下不賓在高祖維天不嘉于降來省汝其可瘳于兹乃今我兄弟相後我筮龜其何所卽今用建庶建叔旦恐泣涕共手（庶建或作素達惠半農云王欲兄弟相後傳位於旦故旦恐）王曰嗚呼旦我圖夷

茲殷其惟依天其有憲命求茲無遠依鍾本作夷又無遠下章本有慮字天有求繹相我不難自洛汭延于伊汭居陽無固其有夏之居案史記索隱陽作易謂地平易也我南望過于三塗我北望過于有嶽鄙顧瞻過于河宛瞻于伊洛史記無有字鄙舊作不顧舊作願今皆依史記改瞻史作詹同宛史作粤又案史記集解徐廣曰武王問太公曰吾將因有夏之居南望過于三塗北詹望于有河語亦相似三塗杜預曰在河南陸渾縣南案左氏昭十七年傳晉將伐陸渾以有事於雒與三塗請於周杜說蓋本此服虔以太行轘轅崤黽當之於南望亦不合非也無遠天室其曰茲曰度邑

武儆解第四十五

惟十有二祀四月王告夢丙辰出金枝郊寶開和細

書命詔周公旦立後嗣屬小子誦文及寶典王曰嗚呼敬之哉汝勤之無蓋□周未知所周不知商□無也朕不敢望敬守勿失以詔宥小子曰允哉（宥俗本作寅今從元本章本又作賓字）汝夙夜勤心之無窮也（此篇殘缺不可讀也字當是妄增入）

五權解第四十六

維王不豫于五日召周公旦曰嗚呼敬之哉昔天初降命于周維在文考克致天之命汝維敬哉先後小子勤在維政之失政有三機五權汝敬格之哉克中無苗以保小子于位三機一疑家二疑德三質士疑

家無授衆疑德無舉士質士無遠齊吁敬之哉天命無常敬在三機五權一曰地地以權民二曰物物以權官三曰鄙鄙以權庶四曰刑刑以權常五曰食食以權爵不遵承括章本作奉括食不宜不宜授臣極賞則漏漏得不食案漏與屈同荀子宥坐篇言水洸洸乎不漏盡似道楊倞云漏讀爲屈竭也家語三恕篇正作屈盡極刑則仇仇至乃別鄙庶則奴奴乃不滅國大則驕驕乃不給官庶則荷荷至乃辛官庶舊作官無庶趙云無字衍今從刪謝云荷與苛同見漢書鄺食其傳文弨案辛疑丵字之訛說文叢生艸也讀若浞於苛細煩碎之意爲近且業字从丵則聲當亦相近與上所用韻亦協物庶則爵乃不和惠於乃字旁校云宋作擗趙疑物庶則下尚脫一字梁處素云擗疑橆字之訛說文引商書庶艸繁橆是

也龢字當重文文弨案和字亦必誤地庶則荒荒則聶案聶當如爾雅守宮槐晝聶宵炕之聶合也脈其滿昔閉塞而不能疏通是之謂聶人庶則匱匱乃匿嗚呼敬之哉汝慎和稱五權維中是以以長小子于位實維永寧

成開解第四十七

成王元年大開告用【注】周公大開告道成王用之也文弨案篇中云今商孽競時逋播則在未東征之前舊作九年非也今從趙改周公曰嗚呼余夙夜之勤今商孽競時逋播以輔余何循何循何慎王其敬天命無易天不虞【注】言商餘紂子祿父競求是逋播逃越之人以自輔當敬天命備不虞者也

在昔文考躬脩五典勉玆九功敬人畏天敎以六則
四守五示三極祗應八方立忠協義乃作注祗敬協
和三極一天有九列別時陰陽惠云九列郎九星二地有九
州別處五行別處俗閒本作別起今從元本章本三人有四佐佐官維
明五示顯允明所望注四佐謂天子前疑後丞右輔
左弼也當明謂五示示於民也五示一明位示士二
明惠示衆三明主示寧四安宅示孥五利用示產注
主明則民安之安宅則妻子寧利用則產業衆注有訛今
參取數本校正產足不窮家懷思終主爲之宗德以撫衆衆
和乃同注言五示之義同謂和同也不字本脫趙据文義補撫舊作

輔又衆字不重惠据宋本改增四守一政盡人材材盡致死二土守其城溝三障水以禦寇四大有沙炭之政注任人盡其材則死力効致大沙爕炭可以攻適人也注攻舊訛政今改正適人卽敵人也六則一和衆二發鬱三明怨四轉怒五懼疑六因欲注鬱謂穀帛滯積者也怒則轉之懼則疑之欲則因之此文王所以尅紂也九功一賓好在筍二淫巧破制三好危破事四任利敗功五神巫動衆六盡哀民匱七荒樂無別八無制破教九任謀生詐注在筍謂實幣於筍無節限也盡哀謂送終過制也無別亂同也任謀謂權變也不犯此則成功也文弨案古

功攻同此九功當謂九攻孔注似曲和集集以禁實有離莫遂通其此十二字難曉卜本遽刪之亦非也五典一言父典祭祭祀昭天百姓若

敬二顯父登德德降爲則則信民寧〔注〕言祭祀見享受福民乃化則法信民心也言父顯父如書酒誥之稱圻父農父宏父也父者尊之之辭此言父葢宗伯之屬顯父司徒之官正父司馬之官機父師氏保氏之職所闕一父當司空之職也顯父三句又見本典解惠半農据以改此作德降爲信信則民寧交寕案與注不合前和寤解亦有德降爲則語葢法制皆本於德法制信於民民是以寧惠所改非也三正父登過過

慎於武設備無盈〔注〕使正舉事過於前無自滿四機

父登失脩□□官官無不敬五□□□□制哀節用

政治民懷〔注〕使刺譏之士舉政之失其官官無不敬

矣懷猶歸之也五典有常政乃重開之守二字衍內則順意外則順敬內外不爽是曰明王【注】重開言無爽也王拜曰允哉維予聞曰何鄉非懷懷人惟思思若不及禍格無日【注】格至式皇敬哉余小子思繼厥常以昭文祖定武考之列【注】式用皇大嗚呼余夙夜不寧

作雒解第四十八

武王克殷乃立王子祿父俾守商祀【注】封以鄭祭成湯建管叔于東建蔡叔霍叔于殷俾監殷臣【注】東謂衞殷邶鄘霍叔相祿父也武王既歸乃歲十二月崩

鎬殔于岐周【注】乃謂乃後之歲也殔欑塗惠云士喪禮掘殔見衽自天子至於士殯皆曰殔周公立相天子三叔及殷東徐奄及熊盈以略【注】立謂爲宰攝政也殷祿父徐戎奄謂殷之諸侯周公召公內弭父兄外撫諸侯元年夏六月葬武王於畢【注】弭安畢地名元年舊作九年訛趙改元年與繹史同注舊作畢也今增改二年又作師旅臨衛政殷殷大震潰【注】下叛其上曰潰政繹史作攻惠云政與正古字通案當讀爲征降辟三叔王子祿父北奔管叔經而卒乃囚蔡叔于郭淩【注】郭淩地名囚拘也凡所征熊盈族十有七國俘維九邑【注】俘囚爲奴十七國之九邑罪重故囚之俘殷獻民遷于九

畢注獻民士大夫也九畢成周之地近王化也俾康叔宇于殷俾中旄父宇于東注康叔代霍叔中旄代管叔周公敬念于後曰予畏同室克追俾中天下注成王二年秋迎周公三年春歸也周公追畏尊王也謝云同室克追當是周室克造之訛注追畏尊王之語殊不明及將致政乃作大邑成周于土中注王城也於天下土爲中沈云自郛以内統稱成周不專指王城城方千七百二十丈郛方七十里水經注城方七百二十丈脫一千字沈改七爲六不知何据郛方七十里宋本作七十二里前編作十七里訛南繫于洛水北因于郟山以爲天下之大湊注郛郭也繫因皆連接也湊會也北因于郟山舊作地因于剌山訛今据水經注及前編改正制

郊甸方六百里國西土爲方千里【注】西土岐周通爲圻內水經注國作因分以百縣縣有四郡郡有四鄙大縣城方王城三之一小縣立城方王城九之一【注】三分九分居其一四鄙四字舊作空圍今依淮南子注增立字疑衍前編大縣下亦作立城都鄙不過百室以便野事【注】耕桑之事農居鄙得以庶士士居國家得以諸公大夫【注】居治也治鄙以農治國家以大夫效農之秀者可爲士士有功可爲大夫趙云以用也凡工賈胥市臣僕州里俾無交爲【注】工商百胥人臣僕各異州里而居不相雜交也胥相也舊作胥待也趙云相也文弨案注旣云百胥人又云胥待也雜出疑此三字後人竄入乃設丘兆于南郊以祀上帝配以后

稷〔注〕設築壇城內郊南郭也日月星辰先王皆與食〔補〕先王后稷謂郊時日月星辰御覽作農星趙云此注非后稷已配上帝此先王當自太王而下文詔疑此先王當如月令之五帝封人社壝諸侯受命於周乃建大社于國中〔注〕受封也舊本脫封人社壝及侯字又國訛作周今依公羊文十三年疏增改其壝東青土南赤土西白土北驪土中央亹以黃土將建諸侯鑿取其方一面之土亹以黃土苴以白茅以爲土封故曰受列土於周室〔注〕其方謂建東方諸侯以青土也亹覆茅苴裹土封之爲社也亹一作釁見公羊疏亹舊作苞訛注以覆釋亹而舊本亦脫亹字以上也字作而云而覆茅苴裹土不成辭矣故今定爲亹字則正文與注正相應也正文以爲土封本一作以土封之又一作以爲社之封又故曰受

列土舊作故曰受則大惠以大爲衍文而引周禮大宗伯五命賜則爲受則之證非也故曰二字當承上上大社爲說御覽作故曰列土稍節其文耳其云列土則是也又惠採公羊疏引孔氏注云王者封五色土爲社建諸侯則各割其方土與之使立社燾以黃土苴以白茅茅取其潔黃取其王者覆四方案此所引多見正文不盡由孔氏今載之以備參考

乃位五宮大廟宗宮考宮路寢明堂

注 五宮宮府寺也大廟后稷廟二宮祖考廟考廟也路寢王所居也明堂在國南者也

文弨案五宮疑當作五官注當是本作五官官府寺也今皆訛官爲宮如以大廟等五者當五宮非也隋書牛宏傳引乃立大廟宗宮路寢明堂案古立位二字本通用注后稷下廟字幷考廟字舊皆脫今校增

咸有四阿反坫重亢重郎常累復格藻梲設移旅楹春常畫旅

注 咸皆也宮廟四下曰阿反坫外向室也重亢累棟也

重郎累屋也常累系也複格累芝栭也藻梲畫梁柱也承屋曰移旅列也春常謂藻井之飾也言皆畫列柱爲文也正文移卽簃也春常畫旅舊本作舂常畫無旅字今据宋人陸佃陶山集所引改正注亦多從之注宮字舊無据前編補惠半農云複格卽複笮內階幺階堤唐山廧注以黑石爲階唐中庭道堤謂高爲之也山廧謂廧畫山雲幺階前編作幺陛堤唐陶山集作提唐注同注高爲舊本誤倒又脫上山字次廧字今皆增改應門庫臺幺闕注門者皆有臺於庫門見之從可知也又以黑石爲門限也注從舊作後限舊作階今皆從前編改正

皇門解第四十九

維正月庚午周公格左閎門會羣門注格至也路寢

左門曰皇門閎音皇也文弨案羣門族姓也篇中曰宗子曰私子皆爲大家世族而言此誥在成王元年見竹書曰嗚呼下邑小國克有耇老據屏位建沈人罔不用明刑注耇老賢人也又建立沈伏之賢人無不用明法罔舊作非訛注無字舊亦脫今皆補正維其開告于予嘉德之說注言下邑所行而我法之是開告我於善德之說命我辟王小至于大我聞在昔有國誓王之不綏于卹注小至於大者小大邦君也卹憂言思治也乃維其有大門宗子勢臣罔不茂揚肅德訖亦有孚以助厥辟勤王國王家注大門宗子適長勢臣顯仕茂勉肅敬訖既也孚信也罔舊作內從趙改乃方求論

擇元聖武夫羞于王所【注】方旁羞進方訓爲旁羞訓爲進舊作言旁自羞進言字誤自字衍今改正其善臣以至于有分私子苟克有常罔不允通咸獻言在于王所【注】私子庶孽也常謂常德言皆信通於義以益王也至于舊訛至十從趙改人斯是助王恭明祀敷明刑【注】言善人君子皆順是助法王也王用有監明憲朕命用克和有成用能承天嘏命【注】監視明此事法故能承天命王天下也王用俗本訛作王周今從章本何本百姓兆民用罔不茂在王庭【注】勉在王庭獻言於王所也先用有勸永有口于上下【注】上謂天下謂地也人斯既助厥勤勞王家【注】助君也謂大門秝子

也先人神祇報職用休俾嗣在厥家【注】先人及天地報之王用美紹家困學紀聞引作俾嗣在王家蓋嗣先人勤勞于王家也趙云嗣厥家謂世有令聞保其宗廟亦通注以美釋休以紹釋嗣舊訛爲善詔一本詔又作其皆非也王國用寧小人用格□能稼穡咸祀天神戎兵克慎軍用克多【注】神祐之故王用奄有四鄰遠士丕承萬子孫用末被先王之靈光【注】奄同丕大末終遠士卜本何本作遠土至于厥後嗣弗見先王之明刑維時及胥學于非夷【注】時有胥相爲是相學於非常也及程本吳本訛作反今從元本趙疑是反字注於舊訛與以家相厥室弗卹王國王家維德是用【注】言勢人以大夫私家不憂王家之用德注憂舊訛慶今從元本章本改

正以昏求臣作威不詳不屑惠聽無辜之亂辭是羞于王【注】詳善也不察無罪以惡民言順不進辭于王詳本或作祥義並同不屑疑不肎之訛亂辭辭有理者也言不肎順察無罪有理之辭以進於王也舊本誤分兩段以注詳善也至以惡民又添一也字注無辜之亂下牓七字爲辭是羞于王之注趙疑言順不進辭于王或是言進不順辭于王文弨案進不順之言在下文始見此非也注中惡字烏路反惡民言順謂惡民之理直故不肎上聞耳今審文義改併王阜良乃惟不順之言于是人斯乃非維直以應維作誣以對俾無依無助【注】阜大良善也王求善而是人作誣以對故王無依助也譬若畋犬驕用逐禽其猶不克有獲【注】驕謂不習也言口人之無得猶驕犬逐禽不能獲是人斯乃讒賊

媢嫉以不利于厥家國【注】言賊仁賢忌媢嫉妒以不利其君譬若匹夫之有婚妻曰予獨服在寢以自露厥家【注】寢室也言自露於家言謂美好喩昏臣也媢夫有遹無遠乃食蓋善夫俾莫通在于王所【注】食爲野口媢夫見近利而無遠慮利爲掩蓋善夫使莫通食猶日月之食亦掩蔽之意于舊作士從沈改注野字訛乃維有奉狂夫是陽是繩是以爲上是授司事于正長【注】言陽舉狂夫以爲上人口爲官長正主其事也命用迷亂獄用無成小民率穡【注】命者教也率皆痛愁困也保用無用壽亡以嗣天用弗保【注】安民之用無所宣施是故民失其

性天所不安用非其人故也媢夫先受殄罰國亦不寧嗚呼敬哉監于玆朕維其及【注】殄絕其世罰及其人也注罰舊訛也案盤庚云罰及爾身又云殄滅之無遺育此正注之所本今改正至朕維其及蓋言害將及我也注不爲此作釋朕藎臣夫明爾德以助予一人憂【注】藎進也言我進用之臣夫明明之德助我憂天下者注明明趙疑明爾無維乃身之暴皆卹爾假予德憲資告予元【注】假借資用也借我德法用告我大德之所行也皆卹疑當作是卹注舊作借我法用德之告我又重一我字皆訛今改正譬若衆畋常扶予險乃而予于濟【注】如衆令畋獵相扶持也濟遂也而古與能同汝無作趙云似有缺文

大戒解第五十

維正月既生魄王訪于周公曰嗚呼朕聞維時兆厥工非不顯朕實不明【注】兆始工官言政治維是始正其官說文引逸周書曰朕實不明以俔伯父俔完也胡困切今此書無下句說文所釋亦難曉維士非不務而不得助大則驕小則懾懾謀不極【注】言務求士而不得助如此之難極中也予重位與輕服非其得福厚用遺【注】重所重在於重位輕重所立非大德而厚福用之是求益之言也注訛難曉趙云似言授之位與服誠冀助我而共得其福耳非然者胡爲厚遺之若此乎庸止生郤郤正字作卻庸行信貳衆輯羣政不輯自匿嗚呼予夙勤之無或告余非

不念念不知注止容也常信貳則難得中也我雖勤之無有告我者徒知而不得明知也周公曰於敢稱乃武考之言曰微言入心夙喻動衆大乃不驕行惠於小小乃不懾注言汝之武考有是言次小字從宋元本俗開本作衆連官集乘同憂若一謀有不行予惟重告爾注連官則同憂職集衆事則同憂濟謀有不行言必行也集乘疑是集衆予字從宋本俗開本作茲元本無重字注職字從元本或作取又言字舊脫從趙增庸厲口以餌士權先中之明約必遺之注餌謂爵祿權謂勢垂其位不尊其謀不陽我不畏敬材在四方注言當畏敬賢者尊其位陽其謀也在四方言口在四方言

野多遺賢武且以資敵無擅于人塞匿勿行惠戚咸服孝悌乃明〔注〕擅人專己塞匿陰忌惠順戚近也明立威恥亂使衆之道撫之以惠內姓無感外姓無適〔注〕鄙恥其亂則思治矣內長同姓同宗外姓異姓適過感古憾字人知其罪上之明審教幼乃勤貧賤制□設九備乃無亂謀〔注〕上明則不隱情故曰知罪九備一忠正不荒美好乃不作惡〔注〕順人心明察則民化而善正文脫二三兩段四□說聲色憂樂盈匿五碩信傷辯曰費□□六出觀好怪內乃淫巧〔注〕碩大怪異七□□謀躁內乃荒異八□□好威民衆日逃九富寵極足是大極內

心其離【注】□室也逃字從元本卜本俗閒本作挑挑字書無九備既明我貴保之應協以動遠邇同功【注】應協以動動必以和協亦作恊謀和適用覆以觀之上明仁義援貢有備【注】上謂君也正文用本亦作同聚財多□以援成功克禁淫謀衆匿乃雍【注】言閉塞不行也順得以動人以立行輯佐之道上必盡其志然後得其謀【注】言和輯求助當先順人也無□其信雖危不動□□以昭其乃得人【注】轉移貞信如此得其用也上危而轉下乃不親【注】上危而下不親之不足信故也王拜曰允哉允哉敬行天道

逸周書卷第五

逸周書卷第六

晉孔晁注

周月解第五十一

惟一月既南至昏昴畢見日短極基踐長微陽動于黃泉陰降慘于萬物舊脫降字据通鑑前編補是月斗柄建子始昏北指陽氣虧草木萌蕩前編作不萌蕩日月俱起于牽牛

之初右回而行月周天進一次而與日合宿進舊作起從沈改日行月一次而周天歷舍于十有二辰終則復始是謂日月權輿周正歲首舊作道沈改數起于時一而成于十次一爲首其義則然凡四時成歲有春夏秋冬各有孟仲季以名十有二月中氣以著時應春三月中氣御覽所引春三下無月字下夏秋冬竝同驚蟄春分清明舊作雨水春分穀雨非古法也說見下篇夏三月中氣小滿夏至大暑秋三月中氣處暑秋分霜降冬三月中氣小雪冬至大寒閏無中氣斗指兩辰之間萬物春生夏長秋收冬藏天地之正四時之極不易之道夏數得天百王所同其在商

湯用師于夏除民之災順天革命改正朔變服殊號一文一質示不相沿以建丑之月爲正易民之視（本亦作眡）若天時大變亦一代之事亦越我周王致伐于商改正異械以垂三統至於敬授民時巡狩祭享猶自夏焉（前編祭作蒸）是謂周月以紀于政

時訓解第五十二

立春之日東風解凍又五日蟄蟲始振又五日魚上冰風不解凍號令不行蟄蟲不振陰姧陽魚不上冰甲冑私藏驚蟄之日獺祭魚又五日鴻鴈來又五日草木萌動獺不祭魚國多盜賊鴻鴈不來遠人不服

草木不萌動果蓏不熟雨水之日桃始華又五日倉庚鳴又五日鷹化爲鳩桃不始華是謂陽否倉庚不鳴臣不口主鷹不化鳩寇戎數起（古雨水在驚蟄後前漢末始易之後人遂以習見妄改古書此舊本亦以雨水在前驚蟄在後非也今從沈正之下穀雨清明亦然御覽作桃始不華是謂否塞又云倉庫災倉庚不鳴卽下不從上）春分之日玄鳥至又五日雷乃發聲又五日始電玄鳥不至婦人不娠雷不發聲諸侯失民不始電君無威震（娠字舊闕從御覽補失字亦舊闕從後漢書補御覽又作電若不見卽國無威振振與震同）穀雨之日桐始華又五日田鼠化爲鴽又五日虹始見桐不華歲有大寒田鼠不化鴽國多貪殘虹不見婦人苞亂（御覽作亂色）清明

之日萍始生又五日鳴鳩拂其羽又五日戴勝降于桑萍不生陰氣憤盈鳴鳩不拂其羽國不治兵戴勝不降于桑政教不中（御覽作平）立夏之日螻蟈鳴又五日蚯蚓出又五日王瓜生螻蟈不鳴水潦淫漫蚯蚓不出嬖奪后王瓜不生困於百姓（嬖奪后御覽作臣奪后命又困作害）小滿之日苦菜秀又五日靡草死又五日小暑至苦菜不秀賢人潛伏靡草不死國縱盜賊小暑不至是謂陰慝（御覽賢作仁不死作未死縱作從慝作匿）芒種之日螳螂生又五日鵙始鳴又五日反舌無聲螳螂不生是謂陰息鵙不始鳴令姦壅偪反舌有聲佞人在側夏至之日鹿角

解又五日蜩始鳴又五日半夏生鹿角不解兵革不息蜩不鳴貴臣放逸半夏不生民多厲疾小暑之日溫風至又五日蟋蟀居辟又五日鷹乃學習溫風不至國無寬教蟋蟀不居辟急迫之暴鷹不學習不備戎盜御覽作溫風不至卽時無緩蟋蟀不居壁卽恆急之暴鷹不學習卽寇去不備大暑之日腐草化爲螢又五日土潤溽暑又五日大雨時行腐草不化爲螢穀實鮮落土潤不溽暑物不應罰大雨不時行國無恩澤御覽作土潤不溽暑卽急應之罰大雨不時行卽恩不及下凡句皆有卽字立秋之日涼風至又五日白露降又五日寒蟬鳴涼風不至國無嚴政白露不降民多邪病寒蟬

不鳴人皆力爭國字舊本無從御覽增又邪作疾又人皆作人臣藝文類聚邪作欵處暑之日鷹乃祭鳥又五日天地始肅又五日禾乃登鷹不祭鳥師旅無功天地不肅君臣乃□農不登穀暖氣爲災御覽作凶白露之日鴻鴈來又五日玄鳥歸又五日羣鳥養羞鴻鴈不來遠人背畔玄鳥不歸室家離散羣鳥不養羞下臣驕慢御覽背作皆秋分之日雷始收聲又五日蟄蟲培戶又五日水始涸雷不始收聲諸侯淫佚蟄蟲不培戶民靡有賴水不始涸甲蟲爲害御覽培作閉下同又佚作泆或決字之訛民字舊作宊圖從御覽補御覽別見一段云雷乃收聲不收聲卽人民不安又云諸侯驕逸蟄蟲坯戶不坯戶卽邊方不寧又云人靡有賴水始涸不始涸卽人多

疾病又一云介蟲爲害惠云此當是古本寒露之日鴻鴈來賓又五日爵入大水化爲蛤又五日菊有黃華鴻鴈不來小民不服爵不入大水失時之極菊無黃華土不稼穡霜降之日豺乃祭獸又五日草木黃落又五日蟄蟲咸俯豺不祭獸爪牙不良草木不黃落是爲愆陽蟄蟲不咸俯民多流亡御覽俯並作附立冬之日水始冰又五日地始凍又五日雉入大水爲蜃水不冰是謂陰負地不始凍咎徵之咎雉不入大水國多淫婦謂舊作伏從御覽改又載一段云立冬十月節水始冰若不冰卽陰之有負地始凍若不凍卽災咎之徵野雞化爲蜃若不爲蜃卽時多婬婦文弨案此惠氏所疑爲古本者也然野雞字雉字當出唐人所更定小雪之日虹

藏不見又五日天氣上騰地氣下降又五日閉塞而成冬虹不藏婦不專一天氣不上騰地氣不下降君臣相嫉不閉塞而成冬母后淫佚大雪之日鶡鳥不鳴又五日虎始交又五日荔挺生鶡鳥猶鳴國有訛言虎不始交將帥不和荔挺不生卿士專權鳴鳥鶡鳴也或作鴠鳴禮記坊記作盍旦夜鳴求旦之鳥也御覽鶡鳴作鶡亦可通本或作鴠或作鶡皆誤猶鳴六字及將帥四字舊闕今從御覽補又荔挺不生御覽作不出惠云康成以荔挺連讀顏之推譏之不知周書已如是冬至之日蚯蚓結又五日麋角解又五日水泉動蚯蚓不結君政不行麋角不解兵甲不藏水泉不動陰不承陽小寒之日鴈北向又五日鵲始巢又五日

雉始鴝鴈不北向民不懷主鵲不始巢國不寧雉不始雊國大水御覽載小寒十二月節鴈北鄉鴈不北鄉即臣不懷忠鵲始巢鵲不巢即邊方不寧又曰一國不寧野雞始雊野雞不雊國乃大水大寒之日雞始乳又五日鷙鳥厲疾又五日水澤腹堅雞不始乳淫女亂男鷙鳥不厲國不除兵水澤不腹堅言乃不從宋本無疾字案下但云鷙鳥不厲則上句亦本無疾字宋本是也御覽載大寒十二月中雞始乳雞不乳即婬婦亂男鷙鳥厲疾鳥不厲疾即國不除姦水澤腹堅不腹堅即言無所從

月令解第五十三

闕文邵案蔡邕明堂月令論云月令篇名因天時制人事天子發號施令祀神受職每月異禮故謂之月令所以順陰陽奉四時効氣物行王政也成法具備各從時月藏之明堂所以示承祖考神明明不敢泄瀆之義故以明堂冠月令以名其篇戴禮夏小正則夏之月令也殷

人無文及周而備文義所說博衍深遠竝周公之所著也官號職司與周官合周書七十二篇而月令第五十三秦相呂不韋著書取月令爲紀號淮南王安亦取以爲第四篇改名曰時則故偏見之徒或云月令呂不韋作或曰淮南皆非也又案隋書牛宏傳云今明堂月令者鄭康成云是呂不韋著春秋十二紀之首章禮家鈔合爲記蔡邕王肅云周公所作周書內有月令第五十三卽此也案宏以今禮記中之月令卽是在周書內者故云卽此與蔡邕說相符合邕以淮南時則在第四篇今却在第五篇其文與呂氏微異邕作月令問荅所云云者皆在呂氏不在淮南旣蔡邕牛宏有斯二證故今卽依呂氏十二紀首鈔出以補斯闕又宏傳云堂方一百四十四尺屋圓楣徑二百一十六尺太室方六丈通天屋徑九丈八闥二十八柱堂高三尺四向五色依周書月令論案明堂之制太平御覽引周書明堂疑不在此篇中

孟春之月日在營室昏參中旦尾中其日甲乙其帝太皥其神句芒其蟲鱗其音角律中太蔟其數八其

味酸其臭羶其祀戶祭先脾東風解凍蟄蟲始振魚上冰獺祭魚候鴈北記作鴻鴈來天子居青陽左个乘鸞輅駕蒼龍載青旂衣青衣服青玉記作倉玉下同食麥與羊其器疏以達是月也以立春先立春三日太史謁之天子曰某日立春盛德在木天子乃齊立春之日天子親率三公九卿諸侯大夫以迎春於東郊還乃賞公卿諸侯大夫於朝記乃字作反後竝同無諸侯二字呂氏無公字高誘注云三公至尊坐而論道不嫌不賞故但言卿諸侯大夫命相布德和令行慶施惠下及兆民慶賜遂行無有不當迺命太史守典奉法司天日月星辰之行宿離不忒記作貸音同下同無失經紀以

初爲常是月也天子乃以元日祈穀于上帝乃擇元辰天子親載耒耜措之參于保介之御閒參于記例率三公九卿諸侯大夫躬耕帝籍田記無田字案呂氏上農篇亦有田字天子三推三公五推卿諸侯大夫九推記無大夫反執爵于太寢三公九卿諸侯大夫皆御命曰勞酒是月也天氣下降地氣上騰天地和同草木繁動記作萌動王布農事命田舍東郊皆脩封疆審端經術善相丘陵阪險原隰土地所宜五穀所殖以教道民必躬親之田事既飭先定準直農乃不惑是月也命樂正入學習舞乃脩祭典命祀山林川澤犧牲無用牝禁止伐木無

覆巢無殺孩蟲胎夭飛鳥無麛無卵無聚大衆無置城郭揜骼霾髊記作埋胔音義竝同是月也不可以稱兵稱兵必有天殃兵戎不起不可以從我始記無以字無變天之道無絶地之理無亂人之紀孟春行夏令則風雨不時草木早槁國乃有恐記風雨作雨水旱槁作蚤落乃作時行秋令則民大疫疾風暴雨數至藜莠蓬蒿竝興記民上有其字疾風作猋風數至作總至行冬令則水潦爲敗霜雪大摯首種不入霜雪記倒

仲春之月日在奎昏弧中旦建星中其日甲乙其帝太皞其神句芒其蟲鱗其音角律中夾鍾其數八其

味酸其臭羶其祀戶祭先脾始雨水桃李華記作桃始華蒼庚鳴鷹化爲鳩天子居青陽太廟乘鸞輅駕蒼龍載青旂衣青衣服青玉食麥與羊其器疏以達是月也安萌牙養幼少存諸孤擇元日命民社命有司省囹圄去桎梏無肆掠止獄訟是月也玄鳥至至之日以太牢祀于高禖記祀作祠天子親往后妃率九嬪御乃禮天子所御帶以弓韣授以弓矢于高禖之前是月也日夜分雷乃發聲始電蟄蟲咸動啓戶始出呂氏啓戶作開戶今凡字爲漢唐人避諱改易者俱從禮記爲正先雷三日奮鐸以令于兆民曰雷且發聲奮鐸記作奮木鐸無于字又且作將有不戒其容止

者生子不備必有凶災日夜分則同度量鈞衡石角斗桶（記作甬同）正權槩是月也耕者少舍乃脩闔扇寢廟必備（記作畢備必畢古通用）無作大事以妨農功（記作以妨農之事）是月也無竭川澤無漉陂池無焚山林天子乃獻羔開冰先薦寢廟（獻記作鮮）上丁命樂正入舞舍采（記作習舞釋菜此舍采與釋菜音義竝同高誘注呂覽云舍置也初入學官必禮先師置采帛於前以贄神也說非是）天子乃率三公九卿諸侯大夫親往視之（呂氏無大夫）中丁又命樂正入學習樂是月也祀不用犧牲用圭璧更皮幣仲春行秋令則其國大水寒氣總至寇戎來征行冬令則陽氣不勝麥乃不熟民多相掠行夏令則

國乃大旱煖氣早來蟲螟爲害

季春之月日在胃昏七星中旦牽牛中其日甲乙其帝太皞其神句芒其蟲鱗其音角律中姑洗其數八其味酸其臭羶其祀戶祭先脾桐始華田鼠化爲鴽虹始見萍始生天子居青陽右个乘鸞輅駕蒼龍載青旂衣青衣服青玉食麥與羊其器疏以達是月也天子乃薦鞠衣于先帝命舟牧覆舟五覆五反乃告舟備具于天子焉天子焉始乘舟薦鮪于寢廟乃爲麥祈實次焉字記無呂氏有高注云焉猶於此也淮南作烏注又云烏猶安也是月也生氣方盛陽氣發泄句者畢出萌者盡達不可以內

（牙記與淮南作句）天子布德行惠命有司發倉窌賜貧窮振乏絕（高注云穷地曰窌記作廩）開府庫出幣帛周天下勉諸侯聘名士禮賢者是月也命司空曰時雨將降下水上騰循行國邑周視原野脩利隄防導達溝瀆開通道路無有障塞田獵畢弋罝罘羅網餧獸之藥無出九門（畢弋記作畢翳）是月也命野虞無伐桑柘鳴鳩拂其羽戴任降于桑（記作戴勝淮南作戴鵀）具挾曲蒙筐（高注云挾讀曰撲三輔謂之撲關東謂之得曲薄也青徐謂之曲員底曰蒙方底曰筐文弨疑蒙當是篆之訛筥一作籧或亦作篆形近致誤記作具曲植籧筐淮南作具撲曲筥筐）后妃齊戒親東鄉躬桑禁婦女無觀省婦使勸蠶事（記勸上有以字）蠶事既登分繭稱絲效

功以共郊廟之服無有敢墮是月也命工師令百工審五庫之量金鐵皮革筋角齒羽箭幹脂膠丹漆無或不良百工咸理監工日號無悖於時無或作爲淫巧以蕩上心是月之末擇吉日大合樂天子乃率三公九卿諸侯大夫親往視之是月也乃合纍牛騰馬游牝于牧（纍記作累淮南作纍）犧牲駒犢舉書其數命國儺九門磔禳以畢春氣（呂氏作國人儺訛禳記作攘同）行之是令而甘雨至三旬（淮南亦有此句記無下同）季春行冬令則寒氣時發草木皆肅國有大恐行夏令則民多疾疫時雨不降山陵不收行秋令則天多沈陰淫雨早降兵革竝起

孟夏之月日在畢昏翼中旦婺女中其日丙丁其帝炎帝其神祝融其蟲羽其音徵律中仲呂其數七其性禮其事視此下呂氏有其性禮其事視二句記無案餘月亦不具當爲衍文其味苦其臭焦其祀竈祭先肺螻蟈鳴丘蚓出王瓜生苦菜秀天子居明堂左个乘朱輅駕赤駵載赤旂衣赤衣服赤玉食菽與雞其器高以觕記作粗音義同是月也以立夏先立夏三日太史謁之天子曰某日立夏盛德在火天子乃齊立夏之日天子親率三公九卿大夫以迎夏於南郊還乃行賞封侯慶賜無不欣說封侯慶賜記作封諸侯慶賜遂行乃命樂師習合禮樂命司馬贊傑儁遂

賢良舉長大司馬呂氏春秋作太尉記亦因之世多以太尉秦官故疑月令不出於周公今案戴埴鼠璞云太尉周秦官所命冢宰司徒司空司馬與太史樂正樂師澤人虞人四監之類皆周官也不韋不過改周司馬爲太尉耳蓋贊傑俊遂賢良與行爵出祿雖非太尉之職而設儀辨位進賢興功制畿內封則大司馬之任也云云今據此改太尉爲司馬以復周公之舊行爵出祿必當其位是月也繼長增高無有壞墮無起土功無發大衆無伐大樹是月也天子始絺命野虞出行田原勞農勸民無或失時勞農上記有爲天子三字命司徒循行縣鄙命農勉作無伏于都伏記作休是月也驅獸無害五穀無大田獵農乃升麥記作登麥登升一也今呂氏本作收麥又下有升獻二字案升獻是小注誤作大書據此益可見正文是升字下登穀此亦作升穀天子乃以彘嘗麥先薦

寢廟是月也聚蓄百藥靡草死（靡呂作糜）麥秋至斷薄刑決小罪出輕繫蠶事既畢后妃獻繭乃收繭稅以桑爲均貴賤少長如一以給郊廟之祭服是月也天子飲酎用禮樂行之是令而甘雨至三旬孟夏行秋令則苦雨數來五穀不滋四鄙入保行冬令則草木早枯後乃大水敗其城郭行春令則蟲蝗爲敗暴風來格秀草不實（記作蝗蟲爲災）

仲夏之月日在東井昏亢中旦危中其日丙丁其帝炎帝其神祝融其蟲羽其音徵律中蕤賓其數七其味苦其臭焦其祀竈祭先肺小暑至螳螂生鵙始鳴

反舌無聲天子居明堂太廟乘朱輅駕赤騮載赤旂衣赤衣服赤玉食菽與雞其器高以觕養壯狡記作壯佼音義同詩狡童毛傳云昭公有壯狡之志是月也命樂師脩鞀鞞鼓均琴瑟管簫執干戚戈羽調竽笙壎篪飭鍾磬柷敔壎篪記作竾簧命有司爲民祈祀山川百原大雩帝用盛樂乃命百縣雩祭記無祭字祀百辟卿士有益於民者以祈穀實是月也農乃登黍天子以雛嘗黍呂氏是月也在農乃登黍之下誤今從戴記羞以含桃先薦寢廟令民無刈藍以染無燒炭記作燒灰無暴布門閭無閉關市無索挺重囚益其食游牝別其羣則縶騰駒班馬正高云馬正掌馬之官案記作馬政是月

也日長至陰陽爭死生分君子齊戒處必揜身欲靜無躁止聲色無或進薄滋味無致和退嗜慾定心志欲靜二字記無又退作節志作氣百官靜事無刑以定晏陰之所成鹿角解蟬始鳴半夏生木堇榮是月也無用火南方可以居高明可以遠眺望可以登山陵可以處臺榭仲夏行冬令則雹霰傷穀道路不通暴兵來至行春令則五穀晚熟百螣時起其國乃饑行秋令則草木零落果實早成民殃於疫

季夏之月日在柳昏心中記作昏火中旦奎中其日丙丁其帝炎帝其神祝融其蟲羽其音徵律中林鍾其數

七其味苦其臭焦其祀竈祭先肺涼風始至蟋蟀居宇鷹乃學習腐草化爲螢蚈（涼風記作溫風又居宇作居壁又腐草爲螢無化字蚈字高云蚈馬蚿也讀如蹊徑之蹊幽州謂之秦渠一曰螢火也案淮南無螢字觀注文疑此螢字亦後人所增入說文引明堂月令曰腐艸爲蠲蠲即蚈也）天子居明堂右个乘朱輅駕赤駵載赤旂衣朱衣服赤玉食菽與雞其器高以觕是月也命漁師伐蛟取鼉升龜取黿（呂氏命作令今從記下命四監同）乃命虞人入材葦（虞人記作澤人）是月也命四監大夫合百縣之秩芻以養犧牲（記無夫字）令民無不咸出其力以供皇天上帝名山大川四方之神以祀宗廟社稷之靈爲民祈福（記祀作祠又爲民上有以字）是月也命婦官染

釆黼黻文章必以法故無或差忒黑黃蒼赤莫不質良勿敢僞詐（記作毋敢詐僞）以給郊廟祭祀之服以爲旗章以别貴賤等級之度是月也樹木方盛乃命虞人入山行木無或斬伐（或記作有古通用）不可以興土功不可以合諸侯不可以起兵動衆無舉大事以搖蕩於氣（記作以搖養氣）無發令而干時以妨神農之事（干時二字記作待）水潦盛昌命神農將巡功舉大事則有天殃（記無命字高氏注神農能殖嘉穀後世因以名官記巡作持）是月也土潤溽暑大雨時行燒薙行水利以殺草如以熱湯可以糞田疇可以美土疆行之是令是月甘雨三至三旬二日（記無此三句高注此云二日者）

陰晦朔日也月十日一雨又二十日一雨一月中得二日耳故曰三旬二日季夏行春令則穀實解落國多風欬民乃遷徙解記作鮮行秋令則丘隰水潦禾稼不熟乃多女災行冬令則寒氣不時鷹隼早鷙四鄙入保寒氣記作風寒

中央土其日戊己其帝黃帝其神后土其蟲倮其音宮律中黃鐘之宮其數五其味甘其臭香其祀中霤祭先心天子居太廟太室乘大輅駕黃騮載黃旂衣黃衣服黃玉食稷與牛其氣圜以揜記揜作閎

孟秋之月日在翼昏斗中旦畢中呂氏孟秋之月下有長日至四旬六日又此句下有則立秋令皆依戴記去之斗中記作建星中其日庚辛其帝少皞

其神蓐收其蟲毛其音商律中夷則其數九其味辛其臭腥其祀門祭先肝涼風至白露降寒蟬鳴鷹乃祭鳥始用行戮（始用記倒）天子居總章左个乘戎路駕白駱載白旂衣白衣服白玉食麻與犬其器廉以深是月也以立秋先立秋三日太史謁之天子曰某日立秋盛德在金天子乃齊立秋之日天子親率三公九卿諸侯大夫以迎秋於西郊還乃賞軍率武人於朝天子乃命將帥選士厲兵簡練桀俊專任有功以征不義詰誅暴慢以明好惡巡彼遠方（巡記作順）是月也命有司脩法制繕囹圄具桎梏禁止姦慎罪邪務搏執

命理瞻傷察創視折審斷（高氏於斷此句）決獄訟必正平（記作端平）戮有罪嚴斷刑天地始肅不可以贏是月也農乃升穀天子嘗新先薦寢廟命百官始收斂完隄防謹壅塞以備水潦脩宮室坿牆垣補城郭（高云坿讀如符猶培也記作坏垣牆）是月也無以封諸侯立大官無割土地行重幣出大使（封諸侯呂氏淮南皆無諸字今從記記作毋以割地行大使出大幣今從呂氏淮南下二句亦同）行之是令而涼風至三旬孟秋行冬令則陰氣大勝介蟲敗穀戎兵乃來行春令則其國乃旱陽氣復還五穀不實（復還本或作後還不實記作無實）行夏令則國多火災寒熱不節民多瘧疾（呂氏脫國字記有）

仲秋之月日在角昏牽牛中旦觜巂中（巂記作觿同）其日庚辛其帝少皞其神蓐收其蟲毛其音商律中南呂其數九其味辛其臭腥其祀門祭先肝盲風至（呂氏作涼風生案孟秋已云涼風至何得此月又云涼風生故今從記改）候鴈來玄鳥歸羣鳥養羞天子居總章太廟乘戎路駕白駱載白旂衣白衣服白玉食麻與犬其器廉以深是月也養衰老授几杖行麋粥飲食（麋記作糜同）乃命司服具飭衣裳文繡有恆制有小大度有短長（記作長短）衣服有量必循其故冠帶有常乃命有司（呂無乃字）申嚴百刑斬殺必當無或枉橈枉橈不當反受其殃是月也乃命宰祝巡行犧

牲巡記作循同視全具案芻豢瞻肥瘠察物色必比類量
小大視長短皆中度五者備當上帝其享天子乃儺
禦佐疾以通秋氣高云禦止也佐疾療也記無此三字又通作達以犬嘗麻
先祭寢廟是月也可以築城郭建都邑穿竇窌脩囷
倉窌記作窖乃命有司趣民收斂務蓄菜多積聚乃勸種
麥若或失時行罪無疑若或失時本作無或失時記下又云其或失時有此四字
方可轉入下句今既與記不同故從淮南改是月也日夜分雷乃始收聲
蟄蟲俯戶記無乃字俯戶作坏戶殺氣浸盛陽氣日衰水始涸
日夜分則一度量平權衡正鈞石齊斗甬一記作同又齊作角
是月也易關市來商旅入貨賄以便民事四方來雜

遠鄉皆至（入記作納古內入多通雜記作集）則財物不匱（記無物字淮南亦有物字無則字）上無乏用百事乃遂凡舉事無逆天數（記作凡舉大事毋逆大數）必順其時乃因其類（乃記作慎）行之是令白露降三旬仲秋行春令則秋雨不降草木生榮國乃有恐（呂作有大恐）行夏令則其國乃旱蟄蟲不藏五穀復生（呂無乃字）行冬令則風災數起收雷先行草木早死

季秋之月日在房昏虛中旦柳中其日庚辛其帝少皞其神蓐收其蟲毛其音商律中無射其數九其味辛其臭腥其祀門祭先肝候鴈來賓爵入大水爲蛤菊有黃華豺則祭獸戮禽（記候鴈作鴻鴈又則作乃）天子居總章

右个乘戎路駕白駱載白旂衣白衣服白玉食麻與犬其器廉以深是月也申嚴號令命百官貴賤無不務入以會天地之藏無有宣出入記作內二字本通用淮南亦作入乃命冢宰農事備收呂無乃字舉五種之要記作五穀淮南同藏帝籍之收於神倉祗敬必飭是月也霜始降則百工休乃命有司曰寒氣總至民力不堪其皆入室上丁命樂正入學習吹命樂正三字記有呂及淮南皆無是月也大饗帝嘗犧牲告備于天子合諸侯制百縣合呂作命淮南亦作合爲來歲受朔日與諸侯所稅於民輕重之法貢職之數以遠近土地所宜爲度說者以秦十月爲正故於季秋即云爲來歲受朔日以月令爲

秦制今案天子頒朔於諸侯事固當豫爲之豈有將改歲而始頒朔哉孟冬云乃祈來年季冬云歲且更始雖以周爲子正巡狩祭饗猶自夏焉安得遽以爲秦制乎以給郊廟之事無有所私是月也天子乃教於田獵以習五戎獀馬記作頒馬政命僕及七騶咸駕載於旌旐蔡邕云七當爲六周官天子馬六種種別有騶故知六騶左傳亦言六騶無言七者於記作旌同輿受車以級整設于屏外高云輿衆也案記無此字受作授淮南同司徒搢扑北嚮以誓之嚮記作面無以字淮南作北嚮以贊之天子乃厲服厲飾執弓操矢以射記無厲服二字又操作挾射作獵淮南作厲服廣飾命主祠祭禽於四方是月也草木黃落乃伐薪爲炭蟄蟲咸俯在穴皆墐其戶穴記作內乃趣獄刑無留有罪收祿秩之不當者共養之不宜

者上者字記及淮南皆無是月也天子乃以犬嘗稻先薦寢廟季秋行夏令則其國大水冬藏殃敗民多鼽窒窒記作嚏行冬令則國多盜賊邊境不寧土地分裂行春令則暖風來至民氣解墮師旅必興墮記作惰淮南作隋竝同師旅必興淮南同記作師興不居

孟冬之月日在尾昏危中旦七星中其日壬癸其帝顓頊其神玄冥其蟲介其音羽律中應鍾其數六其味鹹其臭朽其祀行祭先腎水始冰地始凍雉入大水爲蜃虹藏不見天子居玄堂左个乘玄輅駕鐵驪載玄旂衣黑衣服玄玉食黍與彘其器宏以弇記作閎以

奄音義同是月也以立冬先立冬三日太史謁之天子曰某日立冬盛德在水天子乃齊立冬之日天子親率三公九卿大夫以迎冬於北郊還乃賞死事恤孤寡是月也命太卜禱祠龜策占兆審卦吉凶記作命太史釁龜筴云云淮南作命太祝禱祀神位占龜策審卦兆以察吉凶於是察阿上亂法者則罪之無有揜蔽記作是察阿黨則罪無有掩蔽意亦略同疑此爲呂氏增入淮南無此文是月也天子始裘命有司曰天氣上騰地氣下降天地不通閉塞而成冬呂氏無塞字記有時訓解亦有此字命百官謹蓋藏命司徒循行積聚無有不斂坿城郭坿記作坏戒門閭脩楗閉愼關籥固封璽楗記作鍵又關作管璽作疆備邊境完要

塞謹關梁塞蹊徑蹊記作徯飭喪紀辨衣裳審棺槨之厚薄營丘壟之小大高卑薄厚之度貴賤之等級營記作塋又小大薄厚俱倒是月也工師效功記工師上有命字淮南亦無陳祭器案度程無或作爲淫巧以蕩上心必功致爲上物勒工名以考其誠工有不當必行其罪以窮其情次工字記作功是月也大飲蒸天子乃祈來年于天宗大割祠于公社及門閭饗先祖五祀勞農夫以休息之大割下本或有牲字係衍文高注云大割殺牲也則本無牲字可知記亦同饗先祖本或作饗禱祖訛高注云先祠公社乃及門閭先祖先公後私之義也記作臘先祖無夫字淮南亦有天子乃命將率講武肄射御角力肄記作習是月也乃命水虞漁師收水泉

池澤之賦無或敢侵削衆庶兆民以爲天子取怨于下其有若此者行罪無赦孟冬行春令則凍閉不密地氣發泄民多流亡（發泄記作上泄）行夏令則國多暴風方冬不寒蟄蟲復出行秋令則雪霜不時小兵時起土地侵削

仲冬之月日在斗昏東壁中旦軫中其日壬癸其帝顓頊其神玄冥其蟲介其音羽律中黃鍾其數六其味鹹其臭朽其祀行祭先腎冰益壯地始坼鶡鳥不鳴虎始交天子居玄堂太廟乘玄輅駕鐵驪載玄旂衣黑衣服玄玉食黍與彘其器宏以弇飭死事（呂氏脫此）

三字從記補命有司曰土事無作無發蓋藏無起大衆以固而閉發蓋藏起大衆地氣且泄是謂發天地之房土事無作下記作愼毋發蓋毋發室屋及起大衆以固而閉無下發蓋藏起大衆六字且泄作沮泄諸蟄則死民多疾疫多記作必又隨以喪命之曰暢月是月也命閹尹申宮令審門閭謹房室必重閉蔡邕云閹當作闇閹尹內官宮中之門曰闈閹尹之職也閭里門非閹尹所主省婦事無得淫雖有貴戚近習無有不察察記作禁乃命大酋秫稻必齊麴蘗必時湛饎必潔饎記作熾水泉必香陶器必良火齊必得兼用六物大酋監之無有差忒天子乃命有司祈祀四海大川名原淵澤井泉記無乃字呂及淮南皆有是月也農有不

收藏積聚者牛馬畜獸有放佚者取之不詰山林藪澤有能取疏食田獵禽獸者野虞教導之其有相侵奪者罪之不赦（相字呂無記及淮南皆有）是月也日短至陰陽爭諸生蕩君子齊戒處必弇（記作處必掩身）身欲寧去聲色禁嗜慾安形性事欲靜以待陰陽之所定芸始生荔挺出蚯蚓結麋角解水泉動日短至則伐林木取竹箭（記無林字淮南作伐樹木）是月也可以罷官之無事者去器之無用者（記無上者字）塗闕庭門閭（庭記作廷）築囹圄此所以助天地之閉藏也（記無所字）仲冬行夏令則其國乃旱氛霧冥冥雷乃發聲（氛呂作氣訛）行秋令則天時雨汁瓜瓠不成

國有大兵行春令則蟲螟爲敗水泉減竭民多疾癘蟲螟記作蝗蟲又減作咸音義同又疾癘作疥癘

季冬之月日在婺女昏婁中旦氐中其日壬癸其帝顓頊其神玄冥其蟲介其音羽律中大呂其數六其味鹹其臭朽其祀行祭先腎鴈北鄉鵲始巢雉雊雞乳本作乳雉雊者訛案高注知呂與記同天子居玄堂右个乘玄輅駕鐵驪載玄旂衣黑衣服玄玉食黍與彘其器宏以弇命有司大儺旁磔出土牛以送寒氣征鳥厲疾乃畢行山川之祀及帝之大臣天地之神祇行字地字記無是月也命漁師始漁天子親往乃嘗魚先薦寢廟冰方盛

水澤腹堅呂作水澤復無堅字高云復亦盛也復或作複凍重累也案時訓解作腹堅故不從
呂氏命取冰冰已入記作冰以入令告民出五種命司農計
耦耕事脩耒耜具田器記作命農無司字命樂師大合吹而
罷乃命四監收秩薪柴以供寢廟及百祀之薪燎寢廟
記作郊廟是月也日窮于次月窮于紀星迴于天數將幾
終歲將更始專於農民無有所使歲將記作歲且又專於作專而天
子乃與公卿大夫飭國典論時令以待來歲之宜呂脫
公字記與淮南皆有乃命太史次諸侯之列賦之犧牲以供皇
天上帝社稷之享乃命同姓之邦供寢廟之芻豢命
宰歷卿大夫至于庶民土田之數而賦之犧牲以供

山林名川之祀凡在天下九州之民者無不咸獻其力以供皇天上帝社稷寢廟山林名川之祀行之是令此謂一終三旬二日季冬行秋令則白露蚤降介蟲爲妖四鄰入保記作四鄙行春令則胎夭多傷國多固疾命之曰逆行夏令則水潦敗國時雪不降冰凍消釋

謚法解第五十四

維周公旦太公望開嗣王業建功于牧之野終將葬乃制謚遂敘謚法舊本作攻于牧野之中終葬乃制謚敘法今依史正義及通鑑前編改正正義牧野無之字脫耳案王伯厚困學紀聞云周書謚法惟三月既生魄周公旦太師望相嗣王發

既賦憲受臚于牧之野將葬乃制作謚劉彥和雕龍哀弔篇其首云賦憲之謚蓋本此今所傳周書與六家謚法所載不同蓋今本缺誤謚者行之迹也號者功之表也車服者位之章也【注】古者有大功則賜之善號以爲稱也舊車服下脫者字今案魏書甄琛傳所引及正義前編皆有今補入注脫賜之二字又稱作福今皆從正義陳云福義亦通如惟辟作福之福或疑是副字亦可備一說是以大行受大名細行受細名行出於己名生於人【注】名謂號謚民無能名曰神【注】不名壹善舊作一人無名曰神訛今依史正義改正下不盡出稱善賦節曰聖【注】所稱得人所善得實所賦得節正義稱作揚前編注賦一作副文昭案舊本作稱善口開曰聖缺處疑是無字所謂禹吾無閒然方與聖相稱此注本難通敬賓厚禮曰聖【注】聖於禮也注聖正義作厚非德象天地

曰帝【注】同於天地注天地正義作天帝靜民則法曰皇【注】靜安

正義靜作靖注同二字本通論衡獨斷皇竝作黄案黄帝亦作皇帝二字亦本通仁義所在

曰王【注】民往歸之在正義作往非賞慶刑威曰君【注】能行四

者從之成羣曰君【注】民從之也舊以此注接王字下脫去注及正文共二

十字今据正義補案左氏昭廿八年成鱄論文王九德此謚法內皆見之賞慶刑威曰君亦其一也立

制及衆曰公【注】志無私也執應八方曰侯【注】所執行

八方應之也壹德不解曰簡【注】壹不委曲案左氏昭廿二年正

義作壹意不解曰簡平易不疵曰簡【注】疵多病也疵正義作訾注云不信訾

毀案此注多字衍不信二字亦有訛又案謚有美有平有惡此簡字不優於文而列於文之前蓋篇中錯

簡多矣史記正義本作兩排首排盡然後及次排如後漢書馬武傳後所列雲臺諸將亦是兩重排列上

一重首鄧禹次吳漢賈復下一重首馬成次王梁陳後蓋古法也後人不知改兩排爲一排而以一上一下爲次正義與後漢書皆同此錯然正義中間又有爲後後人所紛亂及脫漏者故今亦不能考之以復其舊此簡字在恭欽定襄之前則固灼然可尋也經緯天地曰文【注】成其道也

道德博聞曰文【注】無不知之舊本作博厚前編同今從正義學勤好問曰文【注】不恥下問學勤正義同前編作勤學慈惠愛民曰文【注】惠以成政也注政舊作文今從正義改愍民惠禮曰文【注】惠而有禮舊作以禮安人錫民爵位曰文【注】舉可舉也正義作與同升也謝云注不恥下問與同升二語直以論語二事作解似反不該括剛彊理直曰武【注】剛無欲彊不撓理忠恕直無曲也理直舊本倒今据北史于忠傳改正義撓作屈下云懷忠恕正曲直文雖詭而理在直字上亦可證白虎通引禮記謚法云強理勁直曰武威彊

叡德曰武注思有德者叡也正義叡作敵注云與有德者敵訛克定禍亂曰武注以兵征故能定正義征作往刑民克服曰武注法以正民能使服以字從正義增夸志多窮曰武注大志行兵多所窮極夸舊作大今從正義注極字舊作也今從正義前編敬事供上曰恭注供奉也尊賢貴義曰恭注尊事賢人寵貴義士尊賢敬讓曰恭注敬有德讓有功既過能改曰恭注言自知也舊訛言有智也執事堅固曰恭注守正不移愛民長弟曰恭注順長接弟舊作安民今從正義改前編作愛人悌長注接本一作按疑二字俱誤執禮御賓曰恭注迎待賓也御舊作敬正義前編俱作御注亦釋御字也芘親之闕曰恭注脩德以蓋之也尊賢讓

善曰恭注不専己善推於人也淵源流通曰恭注性無所忌也案正義以文武成康穆昭爲次其淵源流簡於此改康爲恭恭非本文也又書正義引作淵源流通曰禹案獨斷有堯舜禹湯之謚史正義僅有除殘去虐曰湯一謚而此無之然案書湯誓釋文引馬融之說謂禹湯皆不在謚法中故今亦闕之照臨四方曰明注以明照之譖訴不行曰明注逆知之故不行威儀悉備曰欽注威則可畏儀則可象馬融引此悉備作表備大慮靜民曰定注思樹惠也靜民前編作慈仁安民大慮曰定注以慮安民安民法古曰定注不失舊意也純行不二曰定注行壹不傷正義不二作不爽諫爭不威曰德注不以威拒諫也諫爭舊作謀慮謚正義又有綏柔士民曰德注云安民以居安

士以事辟地有德曰襄【注】取之以義甲冑有勞曰襄【注】言亟征伐有伐而還曰釐【注】知難而退正義前編伐俱作罰質淵受諫曰釐【注】深故能受正義有小心畏忌曰釐釐作僖二字本通川注云思所當忌博聞多能曰憲【注】雖多能不至大道憲舊作獻案正義博文多能曰憲在良順二謚之後不與獻謚相比近故今定爲憲前編亦作博文聰明叡哲曰獻【注】有通知之聰也正義又有知質有聖曰獻注云有所通而無蔽溫柔聖善曰懿【注】性純淑也正義作賢善獨斷前編皆作聖善五宗安之曰孝【注】五世之宗也慈惠愛親曰孝【注】言周愛親族也孝舊作釐與釐謚一類正義作孝在五宗句下秉德協時二句之上案慈惠愛親於孝義爲允於釐義太闊故定從正義移此魏書甄琛傳云慈惠愛民曰孝北史避唐諱改民爲人注親族正義倒協時

肇亨曰孝【注】協合肇始也常如始秉德不回曰孝【注】順於德而不違（違舊作逆）大慮行節曰考【注】言成其節（考舊訛作孝案正義此句在威祈二字之後不與孝謚連文而今本亦作孝此傳寫之誤也公羊隱元年疏引此作考考成也正與注合故定從之）執心克莊曰齊【注】能自嚴也資輔供就曰齊【注】有所輔而共成也（供就正義作就共係誤倒又注作資輔佐而共成前編注與此合）豐年好樂曰康【注】好豐年勤民事（豐舊作溫正義作溫柔前編作溫良皆訛今依注改）安樂撫民曰康【注】無四方之虞令民安樂曰康【注】富而教之（正義令作令）安民立政曰成【注】政以安之（正義之作定）布德執義曰穆【注】穆純也（正義作故穆訛）中情見貌曰穆【注】性公露也敏以敬順曰頃【注】

疾於所敬順也正義順作慎注同二字本通用敏訓疾舊作無所不敬順也非案左氏昭八年正義有祗勤追懼曰頃不見此書昭德有勞曰昭注能勞謙也昭德前編作明德正義謙作謹非容儀恭美曰昭注有儀可象行恭可美舊本誤昭爲勝脫此條在後聞宣二諡之上今案正義本在昭德上前編在明德下故移補此處後勝諡一條則制之左氏釋文及正義並引作威儀恭明曰昭聖聞周達曰昭注聖聞通洽也作聞舊作文誤注洽舊誤治正義作合亦非獨斷作聖聞宣遠保民耆艾曰胡注六十曰耆七十曰艾彌年壽考曰胡注大其年也胡訓大也正義注作久也非彊毅果敢曰剛注彊於仁義致果曰毅今正義本脫此條故兩景諡相連接可見其本有也追補前過曰剛注勸善以補過也勸舊訛勸柔德考衆曰靜注成衆使安也

考正義作安非靜作竫本通用下同魏書源懷傳有柔直考終曰竫是相傳本不同也恭己鮮言曰靜【注】恭己正身少言而中恭舊作供注同前編亦作供寬樂令終曰靜【注】性寬樂義以善自終治而無眚曰平【注】無失闕之病也無眚舊作清省非正義注作無災罪也執事有制曰平【注】不任意也有法度檢制故曰不任意舊作在位平意也訛布綱治紀曰平【注】施之政事案左氏昭廿二年正義治作持由義而濟曰景【注】用義而成也布義行剛曰景【注】以剛行義也耆意大慮曰景【注】耆強也舊脫此條正義前編皆有前編云耆如耆定爾功之耆謂意所期指又案獨斷作致志大圖清白守節曰貞【注】行清白執志固也獨斷守節作自守大慮克就曰貞【注】能大慮非正而何舊作非正則不可不

隱無屈曰貞【注】坦然無私也屈舊作克前編作私今從正義猛以剛果曰威【注】猛則少寬果敢行也猛舊作彊注云彊甚於剛也係因下注而訛今從正義改猛以彊果曰威【注】彊甚於剛也注首舊有亦字衍彊毅信正曰威【注】信正言無邪也正義作彊義執正注邪作私又案正義有治典不殺曰祁注云秉常不衰此脫去祁獨斷作祈一作震左氏莊六年正義引經典不易曰祁辟土服遠曰桓【注】以武正定克敬勤民曰桓【注】敬以使之勤民正義作動民今從前編辟土兼國曰桓【注】兼人故啓土也舊本以此注繫辟土服遠曰桓之下脫去兩條今考正義及前編補道德純一曰思【注】道大而德一也馬融引作純備大省兆民曰思【注】大親民而不殺大省舊作不告今從正義前編外內思索曰思【注】言求善也追

悔前過曰思【注】思而能改也柔質慈民曰惠【注】知其性也愛民好與曰惠【注】與謂施也舊本脫此兩條今從正義前編補此條又見獨斷魏書源懷傳亦引之柔質受諫曰慧【注】以虛受人舊慧作惠注作以惠愛惠案惠雖可通慧然與惠諡連文則易混矣案正義上惠諡兩條在敬肅之上此慧諡在質良之上本不附近前編始合置一處蓋由誤認慧即惠也注又不知何人妄竄今悉依正義改正受諫正義作愛諫能思辯衆曰元【注】別之使各有次也行義說民曰元【注】民說其義始建國都曰元【注】非善之長何以始之左氏昭十年正義始作好主義行德曰元【注】以義爲主行德政也兵甲亟作曰莊【注】以數征爲嚴叡圉克服曰莊【注】通邊圉使能服也勝敵志強曰莊【注】不撓故勝舊本

脫此條正義有左氏釋文志泝作克亂正義作克壯死於原野曰莊注非嚴何

以死難屢征殺伐曰莊注以嚴釐之前編作屢行征伐武而

不遂曰莊注武功不成克殺秉政曰夷注秉政不任

賢也正義政作正注同秉讀若柄安心好靜曰夷注不爽正也左氏

傳廿八年正義引作安民好靖傳十五年正義民作人執義揚善曰懷注稱人

之善慈仁短折曰懷注短未六十折未三十夙夜警

戒曰敬注敬身思戒思戒正義作急成非夙夜恭事曰敬注敬

以莅事也象方益平曰敬注法之以常而加敬也正義

脫此條故兩烈謚相連不隔知是傳寫者誤脫耳注舊訛今從何允中本善合法典曰敬

注非敬何以善之善合舊倒今從前編法典史正義作典法注之舊作也今從正義

述義不克曰丁【注】不能成義述而不悌曰丁【注】不悌
不遜順也述舊作迷今從前編正義脫此條有功安民曰烈【注】以武
立功秉德遵業曰烈【注】遵世業不墮改剛克爲伐曰
翼【注】伐功也思慮深遠曰翼【注】好遠思任能也正義注作
小心翼翼與此不同剛德克就曰肅【注】成其敬使爲終舊作成其不欲
使爲就詭執心決斷曰肅【注】言嚴果也愛民好治曰戴【注】
好民治也典禮不塞曰戴【注】無過塞正義作愆前編作慄音義並同注
舊脫正義有死而志成曰靈【注】立志不忝命也亂而不損
曰靈【注】不能以治損亂注從正義極知鬼神曰靈【注】其智
能聽徹也不勤成名曰靈【注】任本性不見賢思齊死

見神能曰靈〔注〕有鬼不爲厲神舊作鬼前編同注舊無不字好祭鬼

神曰靈〔注〕瀆鬼神不敬遠也神正義作怪短折不成曰殤

〔注〕有知而夭殤也未家短折曰殤〔注〕未家者未室家

也正義殤作傷不與上條相連又注作未娶也不顯尸國曰隱〔注〕以闇主

國也左傳釋文作不尸其國隱拂不成曰隱〔注〕言其隱拂改其

性也春秋傳隱拂同前編作隱括正義注不以隱括改其性獨斷又作遷拂正義有見美堅長曰隱

注美過其令前編無之年中早夭曰悼〔注〕年不稱志前編年中倒注稱舊

作肆肆行勞祀曰悼〔注〕放心勞於淫祀言不脩德也案穀

梁定元年疏引作肆行勞神曰煬注放心舊作縱於心恐懼從處曰悼〔注〕從處

言險圮也不思忘愛曰剌〔注〕忘其愛己者也愎佷遂

過曰剌【注】去諫曰愎，反是曰佷。外內從亂曰荒【注】官不治，家不理（前編作縱）。從好樂怠政曰荒【注】淫於聲色，怠於政事（顏師古引此荒作穢）。在國逢難曰愍【注】逢兵寇之事也（正義作逢艱）。使民折傷曰愍【注】苛政賊害（折，正義、前編作悲，非）。在國連憂曰愍【注】仍多大喪（正義、前編連作遭，非。注仍，正釋連字）。禍亂方作曰愍【注】國無政，動長亂（前編脫此條）。蚤孤短折曰哀【注】早者未知人事。恭仁短折曰哀【注】體恭質仁，功未施也。蚤孤鋪位曰幽【注】鋪位即位而卒也（鋪舊作有，注鋪位作有喪，今皆從正義）。壅遏不通曰幽【注】弱損不凌也（高誘引作壅過不達，蘇明允謚法作壅遏不達，注恐訛）。動祭亂常曰幽【注】易神之班。克威捷行曰魏【注】有威而敵行克威惠禮曰魏【注】雖威不逆禮也去禮遠衆曰煬【注】不率禮不親長注長字疑是民好內遠禮曰煬【注】朋淫于家不奉禮好內怠政曰煬【注】好內多淫外則荒政舊本去禮遠衆條下即接此注脫去兩條注好內作內好正義少好內怠政一條今案此注爲好內怠政正釋其爲本有可知左氏定元年正義正引此條前編亦有之但少好內遠禮一條甄心動懼曰頃【注】甄積也案前有敬以敬慎曰頃正義本與此條相連接舊本誤頃爲甄遂脫簡於此威德剛武曰圉【注】圉禦也能禦亂患也史表六索隱剛作強聖善周聞曰宣【注】聞謂所聞善事也治民克盡曰使【注】克盡無恩惠也舊本使作空圍案正義前編明允並作使今据補行見中外曰慤【注】言表裏如一也勝敵壯志

曰勇【注】不撓折　正義勝敵志強曰莊與莊謚五條皆連接此作勇脫簡於此誤　昭功寧民曰商【注】明有功者也　狀古述今曰譽【注】立言之稱　舊作言直人稱訛　心能制義曰度【注】制事得宜　度舊訛庶今從正義與左傳合　好和不爭曰安【注】失在少斷　正義作生而少斷　外內貞復曰白【注】正而復終始一也　前編作分　外不生其國曰聲【注】生於外家殺戮無辜曰厲【注】賊良善人官人應實曰知【注】能官人也　前編應實倒　凶年無穀曰糠【注】不務稼穡　漢書諸侯王表有中山糠王昆侈則謚法之有糠明矣師古注引好樂怠政曰糠則與前荒之謚相同正義此糠字亦作荒文弨案美謚中有豐年好樂曰康此糠之惡謚正與相反古者三年耕必有一年之食上苟勤於民事則緩急自當有備歲亦不能爲之災糠之爲言虛也注以不務稼穡爲言可謂深得

制謚之旨師古所引或誤記耳若云後人羼入則穅虛也又明見下文人固有好紛亂典籍者於理不應謬誤至此至正義之作荒則以二謚相次比而致誤耳名實不爽曰質注不爽言相應也不悔前過曰戾注知而不改溫良好樂曰良注言其行可好可樂也正義作言其人舊本作言人行今訂正怙威肆行曰醜注肆意行威德正應和曰莫注正其德應其和此亦成縛所論九德之一正義在類謚前正合舊誤脫去今補勤施無私曰類注無私惟義所在舊作勤政前編同正義作施勤今從左氏案此兩條及下美謚當本在前不與惡謚雜廁今皆紛亂難以考而復矣好變動民曰躁注數移徙也慈和徧服曰順注能使人皆服其慈和滿志多窮曰感注自足者必不足也正義前編感俱作惑非也感古憾字注云云於憾之義正

合危身奉上曰忠注險不辭難也思慮果遠曰趕注自任多近於專舊本果作深前編同云趕恐當作悍正義作明訛息政外交曰攜注不自明而恃外也正義脫此條舊本攜作推前編同今從獨斷改正獨斷息作息疏遠繼位曰紹注非其次第偶得之也彰義掩過曰堅注明義以蓋前過肇敏行成曰直注始疾行成言不深也內外賓服曰正注言以正服之華言無實曰夸注恢誕注疑有脫字教誨不倦曰長注以道教之也愛民在刑曰克注道之以政齊之以刑嗇於賜與曰愛注言貪悋也逆天虐民曰抗注所尊天而逆天抗舊訛煬案煬謚在前已見此處正義前編皆作抗正義注作背尊大而逆之似訛好廉自克

曰節【注】自勝其情欲也（勝其舊作節以非克訓勝也）擇善而從曰比【注】比方善而從之好更改舊曰易【注】變故改常名與實爽曰繆【注】言名美而實傷思厚不爽曰愿【注】不差所思而得也（正義作思慮不爽曰厚前編亦作厚唯思慮作思過訛）貞心大度曰匡【注】心正而用察少（舊作心正而明察也非）隱哀之方景武之方也（舊脫方景武之方五字今從前編增正義作隱哀也景武也）施爲文也【注】施德除爲武也【注】除惡（正義作施德爲文除惡爲武如此可不用注前編除爲作除亂今從蘇明允所引）剛克爲發柔克爲懿履正爲莊有過爲僖（發與伐同蘇明允引剛克爲伐）辟地爲襄服遠爲桓（服舊作覗前編同）施而不成爲宣惠無內德爲平【注】無內德惠不成也

兩爲字舊作曰又平作獻案獻爲美謚非也又此下舊有治而無眚爲平亂而不損爲靈由義而濟爲景
二句案皆見前係重出正義亦有後二句失志無轉則以其明餘皆象也
注以其所爲謚象其事行也前編云失志無轉一作失忘無傳案正義無失
志以下八字注舊作以其明所及爲謚象謂象其事行也和會也勤勞也遵循也
爽傷也肇始也又治也康安也怙恃也享祀也胡大
也服敗也疑是伏也秉順也秉舊作康案康安也已見前今從正義但順字亦可疑
就會也蹇過也錫與也典常也肆放也穅虛也叡聖
也惠愛也綏安也堅長也耆彊也考成也周至也懷
思也式法也布施也此三字舊脫正義有敵疾也捷克也載事
也彌久也自和會也以下廣訓篇內字義非盡謚也此篇及史記正義皆爲後人所殺亂前編

所載其去俗本亦無幾矣正義云以前周書謚法周代君王竝取作謚故全寫一篇以傳後學据此則正義所錄實出周書今故取以訂譌補缺云

明堂解第五十五

大維商紂暴虐脯鬼侯以享諸侯天下患之四海兆民欣戴文武是以周公相武王以伐紂夷定天下既克紂六年而武王崩成王嗣幼弱未能踐天子之位周公攝政君天下弭亂六年而天下大治乃會方國諸侯於宗周大朝諸侯明堂之位天子之位負斧扆南面立率公卿士侍于左右三公之位中階之前北面東上諸侯之位阼階之東西面北上諸伯之位西

階之西東面北上諸子之位門內之東北面東上諸男之位門內之西北面東上九夷之國東門之外西面北上八蠻之國南門之外北面東上六戎之國西門之外東面南上五狄之國北門之外南面東上四塞九采之國世告至者應門之外北面東上宗周明堂之位也明堂明諸侯之尊卑也故周公建焉而朝諸侯於明堂之位制禮作樂頒度量而天下大服萬國各致其方賄七年致政於成王（致政本或作致位）

明堂方百一十二尺高四尺階廣六尺三寸室居中方百尺室中方六十尺戶高八尺廣四尺東應門南

庫門西梟門北雉門東方曰青陽南方曰明堂西方曰總章北方曰𤣥堂中央曰太廟左爲左介右爲右介御覽五百三十三引周書明堂云云寶此之闕文今取以繫於後自戶高八尺廣四尺以上亦見隋書宇文愷傳避諱中作内廣作博陳云徐鉉謂个不見義無以下筆明堂左右个當作介蓋本此

嘗麥解第五十六

維四年孟夏王初祈禱于宗廟乃嘗麥于太祖御覽八百三十八引曰王初祈禱于岱宗乃嘗麥于廟波郡古文謂成王四年正月初朝于廟夏四月初嘗麥是月王命大正正刑書爽明僕告既駕少祝導王亞祝迎王降階即假于太宗少宗少祕于社各牡羊一牡家三惠半農云太宗少宗即大宗伯少宗伯也少祕疑即小史梁曜北云太宗顧命有之史導

王于北階王陟階在東序乃命太史尚大正卽居于戶西南向九州□伯咸進在中西向宰乃承王中升自客階作筴執筴從中宰坐尊中于大正之前太祝以王命作筴筴告太宗王命□□祕作筴許諾乃北向繇書于兩楹之間（舊作內楹之門從沈改）王若曰宗揜大正昔天之初□作二后乃設建典命赤帝分正二卿命蚩尤于宇少昊（路史云命蚩尤宇于小顥）以臨四方司□□上天末成之慶蚩尤乃逐帝爭于涿鹿之河九隅無遺（河或當作阿梁處素云据史記五帝記注涿鹿山名阪泉地名一名黃帝泉至涿鹿與涿水合蓋所謂涿鹿之河河字似不誤）赤帝大懾乃說于黃帝執蚩尤殺之于中冀

以甲兵釋怒用大正順天思序紀于大帝舊校疑用是太常名之曰絕轡之野乃命少昊清司馬鳥師以正五帝之官故名曰質天用大成至于今不亂清少昊名也見張衡集路史引此亦作清舊作請訛成本或作戒其在殷之五子忘伯禹之命假國無正用胥興作亂遂凶厥國皇天哀禹賜以彭壽思正夏略殷當作夏汲郡古文帝啓十一年放王季子武觀于西河十五年武觀以西河叛彭伯壽師師征西河武觀來歸沈約曰武觀郎五觀國語曰啓有五觀韋昭曰啓子太康昆弟也今予小子聞有古遺訓予亦述朕文考之言不易予用皇威不忘祗天之明典令□我大治用我九宗正州伯教告于我相在大國有殷之□辟自其作□于古是

威厥邑無類于冀州嘉我小國小國其命余克長國
王（趙云國王疑倒）嗚呼敬之哉如木旣顛厥巢其猶有枝葉
作休爾弗敬恤爾執以屏助予一人集天之顯亦爾
子孫其能常憂恤乃事勿畏多寵無愛乃嚚亦無或
刑于鰥寡非罪惠乃其常無別于民衆臣咸興受大
正書乃降太史筴刑書九篇以升授大正乃左還自
兩柱之閒（左沈疑右）口箴大正曰欽之哉諸正敬功爾頌
審三節無思民因順爾臨獄無頗正刑有掇夫循乃
德式監不遠以有此人保寧爾國克戒爾服世世是
其不殆維公咸若太史乃降大正坐舉書乃中降再

拜稽首王命太史正升拜于上王則退是月士師乃命太宗序于天時祠大暑乃命少宗祠風雨百享士師用受其𢧵以爲之資邑乃命百姓遂享于富無思民疾供百享歸祭閭率里君以爲之資野宰乃命家邑縣都祠于太祠乃風雨也宰用受其職𢧵以爲之資采君乃命天御豐穡享祠爲施大夫以爲資箴太史乃藏之于盟府以爲歲典

本典解第五十七

維四月既生魄王在東宮舊此下有召公二字衍告周公曰嗚呼朕聞武考不知乃問不得乃學俾資不肖永無惑

矣今朕不知明德所則政教所行字民之道禮樂所生非不念而知故問伯父周公再拜稽首曰臣聞之文考能求士□者智也與民利者仁也能收民獄者義也能督民過者德也爲民犯難者武也智能親智仁能親仁義能親義德能親德武能親武五者昌于國曰明明能見物高能致物物備咸至曰帝帝鄉在地曰本本生萬物曰世世可則□曰至至德照天百姓□驚備有好醜民無不戒顯父登德德降則信信則民寧爲畏爲極民無淫慝生民知常利之道則國彊序明好醜□必固其務均分以利之則民安□用

以資之則民樂明德以師之則民讓生之樂之則毋之禮也政之教之遂以成之則父之禮也父毋之禮以加于民其慈□□古之聖王樂體其政士有九等皆得其宜曰材多人有八政皆得其則曰禮服士樂其生而務其宜是故奏鼓以章樂奏舞以觀禮奏歌以觀和禮樂既和其上乃不危王拜曰允哉幼愚敬守以爲本典

逸周書卷第七

晉　孔　晁　注

官人解第五十八　王會解第五十九

官人解第五十八

王曰嗚呼大師朕維民務官論用有徵觀誠考言視聲觀色觀隱揆德可得聞乎（案此篇亦見大戴禮名文王官人通篇皆文王之言與此不同論大戴作倫字本通用大戴云倫有七屬屬有九用用有六徵一曰觀誠二曰考志三曰視中四曰觀色五曰觀隱六曰揆德盧辯注云倫理次也）周公曰亦有六徵嗚呼乃齊以揆之（大戴云王曰於乎女因方以觀之）一曰富貴者觀其有禮施貧賤者觀其有德守孌寵者觀其不驕奢隱約

者觀其不懾懼其少者觀其恭敬好學而能悌其壯者觀其廉潔務行而勝私其老者觀其思慎彊其所不足而不踰觀其思大戴作觀其意憲下作慎強其所不足而不踰也周書舊本作慎而□彊其所不定者觀其不踰字多訛今從大戴訂正父子之間觀其孝慈兄弟之間觀其和友舊脫觀其孝慈兄弟之間八字今從大戴增君臣之間觀其忠惠鄉黨之間觀其信誠大戴作信憚盧注云信而敬憚省其居處觀其義方舊作方□今從大戴省其喪哀觀其貞良省其出入觀其交友省其交友觀其任廉盧注云任以恩相親信設之以謀以觀其智大戴云考之以觀其信挈之以觀其知示之以難以觀其勇煩之以事以觀其治臨之以利以觀其不貪濫

之以樂以觀其不荒大戴臨作淹濫作藍不荒作不寧盧注云藍猶濫也喜之以觀其輕怒之以觀其重怒舊□今從大戴補醉之酒以觀其恭從之色以觀其常大戴恭作不失又從之色作縱之遠之以觀其不二暱之以觀其不狎大戴不二作不貳不狎作不倦復徵其言以觀其精大戴作探取其志以觀其情此精當作情又大戴此下有考其陰陽以觀其誠覆其微言以觀其信兩句曲省其行以觀其備此下大戴多一成字此之謂觀誠

二曰方與之言以觀其志志殷以淵其氣寬以柔舊志字不重殷作□大戴作志殷如淺注雖以淺爲深字竊疑必淵之訛也舊本下句作其器寬以悌今從大戴改其色儉而不諂其禮先人其言後人見其所不足曰日益者也好臨人以色高人以氣賢人以言防其

所不足發其所能曰日損者也兩日字從大戴增又大戴發作伐惠云古字通其貌直而不止其言正而不私大戴不止作不侮不飾其美不隱其惡不防其過曰有質者也其貌曲媚其言工巧飾其見物務其小證以故自說曰無質者也大戴曲媚作固嘔證作徵喜怒以物而色不變而舊作其從大戴改彼不變作不作煩亂以事而志不營深導以利而心不移臨懾以威而氣不卑曰平心而固守者也喜怒以物而心變易煩亂以事而志不治大戴作裕導之以利而心遷移臨懾以威而氣慄懼曰鄙心而假氣者也李善注東都賦引慄懼作悚悚設之以物而數決敬之以卒而度應不文而辯曰有慮

者也大戴數作遫與速同敬當爲儆卒倉卒也大戴作驚之以卒而度料下句作不學而性辯近改不學作不案難決以物難說以守一而不可變困而不知止曰愚依人也大戴作難授以物難說以言知一如不可以解也困而不知其止無辨而自慎曰愚戆者也案此亦當補言字以守一屬下句困舊訛因今据改依讀當爲薆蔽也營之以物而不誤犯之以卒而不懼置義而不可遷臨之貨色而不過曰果敢者也大戴不誤作不虞盧注云虞度也不過作不可營營猶亂也末句作曰絜廉而果敢者也移易以言志不能固已諾無決曰弱志者也移易當從大戴倒轉易音以豉反順予之弗爲喜非奪之弗爲怒沈靜而寡言多稽而險貌曰質靜者也大戴險作儉古通用屏言而弗顧自順而弗讓上句舊脫而字大戴云辨言而不固今据補叉

讓舊譌護亦据大戴改非是而彊之曰婟誣者也舊作始誣譌今大戴作始婟誣蓋本是婟婟誣故盧注云謂婟賢誣善必是校者見周書誤本因記一始字於婟字旁遂致衍耳今改正微而能發察而能深寬順而能恭儉溫柔而能斷果敢而能屈曰志治者也大戴作微清而能發度察而能盡曰治志者也少三句華廢而誣巧言令色皆以無爲有者也此之謂考言大戴無廢字○案詩廢爲殘賊王肅云廢大也裴湛注列子楊朱篇同此亦當作大解令色下大戴衍足恭一也四字又言作志三曰誠在其中必見諸外以其聲處其實大戴實作氣此下亦作氣氣初生物大戴作初氣主物今本從周書物生有聲聲有剛柔清濁好惡咸發于聲心氣華誕者其聲流散心氣順信者其聲順節心氣鄙戾者其聲醒醜醒字

誤大戴作斯盧注云蟖當聲誤爲斯心氣寬柔者其聲溫和大戴作溫好信氣中易義氣時舒和氣簡備勇氣壯力大戴和作智力作直聽其聲處其氣考其所爲觀其所由大戴有察其所安一句以其前觀其後以其隱觀其顯以其小占其大此之謂視聲大戴觀皆作占中閒一句作以其見占其隱又視聲作視中四曰民有五氣喜怒欲懼憂大戴作五性喜氣內蓄雖欲隱之陽喜必見怒氣內蓄雖欲隱之陽怒必見欲氣懼氣憂悲之氣皆隱之陽氣必見五氣誠于中發形于外民情不可隱也喜色猶然以出怒色薦然以侮欲色嫗然以愉懼色薄然以下憂悲之色瞿然以靜大戴猶作由盧注云當爲油又出作

生薦作拂愉作偷惠云愉愉通又瞿作纍誠智必有難盡之色誠仁必有可尊之色誠勇必有難懾之色誠忠必有可新之色舊本作誠勇必有可新之色脫八字据大戴補大戴新作親案新親通誠潔必有難汙之色誠靜必有可信之色質浩然固以安僞蔓然亂以煩雖欲改之中色弗聽此之謂觀色舊本靜字作方圜今据大戴補質字僞字下大戴皆有色字浩作皓蔓作緩改作故盧注云言雖欲故隱之於中而無柰色見於外

五曰民生則有陰有陽人多隱其情飾其僞以攻其名大戴此句上有以賴於物一句有隱於仁賢者大戴賢作質下同有隱於智理者有隱於文藝者有隱於廉勇者有隱於忠孝者此句舊脫据大戴補有隱於交友者如此不可不察也小施

而好德與得同大戴作好大得小讓而爭大大戴作而好大爭言願以
爲質願當與愿同盧注大戴以爲聲誤僞愛以爲忠僞舊作空闕據大戴補此下大
戴有面寬而貌慈假節以示之二句尊其得以改其名大戴作故其行以攻其名盧注
云故爲是行如此隱於仁賢者也前總唱功一本作切案大戴無此四
字有推前惡忠府知物焉首成功少其所不足十六字惡一作恃與此文義皆難曉慮誠弗及
佯爲不言內誠不足色示有餘此下大戴有故知以動人一句自順
而不讓措辭而不遂此下大戴有莫知其情一句此隱於智理者
也動人以言竭而弗終大戴作涉物而不終問則不對佯爲不
窮口貌而有餘大戴作色示有餘假道而自順因之口初窮
則託深大戴作用之物窮則爲深如此者隱於文藝者也口言以

爲廉大戴作廉言以爲氣矯厲以爲勇內恐外誇亟稱其說大戴作內恐外悴敬再其說王懷祖謂敬再乃苟爯之訛苟讀若亟爯古稱字文弨案外悴乃外誇之訛或改悴爲悴非敬亦亟之訛形相近亟欺冀反苟己力反此亟不讀爲急則苟字非也以詐臨人如此隱於廉勇者也自事其親而好以告人大戴又有乞言勞醉而面於敬愛二句飾其見物此下大戴又有故得其名名揚於外二句不誠於內發名以事親自以名私其身大戴作伐名以事其親戚以故取利分白其名以私其身案發與伐同此作發大戴多作伐字如此隱於忠孝者也比周以相譽此句上大戴有陰行以取名一句此脫知賢可徵而左右不同而交交必重己心說而身弗近身近而實不至懼不盡見於衆而貌克已字身近字舊皆作方圓今依大戴補又而實不至下有而懼忠不

盡一句又此懼不二字亦作懽忠如此隱於交友者也此之謂觀隱

者字舊脫據大戴補六曰言行不類終始相悖此下大戴有陰陽克易一句外內不合雖有假節見行曰非成質者也大戴假作隱成作誠言忠行夷爭靡及私口弗求及情忠而寬貌莊而安曰有仁者也大戴云其言甚忠其行甚平其志無私施不在多靜而寡類莊而安人曰有仁心者也事變而能治效窮而能達此句上大戴有物善而能說一句又效作浚措身立方而能遂曰有知者也大戴有知作廣知少言以行恭儉以讓有知而言弗發有施而口弗德大戴作有知而不伐有施而不置置與德同曰謙良者也微忽之言久而可復幽閒之行獨而弗克言字行字舊脫據大戴增其行亡如存大戴作行其亡

如其存曰順信者也貴富恭儉而能施嚴威有禮而不驕曰有德者也隱約而不懾安樂而不奢勤勞而不變喜怒而有度曰有守者也直方而不毀廉潔而不戾彊立而無私曰有經者也大戴有經作經正虛以待命大戴作正靜以待命舊本待作侍譌不召不至不問不言不言不過行行不過道曰沈靜者也忠愛以事親驩以盡力而不回敬以盡力而不口曰忠孝者也大戴作歡欣以敬之盡力而不面敬以安人以故名不生焉初學記引周書亦作歡以敬之盡力而不固敬以安之案同與固皆面之譌卽上文所云面於敬愛是也缺處疑是名字亦見上文合志而同方共其憂而任其難行忠信而不疑口隱遠而不舍曰交友者也口大戴是迷字

志色辭氣其人甚儉進退多巧就人甚數（案此處脫落甚多大戴云心色辭氣其入人甚愈進退工故其與人甚巧其就人甚速其叛人甚易曰位志者也飲食以親貨賄以交接利以合故得望譽征利而依隱於物曰貪鄙者也又下段首有質不斷一句）辭不至少其所不足謀而不已曰僞詐者也言行亟變從容克易好惡無常行身不篤曰無誠者也（大戴克易作謬易不篤作不類又無誠下有志字）少知而不大決少能而不大成規小物而不知大倫曰華誕者也（大戴少佀作小又規作顧倫作論古倫論通用下又有亟變而多私一句）規諫而不類道行而不平曰竊名者也故曰事阻者不夷時□者不回（大戴作畸鬼者不仁）面譽者不忠（舊作果敢者也訛今依大戴改）飾貌者不靜假節者不平多私者不

義揚言者寡信此之謂揆德靜大戴作情古通用表記文而靜靜鄭云靜或爲

情又案此下太戴尚有數百字周書闕文也今錄於此以備考云王曰太師女推其往言以揆其來行聽其來言以省往行觀其陽以考其陰察其內以揆其外是故隱節者可知僞飾無情者可辨質誠居善者可得忠惠守義者可見也王曰於乎敬哉女何慎乎非心何慎乎非人人有六徵六徵既成以觀九用九用既立一曰取平仁而有慮者二曰取慈惠而有理者三曰取直愍而忠正者四曰取順直而察聽者五曰取臨事而絜正者六曰取慎察而絜廉者七曰取好謀而知務者八曰取接給而廣中者九曰取猛毅而度斷者此之謂九用也平仁而有慮者使是治國家而長百姓慈惠而有理者使是長鄉邑而治父子直愍而忠正者使是莅百官而察善否慎直而察聽者使是長民之獄訟出納辭令臨事而絜正者使是守內藏而治出入慎察而絜廉者使是分財臨貨主賞賜好謀而知務者使是治壤地而長百工接給而廣中者使是治諸侯而待賓客猛毅而度斷者使是治軍事爲邊境因方而用之此之謂官能也九用有

徵乃任七屬一曰國則任貴二曰鄉則任貞三曰官則任長四曰學則任師五曰族則任宗六曰家則任主七曰先則任賢正月王親命七屬之人曰於乎慎維深內觀民務本慎在人女平心去私慎用六證論辨九用以交一人予亦不私女廢朕命亂我法罪致不赦三戒然後及論王親受而考之然後論成

王會解第五十九

成周之會墠上張赤帟陰羽【注】王城既成大會諸侯及四夷也除地曰墠帟帳也陰鶴也以羽飾帳也天子南面立絻無繁露朝服八十物搢珽【注】繁露冕之所垂也所尊敬則有焉八十物大小所服搢插也珽笏也王伯厚本作珽似笏唐叔荀叔周公在左太公望在右皆絻亦無繁露朝服七十物搢笏旁天子而立於堂上

【注】唐荀國名皆周成王弟故曰叔旁謂差在後也近天子故其冕亦無旒也堂下之右唐公虞公南面立焉【注】唐虞二公堯舜後也堂下之左殷公夏公立焉皆南面綖有繁露朝服五十物皆搢笏【注】杞宋二公冕有繁露搢笏則唐虞同也爲諸侯之有疾病者趙云下文有之此處疑衍阼階之南祝淮氏榮氏次之珪瓚次之皆西面彌宗旁之【注】淮榮二祝之氏也彌宗官名次珪瓚南差在後惠云大戴公符有祝雍此淮字與相似文弨案雍爲名淮爲氏不必一人俗閒「本脫珪瓚次之四字王本有之王本旁之作之旁當是誤倒爲諸侯有疾病者之醫藥所居【注】使儲左右召則至也相者太史魚大行

人皆朝服有繁露【注】魚太史名及大行人皆讚相賓
客禮儀也堂下之東面郭叔掌爲天子菉幣焉繞有
繁露【注】郭叔虢叔文王弟菉錄諸侯之幣也內臺西
面正北方應侯曹叔伯舅中舅【注】內臺中臺也應侯
成王弟曹叔武王弟皆國名爲諸侯二舅成王之舅
姜兄弟也內臺西面下俗閒本有者字注脫曹叔以下二十一字皆從王本刪增比服
次之要服次之荒服次之西方東面正北方伯父中
子次之【注】此要服於比服轉遠故殊其名非夷狄之
四荒也伯父姬姓之國中子於王子中行者也王云中子
王之支子文弨案舉伯父可以包叔父中子則仲叔季弟之倫也方千里之內爲比

服方二千里之內爲要服方三千里之內爲荒服是皆朝於內者【注】此服名因於殷非周制也俗閒本首句內作外又二千脫二字今皆從王本改堂後東北爲赤帟焉浴盆在其中【注】雖不用而設之敬諸侯也其西天子車立馬乘六青陰羽鳧旌【注】鶴鳧羽爲旌旄也中臺之外其右泰士臺右彌士【注】外謂臺之東西也外臺右泰士右彌士言尊王泰彌相儀之士也右泰士之右或疑左謝云文云中臺之外其右泰士則在臺之前下云臺右側旁臺而立者上右字不必疑是左字王云泰士蓋上士彌士蓋中士下士惠云泰士理官文弨案彌如彌甥之彌王說是也受贄者八人東面者四人【注】受賓幣士也四人東面則西面四人也陳幣當外臺

天子駹宗馬十二【注】陳東帛被馬於外臺天子黑駹
宗尊也駹俗本作歔歔字無攷今從王本卜本注作天子黑也駹駹屬也案王本不如是今不從
王子繚璧綦十二【注】此下三璧皆玉子繚謂以黑組
紐之綦玉名有十二也璧綦俗本作碧綦從王本改參方子繚璧
豹虎皮十二【注】參方陳幣三所也璧皮兼陳也四方
子繚璧琰十二【注】琰珪也有鋒鋭陳之四所方列之
也外臺之四隅張赤帟爲諸侯欲息者皆息焉命之
曰交閭【注】每角張帟息者隨所近也諸侯稱交也正文
四隅下王本有每隅二字注舊脫帟字今增末句未詳周公旦主東方所之青
馬黑駹謂之母兒【注】周公主東方則太公主西方東

青馬則西白馬矣馬名未聞王曰髳即鬣字其守營牆者衣青操弓執矛注戟也方各異案此東方也故衣青操弓執矛餘方則各異矣注以戟爲矛若依淮南子則春矛夏戟有別也舊作各異方訛王本作名異無方字亦非是西面者正北方稷慎大麈注稷慎肅慎也貢麈似鹿正北內臺北也穢人前兒前兒若獼猴立行聲似小兒注穢韓穢東夷別種良夷在子在子□身人首脂其腹炙之霍則鳴曰在子注良夷樂浪之夷也貢奇獸□王本作幣亦云疑霍作藿云豆葉又揚州禺禺魚名解隃冠注亦奇魚也王云說文鰅魚名皮有文出樂浪東暆神爵四年初捕收輸考工周成王時揚州獻鰅魚容切舊本隃冠作隃寇王本及路史皆作隃冠亦見下文發人麃麃者若鹿迅走注發

亦東夷迅疾發北發也兩麃字從史記索隱舊本作兩鹿字王本作鹿人鹿人皆非俞

人雖馬〔注〕俞東北夷雖馬雋如馬一角不角者曰騏雋爾雅作鷳

青丘狐九尾〔注〕青丘海東地名周頭煇羝煇

羝者羊也〔注〕周頭亦海東夷羝即羝字

黑齒白鹿白馬〔注〕黑齒西遠之夷也貢白鹿白馬

白民乘黃乘黃者似騏背有兩角〔注〕白民亦東南夷郭璞注山海經李善注文選皆云似狐

東越海蛤〔注〕東越則海際蛤文蛤文蛤即蛤字李善注文選作東越侮食形近而訛

歐人蟬蛇蟬蛇順食之美〔注〕東越歐人也比交州蛇特多爲上珍也王本歐作甌注同注所云比者猶言近來王本無比字又少特多也三字皆非

於越納〔注〕於越越也舊本正文句首有姑字因下而衍王云納謂納

貢舊本脫注王本有之謝云於越納當連下文其姑妹且甌其海陽皆地名姑妹珍注姑妹國後屬越妹從末亡結反姑妹即姑蔑且甌文蜃注且甌在越文蜃大蛤也注文字王本作閩共人玄貝注共人吳越之蠻玄貝班貽貝也海陽大蟹注海水之陽一蟹盈車自深桂注自深亦南蠻也謝云自深當即鼻深會稽以鼉皆面嚮注其皮可以冠鼓自大塵已下至此向西面也鼉即鼉字正北方義渠以茲白茲白者若白馬鋸牙食虎豹注亦在臺北與大塵相對義渠西戎國茲白一名駮央林以酋耳酋耳者身若虎豹尾長參其身食虎豹注央林戎之在西南者央林一作英林王云書大傳散宜生之於陵氏取怪獸曰虞所

說與此畧同於陵英林音相近文弨案郭璞注海內北經引此作夾林酉耳酉耳若虎尾參於身食虎豹夾字恐誤北唐以閭閭似隃冠注北唐戎之在西北者射禮以閭象爲射器注北唐下有戎字衍郭注北山經引無戎字渠叟以鼩犬鼩犬者露犬也能飛食虎豹注渠叟西戎之別名也案廣韻鼩比教切能飛食虎豹之屬正此是也說文鼩胡地風犬王本從李善注文選作鼩云一作鼩之若切案鼩乃小鼠李注或字訛不可從樓煩以星施星施者珥旄注樓煩北狄地施所以爲旄羽珥李善注甘泉賦流星旄以電燭引樓煩星旄星旄者羽旄也北堂書鈔百二十引作樓煩黑旌鳧羽旗也恐訛卜盧以紈牛紈牛者牛之小者也注卜盧盧人西北戎也今盧水是紈字舊脫初學記有之又見李善注或誤作紈王云紈與絿同詩有捄其角捄曲貌穀梁傳觓角注球球然角貌

區陽以鼈封鼈封者若彘前後有首注區陽亦戎之名舊本鼈封不重今從洪容齋及王本補規規以麟麟者仁獸也注規規亦戎也麟似鹿牛尾一角馬蹄也舊規規訛規矩又脫一麟字仁字今皆從王本西申以鳳鳥鳳鳥者戴仁抱義掖信注其形似雞蛇首魚尾戴仁向仁國抱義懷有義掖信歸有信也舊本掖信下衍歸有德三字注作歸有德之君也也亦衍誤今皆從王本似雞一作似鶴案郭注山海經亦云其狀如雞氐羌以鸞鳥注氐羌地羌不同故謂之氐羌今謂之氐矣鸞大於鳳亦歸於仁義者也氐舊作丘易與互混故改從今字注首舊作氐地之羌不同巴人以比翼鳥注巴人在南者比翼鳥不比不飛其名曰鶼鶼王本脫曰字方煬以

皇鳥【注】方煬亦戎別名皇鳥配於鳳者也方煬一作方揚蜀人以文翰文翰者若皋雞【注】鳥有文彩者皋雞似凫冀州謂之澤特也王云皋一作皇方人以孔鳥【注】方人亦戎別名孔與鸞相配者舊配作匹卜人以丹沙【注】卜人西南之蠻丹沙所出卜郎濮也沙今作砂夷用闒木【注】夷東北夷也木生水中色黑而光其堅若鐵集韻闒茲消切木名康民以桴苡桴苡者其實如李食之宜子【注】康亦西戎別名也食桴苡卽有身王本作康人洪本桴作稃訛州靡費費其形人身反踵自笑笑則上脣翕其目食人北方謂之吐嘍【注】州靡北狄也費費曰梟羊好立行如人被髮前足指

長王云反踵一作枝踵說文吐嘍作土螻都郭生生欺羽生生若黃狗人面能言注都郭北狄生生獸名山海經注都郭作鄭郭生生一作狌奇幹善芳善芳者頭若雄雞佩之令人不眛皆東嚮注奇幹亦北狄善芳鳥名不眛不忘也此東向列次也郭注西山經引眛作眯莫禮切眯目也今從本注作眛北方臺正東高夷嗛羊嗛羊者羊而四角注高夷東北夷高句驪獨鹿邛邛距虛善走也注獨鹿西方之戎也邛邛獸似距虛負蟨而走也此正文似本無距虛二字爾雅邛邛岠虛是一獸今此下文別出孤竹距虛注於邛邛則云似距虛於距虛則云野獸則知邛邛下距虛二字乃後人以所習聞妄增入耳且於注中獸似下又增一鼠字則下距虛二字反贅矣故知此不與爾雅及呂氏春秋所說同也孤竹距

虛【注】孤竹東北夷距虛野獸驢騾之屬不令支玄獏【注】不令支皆東北夷獏白狐玄獏則黑狐案漢志遼西郡有令支縣卽其地也疑不字及注中皆字並衍否則不字當爲發聲注乃誤耳不屠何青熊【注】不屠何亦東北夷也東胡黃羆【注】東胡東北夷山戎戎菽【注】山戎亦東北夷戎菽巨豆也其西般吾白虎【注】次西也般吾北狄近西也鄭志引王會白虎黑文今本皆闕二字屠州黑豹【注】屠州狄之別也王本也作名非禺氏騊駼【注】禺氏西北戎夷騊駼馬屬王作馬之屬大夏茲白牛野獸也牛形而象齒【注】大夏西北戎茲白牛野獸似白牛形舊本正文止大夏茲白牛五字下十一字誤入注中惠據洪本增入正文與初學記正同今從

之犬戎文馬文馬赤鬣縞身目若黃金名古黃之乘【注】犬戎西戎之遠者文馬說文作媽古黃作吉皇海內北經注引作吉黃此從舊本作古黃與初學記所引亦合數楚每牛每牛者牛之小者也【注】數楚亦北戎也西山經黃山有獸如牛而蒼黑大目其名曰犨郭音敵犨云廣韻音切同美與此每牛正合匈奴狡犬狡犬者巨身四足果皆北嚮【注】匈奴鹹北戎也梁云四足果蕊足短之稱若果下牛果下馬矣注鹹字舊闕今從王本補當謂斥鹵也權扶玉目【注】權扶南蠻也玉目玉之有光明者形小也白州比閭比閭者其華若羽伐其木以爲車終行不敗【注】白州東南蠻與白民接也水中可居曰州州中出此珍木禽人菅【注】亦東南蠻菅草堅忍忍讀

爲朝路人大竹〈注〉路人東南蠻貢大竹長沙鼈〈注〉特大

而美故貢也其西魚復鼓鍾鍾牛〈注〉次西列也魚復

南蠻國貢鼓及鍾而似牛形者美遠致也王云鍾牛未詳蠻

揚之翟〈注〉揚州之蠻貢翟烏倉吾翡翠翡翠者所以

取羽〈注〉倉吾亦蠻也翠羽其色青而有黃也其餘皆

可知自古之政〈注〉餘謂衆諸侯貢物也言政化之所

致也南人至衆皆北嚮〈注〉南人南越至衆王本作致衆者

伊尹朝獻商書〈注〉不周書錄中以事類來附此十字本孔注

舊誤作正文而以王注言別有此書也注商書下以王會俱朝貢事故令附合注此十字下失之矣湯

問伊尹曰諸侯來獻或無馬牛之所生而獻遠方之

物事實相反不利【注】非其所有而當遠求於民故不
利也王本馬牛倒注於民作其民令吾欲因其地勢所有獻之必
易得而不貴其爲四方獻令【注】制其品服之令王本無必
字下不字作必似訛伊尹受命於是爲四方令曰臣請正東符
婁仇州伊慮漚深九夷十蠻越漚鬋髮文身【注】九十
者東夷蠻越之別稱鬋髮文身因其事以名也王本無於
是二字請令以魚皮之鞞□鰂之醬鮫瞂利劍爲獻【注】
鞞刀削鰂魚名瞂盾也以鮫皮作之鮫文魚也魚皮舊作
魚支今從洪本王本□疑是烏正南甌鄧桂國損子產里百濮九菌
【注】六者南蠻之別名王云里一作重請令以珠璣瑇瑁象齒

文犀翠羽菌鶴短狗爲獻注璣似珠而小菌鶴可用爲旌翳短狗狗之善者也短狗王本作矩狗蓋因注云狗之善者故以爲當作矩耳考唐幽州昭仁寺碑有云登止菌鶴短狗西鱳東鱳之貢而已哉正用此文則作短狗爲是

正西昆侖狗國鬼親枳巳闟耳貫胸雕題離巳漆齒注九者西戎之別名也闟耳貫胸雕題漆齒亦因其事以名之也後漢書注引狗國作狗骨又引離巳作雕巳李善注作離身染齒

請令以丹青白旄紕罽江歷龍角神龜爲獻注江歷珠名龍解角故得也後漢書西南夷傳冉駹夷其人能作毞毲章懷注引此文又引何承天纂文曰紕氏罽也音卑疑反毞郎紕也

正北空同大夏莎車姑他旦略豹胡代翟匈奴樓煩月氏孅犁其龍東胡注十三者北狄

之别名也代翟在西北界戎狄之閒國名也王云代一作戎

請令以槖駞白玉野馬騊駼駃騠良弓爲獻湯曰善

案博物志引周書西域獻火浣布昆吾氏獻切玉刀亦當在此篇中今缺

逸周書卷第七

逸周書卷第八

晉孔晁注

祭公解第六十　史記解第六十一

職方解第六十二

祭公解第六十

王若曰祖祭公〔注〕祭公周公之後昭穆於穆王在祖列次予小子虔虔在位〔注〕虔敬昊天疾威予多時溥愆〔注〕溥大也言昊天疾威於我故多是過失我聞祖不豫有加予維敬省不弔天降疾病予畏天威公其告予懿德〔注〕弔至也言己道不至故天下病王畏守

不美懿美也（天威舊訛之威從趙改注守不美疑訛）祭公拜手稽首曰天子【注】拜手頭至手稽首頭俯地謀父疾維不瘳朕身尚在茲朕魂在于天【注】謀父祭公名我魂在於天言必死也（梁云朕魂在于天昭王之所九字當連作一句讀注似非是）昭王之所勖宅天命【注】言雖魂在天猶明王之所勉君天下之事也王曰嗚呼公朕皇祖文王烈祖武王度下國作陳周維皇皇上帝度其心寘之明德【注】下國謂諸侯也天度其心所能寘明德於其身也付俾於四方用應受天命敷文在下【注】付與四方受命於天而敷其文德在下上也（沈云俾當作畀）我亦維有若文祖周公暨列

祖召公兹申予小子追學於文武之蔑注言己追學文武之微德此由周召分治之化也微德釋蔑字義舊作徵德訛用克龕紹成康之業以將天命用夷居之大商之衆注將行夷平也言大商本其初也我亦維有若祖祭公之執和周國保乂王家注執謂執其政也王曰公稱丕顯之德以予小子揚文武大勳弘成康昭考之烈注稱謂舉行也昭考昭王穆王之父也王曰公無困我哉俾百僚乃心率輔弼予一人注言公當使百官相率和輔弼我不然則困我祭公拜手稽首曰允乃詔畢桓于黎民般注般樂也言信如王告盡治民

樂政也乃汝汝王也公曰天子謀父疾維不瘳敢告天子皇天改大殷之命維文王受之維武王大剋之咸茂厥功【注】茂美也文王以受命爲美武王以剋殷爲美故曰咸也維天貞文王之董用威亦尚寬壯厥心康受乂之式用休【注】貞正也董之用威伐崇黎也既剋之而安受治之其治用美也董舊作重今依卜本改亦先王茂綏厥心敬恭承之維武王申大命戡厥敵【注】言武王申文王受命之意而勝殷也公曰天子自三公上下辟于文武文武之子孫大開方封于下土【注】辟法也言我上法文武方大開國旁布於下土天之所

錫武王時疆土丕維周之基丕維后稷之受命是永宅之【注】錫與言天予武王是疆所受是大維周之開基大維后稷所受命是長居此也基丕維三字舊空圍從趙補維我後嗣旁建宗子丕維周之始并【注】旁建宗子立爲諸侯言皆始并天子之故也惠云并郎屏古字通郭注山海經曰并郎屏語有輕重耳注天子本一作大子非嗚呼天子三公監于夏商之既敗丕則無遺後難至于萬億年守序終之【注】言當以夏商爲戒大無後難之道守其序而終也既畢丕乃有利宗丕維文王由之【注】既終之則有利于宗皆由文武之德也公曰嗚呼天子我不則寅哉寅哉【注】寅敬

也不則言則也汝無以戾反罪疾喪時二王大功注戾反罪疾謂己所行時是二王文武汝無以嬖御固莊后注嬖御寵妾也莊正也禮記緇衣引此及下二句作葉公之顧命乃祭公之詬也固緇衣作疾汝無以小謀敗大作注小謀謂不法先王也大作大事也汝無以嬖御士疾大夫卿士注言無親小人疾君子緇衣大夫卿士上有莊士二字汝無以家相亂王室而莫恤其外注言陪臣執國命恤憂也外謂王室之外也尙皆以時中乂萬國注言當盡用是中道治天下也嗚呼三公汝念哉汝無泯泯芬芬厚顏忍醜時維大不弔哉注戒三公使念我與王也泯芬亂也

忍行亂則厚顏忍醜也如是則大不善之也芬芬與呂刑棼棼同

昔在先王我亦維丕以我辟險于難不失于正我亦以免沒我世注先王穆王父祭公所事也辟君也言我事先王遇大難正而不失故能以善沒世言善終維丕疑亦是丕維又險于難疑是于險難注穆王父舊脫王字今增嗚呼三公予維不起朕疾汝其皇敬哉茲皆保之注皇大也言當式敬我言如此則天下皆安之曰康子之攸保勛教誨之世祀無絕不我周有常刑注康安也子之所安安以善道勉教之則子孫有福不然則犯常刑也王拜手稽首黨言注王拜受祭公之黨言也王拜則三公

拜可知也黨讜古字通荀子非相篇博而黨正注謂直言也又見張平子及劉寬二碑

史記解第六十一

維正月王在成周昧爽召三公左史戎夫【注】王是穆王也戎夫左史名也左舊訛在案竹書紀年穆王二十四年命左史戎夫作記則當作左古今人表作右史訛曰今夕朕寤遂事驚予【注】遂成也行成事言驚夢宿欲知之也遂事下御覽有其字乃取遂事之要戒俾戎夫主之朔望以聞【注】集取要戒之言月朔望日於王前讀之主舊作言今從御覽朔望之稱蓋始於此禮記云朔月月半亦指朔望也注月朔望日舊作月已日望訛信不行義不立則哲士凌君政【注】言君不行信義信義由智正故哲士凌君之政也禁而生

亂皮氏以亡注禁義信則亂生皮氏古諸侯也紀年云帝不降三十五年殷滅皮氏諂諛日近方正日遠則邪人專國政注好順人意爲諂諛禁而生亂華氏以亡注華氏亦古諸侯也好貨財珍怪則邪人進邪人進則賢良日蔽而遠注賢良不行貨故蔽遠賞罰無位隨財而行夏后氏以亡注桀由好財亡也嚴兵而不口者其臣懾其臣懾則不敢忠不敢忠則民不親其吏注不敢忠乃不仁下效其上故不親刑始於親遠者寒心殷商以亡注紂以暴虐亡也樂專於君者權專於臣權專於臣則刑專於民注君荒於樂則權臣專斷用刑濫

矣君娛於樂臣爭於權民盡於刑有虞氏以亡【注】專則致爭而刑殺之盡被刑也有虞商均之後奉孤以專命者謀主必畏其威而疑其前事【注】謀主謂孤長大也前事謂專命挾德而責數日疏位均而爭平林以亡【注】挾其見奉之德而責其前專命事此與周公反矣位均勢敵（注均舊作於一作與皆訛）大臣有錮職譁誅者危昔者質沙三卿朝而無禮君怒而久拘之譁而弗加【注】錮職謂事專權也（元本注無事字）譁卿謀變質沙以亡【注】有三卿諸侯可知也（譁卿卜本作三卿）外內相間下撓其民民無所附三苗以亡弱小在疆大之間存亡將由之

則無天命矣不知命者死【注】無天命命在彊大者也知命則存不知命則足以亡矣注彊大舊作彊壯訛有夏之方興也扈氏弱而不恭身死國亡【注】有夏啓也戰於甘滅扈也孼子兩重者亡昔者義渠氏有兩子異母皆重【注】王不別長庶寵秩同也君疾大臣分黨而爭義渠以亡【注】各有所事而爭立也紀年云武乙三十年周師伐義渠乃獲其君以歸注爭立舊作爭力訛功大不賞者危昔平州之臣功大而不賞謟臣日貴功臣日怒而生變平州之君以走出【注】有功不賞而貴謟臣有德不官而任姦佞空其出走也之臣功臣舊兩臣字脫又貴上衍賞字今依李善注文選所引增刪召遠不親者

危昔有林氏召離戎之君而朝之【注】林氏諸侯至而不禮遷而弗親離戎逃而去之林氏誅之天下叛林氏【注】天下見其遇戎不以禮遂叛林氏林氏孤危也

昔者曲集之君伐智而專事彊力而不信其臣忠良皆伏【注】伐智自足也伏謂不爲之用（不信舊作不賤訛今從卜本）

愉州氏伐之君孤而無使曲集以亡【注】曲集愉州皆古諸侯（博物志作榆炯氏之君孤而無使曲沃進伐之以亡與此差互當是彼誤）

昔者有巢氏有亂臣而貴任之以國假之以權擅國而主斷【注】委之政也君已而奪之臣怨而生變有巢以亡【注】秉政則專生殺則多恐雖君奪其政懼禍見及故作

亂也怒依注當本是恐字斧小不勝柯者亡昔有鄶君嗇儉減爵損祿羣臣卑讓上下不臨注柯所以秉斧所以用斧臣臣無爵祿君所任不臨言不相承奉也注君所任有脫字後口小弱禁罰不行重氏伐之鄶君以亡注兩弱不能行令紀年云帝高辛十六年帝使重帥師滅有鄶鄶亦作會久空重位者危昔有共工自賢自以無臣久空大官注言無任已臣者故空官也下官交亂民無所附唐氏伐之共工以亡注無大臣故小臣亂也君凶於上臣亂於下民無所依堯遂流之犯難爭權疑者死昔有林氏上衡氏爭權注爭爲犯難不果爲疑林氏再戰而勝

上衡氏僞義弗克俱身死國亡【注】林氏恃勝上衡氏怠義所以俱亡（而勝舊作弗勝訛）知能均而不親並重事君者危昔有南氏有二臣貴寵力鈞勢敵競進爭權下爭朋黨君弗能禁南氏以分【注】二臣勢鈞而不親權重養徒黨所以分國也（有南之國水經注以爲在南郡競舊訛竟脫能字水經注作競下云君弗能制南氏用分）昔有果氏好以新易故故者疾怨新故不和【注】有果亦國名也內爭朋黨陰事外權有果氏以亡【注】外權謂外大國爵重祿輕比口不成者亡昔有畢程氏損祿增爵羣臣貌匱比而戾民畢程氏以亡【注】有位無祿取名自成民不堪求比而罪之好

變故易常者亡昔陽氏之君自伐而好變事無故業官無定位民運於下陽氏以亡【注】運亂移也業形而愎者危昔穀平之君愎類無親破國弗尅業形用國【注】愎佷類戾也國不勝破以刑爲業也形刑通趙云類當作纇外內相援穀平以亡武不止者亡昔阪泉氏用兵無已誅戰不休并兼無親文無所立智士寒心【注】無親謂并兼之也無文德故智士寒心也惠云阪泉氏蓋蚩尤也趙疑是炎帝之後徙居至于獨鹿諸侯畔之阪泉以亡【注】獨鹿西戎地名徙都失處故亡也案嘗麥解云蚩尤逐赤帝爭于涿鹿之河赤帝說黃帝執蚩尤殺之獨鹿卽涿鹿也亦名濁鹿佷而無親者亡昔者縣宗之君

很而無聽【注】不納忠言執事不從宗職者疑發大事羣臣解體【注】皆有違心國無立功縣宗以亡昔者玄都賢鬼道廢人事天【注】求禱神也玄都氏見紀年帝舜四十二年來朝獻寶玉博物志作賢鬼神道謀臣不用龜策是從神巫用國哲士在外玄都以亡【注】弃賢任巫所以亡也文武不行者亡昔者西夏性仁非兵【注】性仁而無文德非兵而無武備城郭不脩武士無位惠而好賞屈而無以賞【注】無功盡賞無財可用注無財舊倒唐氏伐之城郭不守武士不用西夏以亡【注】唐氏堯帝美女破國昔者績陽彊力四征重丘遺之美女【注】重丘之君畏其并己惑

之以女績陽之君悅之熒惑不治大臣爭權遠近不相聽國分爲二注君昏於上權分於下所爲二也宮室破國昔者有洛氏宮室無常池囿廣大工功日進以後更前民不得休農失其時注工功進則民困矣以工取官賢材退矣饑饉無食成商伐之有洛以亡注湯號曰成故曰成成商注成商舊作成湯訛

職方解第六十二

職方氏掌天下之圖辯其邦國都鄙四夷八蠻七閩九貉五戎六狄之人民注此在周官大司馬下篇穆王使有司抄出之欲時省焉國曰都邑曰鄙東方曰

夷南方曰蠻西方曰戎北方曰狄閩蠻之別貉狄之別八七九五六見非一之言也注舊多訛脫今案文義補正四夷其大名也故不言四與其財用九穀六畜之數周官數下有要字周知其利害乃辯九州之國使同貫利注貫事東南曰揚州其山鎮曰會稽其澤藪曰具區其川三江其浸五湖其利金錫竹箭其民二男五女其畜宜雞狗鳥獸其穀宜稻注竹箭篠也九州土氣生民男女各不同鳥獸山澤所育之屬也周官無雞狗此亦後人妄增也注竹字衍正南曰荊州其山鎮曰衡山其澤藪曰雲夢其川江漢其浸潁湛其利丹銀齒革其民一男二女其畜宜鳥獸其穀

穻稻河南曰豫州其山鎭曰華山其澤藪曰圃田其川熒雒其浸陂溠【注】華山西岳熒卽滎也春秋傳戰于熒澤亦作滎陂當從周官作波讀爲播其利林漆絲枲其民二男三女其畜宜六擾其穀宜五種【注】家所畜曰擾五種謂黍稷菽麥稻也菽本誤作穀今依周官注改正正東曰靑州其山鎭曰沂山其澤藪曰望諸其川淮泗其浸沂沭其利蒲魚其民二男三女其畜宜雞犬其穀宜稻麥周官犬作狗河東曰兗州其山鎭曰岱山其澤藪曰大野其川河泲其浸盧維其利蒲魚其民二男三女其畜宜六擾其穀宜四種【注】四種黍稷稻麥正西曰雍州其山鎭曰嶽山其澤

藪曰彊蒲其川涇汭其浸渭洛其利玉石其民三男二女其畜宜牛馬其穀宜黍稷【注】嶽吳嶽也彊蒲周官作弦蒲涇汭本皆作涇納今從周官改東北曰幽州其山鎮曰醫無閭其澤藪曰貕養其川河泲其浸菑時其利魚鹽其民一男三女其畜宜四擾其穀宜三種【注】四擾牛馬羊豕三種黍稷稻也河內曰冀州其山鎮曰霍山其澤藪曰楊紆其川漳其浸汾露其利松柏其民五男三女其畜宜牛羊其穀宜黍稷【注】所謂河內者揚紆周官作楊紆爾雅作楊陓露周官作潞梁云呂氏春秋不屈篇士民罷潞注潞羸也與左氏昭元年傳以露其體訓同是露潞古亦通用也三女本作二女今依周官改注似有脫訛者疑當作郡正北曰幷州其

山鎮曰恆山其澤藪曰昭餘祁其川虖池嘔夷其浸淶易其利布帛其民二男三女其畜宜五擾其穀宜五種【注】五擾牛馬羊豕犬五種黍稷菽麥麻周官注麻作稻

乃辯九服之國方千里曰王圻【注】圻界也圻與畿同其外方五百里爲侯服【注】爲王者斥候也服言服王事也注舊脫上服字又王作正今皆補正又其外方五百里爲甸服【注】甸田也治田入穀也注入上舊有又字衍又其外方五百里爲男服【注】男任也任王事又其外方五百里爲采服舊脫此句今依周官補采事也爲王事民以供上又其外方五百里爲衛服【注】爲王扞衛也又其外方五百里爲蠻服【注】用事差簡慢又

其外方五百里爲夷服舊又脫此句亦依周官補又其外方五百里爲鎮服【注】□□□□□□注脫六字案鎮者言鎮守之又其外方五百里爲藩服【注】藩服屏四境也凡國公侯伯子男案周官云凡邦國千里封公以方五百里則四公方四百里則六侯方三百里則七伯方二百里則二十五子方百里則百男此節去以周知天下凡邦國大小相維王設其牧【注】周徧維持也牧謂牧御天下之政教制其職各以其所能【注】連率牧監各任能也制其貢各以其所有【注】土地所有乃貢之王將巡狩則戒于四方曰各脩平乃守考乃職事無敢不敬戒國有大刑【注】考成也不敬則犯大刑也職方所□注末或是脫一莅字及王

者之所行道率其屬而巡戒命王殷國亦如之注王十二歲一巡狩職方自所戒之命其不巡狩之年六服盡朝謂之殷國也巡戒命亦如巡狩也周官作及王之所行先道帥其屬而巡戒令注舊脫之年二字及戒字又誤複朝字今增刪

逸周書卷第八

逸周書卷第九

晉 孔晁 注

芮良夫解第六十三

芮伯若曰予小臣良夫稽道謀告【注】伯爵若順也順其事而告之也天子惟民父母致厥道無遠不服無道左右臣妾乃違【注】無道無德政違畔也舊本脫天字今補注畔也俗閒本作戾也民歸于德德則民戴否則民讎茲言允効

于前不遠【注】言驗于前世不遠言近商紂不道夏桀之虐肆我有家【注】舉桀紂惡滅亡爲戒也嗚呼惟爾天子嗣文武業惟爾執政小子同先王之臣昏行□顧道王不若【注】同爲昏闇言𢽽王爲不順專利作威佐亂進禍民將弗堪【注】專利侵民佐亂進於禍也治亂信乎其行惟王暨爾執政小子攸聞【注】行善則治行惡則亂皆所聞知古人求多聞以監戒不聞是惟弗知【注】言古人患不聞故有所不知也后除民害不惟民害害民乃非后惟其讎【注】害民是與民爲怨讎與本作興一后作類后弗類民不知后惟其怨【注】言民不

從上命從其所行類善也不知君則怨深矣民至億兆后一而已寡不敵衆后其危哉注言上下無義對共相怨則寡者危也嗚呼□□□如之注□□人養食之則擾服雖家畜不養則畏人治民亦然也注首有脫文或是禽獸舊本不空非今爾執政小子惟以貪諛爲事不勲德以備難注專利爲貪曲從爲諛下民胥怨財力單竭手足靡措弗堪戴上不其亂而注言民相與怨上上加之罪民不堪命而作亂力字舊脫從趙補以予小臣良夫觀天下有土之君注有土謂之諸侯也之字疑衍厥德不遠罔有代德注言無遠德罔有天下也時爲王之患

其惟國人【注】是國人爲患也言今諸侯無有若湯武者故患不在諸侯而在國人言內潰也嗚呼惟爾執政朋友小子其惟洗爾心改爾行克憂往愆以保爾居【注】洗心改行憂往過則安爾之居位爾乃聵禍翫裁遂弗悛余未知王之所定矧乃□□【注】聵陽不聞翫心不惕悛改矧況也尚不知王定況貪諛之臣能得其所也缺處疑是小子二字惟禍發於人之攸忽於人之攸輕□不存焉變之攸伏【注】言人所輕忽則禍之所起謂下民也爾執政小子不圖善偷生苟安爵以賄成【注】苟且無遠慮賄賂不任德賢智箝口小人鼓舌逃害要利竝得厥求唯曰哀哉【注】

賢者靖默以逃害，小人佞諂以要利，各得其求。君子爲之哀者也。我聞曰：以言取人，人飾其言；以行取人，人竭其行。飾言無庸，竭行有成。【注】君子不以言舉人，無功故也；欲行有成故也。惟爾小子，飾言事王，寔蕃有徒。王貌受之，終弗獲用。面相誣蒙，及爾顛覆。【注】蕃，多；徒，衆；言非一也。貌謂外相悅而無實也。君臣之相誣蒙，必相及共顛覆之也。注之也疑衍之字。爾自謂有餘，予謂爾弗足。敬思以德，備乃禍難。【注】言其不足於道義也。以，用也。乃，汝也。難至而悔，悔將安及。無曰予爲，惟爾之禍。【注】爲，不言也。

太子晉解第六十四謝云此篇誕而陋與諸篇絕不類孔氏爲注之甚矣其無識也

晉平公使叔譽于周見太子晉而與之言注叔譽者大夫叔向也周靈王太子名晉也五稱而三窮逡巡而退其不遂注五稱說五事遂終也三窮舊作五窮案潛夫論引作三窮御覽百四十六同又其下有言字歸告公曰太子晉行年十五而臣弗能與言注告平公稱其賢才也君請歸聲就復與田若不反及有天下將以爲誅注聲就復與周之二邑名周衰晉取之也平公將歸之師曠不可曰請使瞑臣往與之言若能幪予反而復之注師曠晉大夫無目故稱瞑幪覆也度謀還與否也師曠見太子

稱曰吾聞王子之語高於泰山夜寢不寐晝居不安不遠長道而求一言【注】言高於泰山言無上也不安至飢渴也御覽先下有稱字王子應之曰吾聞太師將來甚喜而又懼吾年甚少見子而懾盡忘吾其度【注】懾而忘度所以爲謙師曠曰吾聞王子古之君子甚成不驕自晉始如周行不知勞【注】有成德不以驕易也王子應之曰古之君子其行至慎委積施關道路無限百姓悅之相將而遠遠人來驩視道如咫【注】言己不及古君子咫喻近委積舊作天下咫作尺皆依惠改師曠告善又稱曰古之君子其行可則由舜而下其孰有廣德【注】問

舜已下可法則之君子也王子應之曰如舜者天舜居其所以利天下奉翼遠人皆得己仁此之謂天【注】言其仁合天道如禹者聖勞而不居以利天下好取不好與必度其正是謂之聖【注】盡力溝洫勞也貪財利篤其功合聖道也謂之當如前後文作之謂如文王者其大道仁其小道惠三分天下而有其二敬人無方服事於商既有其衆而返失其身此之謂仁【注】以其仁德人惠懷之行無常唯賢所在勞謙恭儉日夜不息返失之也趙云返當作反注同注也舊作勤訛如武王者義殺一人而以利天下異姓同姓各得其所是之謂儀【注】一人紂也儀

善其所是三字舊脫從沈增師曠告善又稱曰宣辨名命異姓惡方王侯君公何以爲尊何以爲上【注】問其事儀王子應之曰人生而重丈夫謂之冑子冑子成人能治上官謂之士士率衆時作謂之曰伯謂之士下本注冑口二字疑兩士字上或本有冑字伯能移善於衆與百姓同謂之公【注】作謂農功同謂好義公能樹名生物與天道俱謂之侯侯能成羣謂之君【注】立名生物謂化施於民也成謂成物羣謂之爲長也舊脫生字又物與倒今從御覽改正君有廣德分任諸侯而敦信曰予一人【注】敦厚也善至于四海曰天子達于四荒曰天王【注】四海四夷四荒四表四荒至莫

有怨訾乃登爲帝【注】訾歎恨也合五等之尊卑而論事義以爲之名者也師曠罄然又稱曰溫恭敦敏方德不改聞物□□下學以起尚登帝臣乃參天子自古誰【注】罄然自嚴整也方道初本也起其物義也問最賢之人也自古誰下卜本有能字王子應之曰穆穆虞舜明明赫赫立義治律萬物皆作分均天財萬物熙熙非舜而誰能【注】律法也謂致其物也熙熙和盛言舜臣堯功德如此也師曠東躅其足曰善哉善哉【注】東躅踏也王子曰太師何舉足驟師曠曰天寒足跔是以數也【注】驟亦數也王子戲問故曠戲荅足跔舊作足躅案說文曰

跔天寒足跔也從足句聲陸氏莊子釋文亦引作跔李登聲類曰偏舉一足曰跔今定作跔紀于求于二反王子曰請入坐遂敷席注瑟師曠歌無射曰國誠寧矣遠人來觀脩義經矣好樂無荒【注】交言於堂故更入燕室坐歌此辭而音合於無射之律乃注瑟於王子王子歌嶠曰何自南極至于北極絕境越國弗愁道遠【注】嶠曲名也師曠作新曲美王子也王子述舊曲諫也師曠蹶然起曰瞑臣請歸【注】蹶然疾貌王子賜之乘車四馬曰太師亦善御之【注】禮爲人子三賜不及車馬此賜則自王然後行可知也師曠對曰御吾未之學也王子曰汝不爲夫詩詩云馬之剛矣

轡之柔矣馬亦不剛轡亦不柔志氣麃麃取予不疑以是御之注馬不剛轡不柔言和擾也麃麃亦和擾也不疑和之心也志氣麃麃舊訛志之塵塵今依左氏襄廿六年正義改謝云因左傳有國子賦轡之柔矣乃足數語以飾之讀者勿爲所欺師曠對曰瞑臣無見爲人辭也唯耳之恃而耳又寡聞而易窮王子汝將爲天下宗乎注辭別也爲人有所別唯恃耳也宗尊也天下所尊則有明王者也注則有二字疑衍王子曰太師何汝戲我乎自太皞以下至于堯舜禹未有一姓而再有天下者夫大當時而不伐天何可得注言自庖犧至禹其子孫未有期運當時斯不立矣言周衰未盡

己必不立也且吾聞汝知人年之長短告吾聞舊訛問今從晉本下亦訛今從潛夫論訂正師曠對曰汝聲清汗汝色赤白火色不壽【注】清角也言音汗洮水木生火色赤知聲者則色亦然王子曰然吾後三年將上賓于帝所汝慎無言殃將及汝【注】言死必爲賓于天帝之所鬼神之口口則王子之事不欲令人知之也然字將字殃字舊脫今從王符潛夫論增風俗通殃作禍注鬼神之下或脫事祕二字師曠歸未及三年告死者至【注】未及三年幷歸之年爲三年則王子年十七而卒也風俗通此下有云孔子聞之曰惜夫殺吾君也潛夫論同

王佩解第六十五

王者所佩在德德在利民民在順上【注】言以利民爲德也天子事天所以威下使事上合爲在因時應事則易成【注】得時所爲合應爲其機謀成在周長有功在力多【注】周忠信也力多則功多也昌大在自克不過在數懲【注】以義勝欲得昌大數有懲艾則無過也次在字俗本譌作今從元本章本改正注數有趙疑數自不困在豫愼見禍在未形【注】事未成而豫愼則不困也除害在能斷安民在知過用兵在知時【注】能斷所不思也知過輒改民將安生時謂可伐時也勝大患在合人心【注】舉合民心何患之有哉殃毒在信疑孽子在聽內化行在知和

注 內聽於孿孿而吐於中言宏其生災也可否相濟曰和注孿孿似孽子之誤趙云聽內似謂聽信婦人偏愛之言文弨案此孿子當謂災害其子施舍在平心不幸在不聞其過注施謂施惠舍謂赦罪聖人以聞己過爲幸貴速改也福在受諫基在愛民固在親賢注受諫則無非故福以愛民爲基親賢人則固明君之義也禍福在所密利害在所近存亡在所用注所與密所親近所任用皆忠良則福利生反是則禍害至離合在出命漢書主父偃傳引作安危在出令尊在慎威安在恭己危亡在不知時注教命善則事合否則離矣威得其宏則尊恭己不妄則安時謂天時得其

時也見善而怠時至而疑亡正處邪是弗能居此得失之方也不可不察注怠懈墮不能行也疑由豫不果也邪姦術也處姦術是不居大之道也乃是得失之道也注由與猶通卜本作猶又大上當有正字

殷祝解第六十六

湯將放桀于中野注此事不然矣或者欲解之士民聞湯在野皆委貨扶老攜幼奔國中虛注言桀國中空無人又不然矣謝云湯之放桀亦如舜之封象益湯雖放桀猶躬至中野而安定其人民中野之民咸去桀歸湯國中虛者中野之地虛也故湯復為明之而士民致於桀之詞皆願歸亳桀乃與其屬五百人遷徙而至南巢也桀請湯曰國所以為國者以有家

家所以爲家者以有人也今國無家無人矣君有人請致國君之有也【注】此國爲天下也注爲當作謂湯曰否昔大帝作道明教士民今君王滅道殘政士民惑矣吾爲王明之【注】大帝謂禹明禹之事於士民也士民復致於桀曰以薄之居濟民之賤何必君更【注】此士民辭也薄湯所居也言與君更與桀徙避湯桀與其屬五百人南徙千里止於不齊民往奔湯於中野【注】不齊地名正文不齊下疑當有不齊士三字桀復請湯言君之有也言下亦當有國字湯曰否我爲君王明之士民復重請之桀與其屬五百人徙於魯魯士民復奔湯【注】魯亦地名

桀又曰國君之有也吾則外人有言彼以吾道是邪我將爲之【注】言桀以此辭勸勉湯者也湯曰此君王之士也君王之民也委之何湯不能止桀【注】必欲去也湯曰欲從者從君桀與其屬五百人去居南巢【注】南巢地名舊本正文去字下注居南巢之地名訛今改正湯放桀而復薄三千諸侯大會【注】大會於薄復薄李善注文選引作歸于亳湯退再拜從諸侯之位湯曰此天子位有道者可以處之【注】讓諸侯之有道者天下非一家之有也天下舊作天子今從趙改有道者之有也故天下者唯有道者理之唯有道者紀之唯有道者宜久處之【注】久處久居天子之位湯以

此讓三千諸侯莫敢即位然後湯即天子之位【注】三千諸侯勸之也與諸侯誓曰陰勝陽即謂之變而天弗施【注】逆天道故不施雌勝雄即謂之亂而人弗行【注】雌勝雄女陵男之異逆人道故不行焉故諸侯之治政在諸侯之大夫治與從【注】言下必順上所以教治也與從本一作於從

周祝解第六十七

曰維哉其時告汝□□道恐爲身災【注】言所以告汝不聞道爲身災也空圍二字俗本作不聞非謹哉民乎朕則生汝朕則刑汝【注】告以善道是生之是以教之以法也惠云

刑一作形形與刑通朕則經汝一本云案注似脫朕則阜汝四字朕則亡汝朕則壽汝朕則名汝注經紀汝昌阜汝殺亡汝爲汝請命名汝善惡也故曰文之美而以身剝自謂智也者故不足注狐貉俱以文受害人自賢則愚惡反見也角之美殺其牛榮華之言後有茅注言牛以角死虛言致禨也凡彼濟者必不怠觀彼聖人必趣時注以不怠故濟以趣時故聖潛夫論引云凡彼聖人必趨時石有玉而傷其山萬民之患在口言注山以有玉故傷人以有言受患時之行也勤以徙不知道者福爲禍注不徙以及時人故失其福也時之從也勤以行不知道者以

福亡【注】行謂與時偕行故曰肥家必烹甘泉必竭直木必伐【注】以其供人用自然理地出物而聖人是時雞鳴而人爲時觀彼萬物且何爲求【注】萬物自然不爲人來聖人則之如因雞鳴以識時也是時卜本作邀時或疑當作是則舊本多脫物字卜本有故天有時人以爲正地出利而民是爭【注】正謂敬授民時也爭謂爭共斂之也人出謀聖人是經陳五刑民乃敬【注】經經度之也敬敬上命也教之以禮民不爭被之以刑民始聽因其能民乃靜【注】有禮則讓故不爭聽順靜服謂不爲亂也故狐有牙而不敢以噬豲有蚤而不敢以擛【注】喻人以小能

不敢望大官亦求自盡而已也說文引作貙爪蚤與爪同有勢居小者不能爲大【注】雖有其材勢不便故特欲正中不貪其害凡勢道者不可以不大【注】不貪害也中正不立不大其度至道不行也故木之伐也而木爲斧賊難之起自近者【注】因木以伐木因近以成賊之起舊本作而起訛下又衍一者字二人同術誰昭誰暝二虎同穴誰死誰生【注】成者能昭猛者能生故虎之猛也而陷於擭人之智也而陷於詐【注】虎以食陷穽人以欲陷詐詐罔也擭舊作獲訛蘖之美也解其柯柯之美也離其枝枝之美也拔其本儼矢將至不可以無盾【注】此言飾末業覆

本質也盾喻爲人當有所備護解其柯舊脫其字趙增儼矢卽嚴矢故澤有獸而焚其草木大威將至不可爲巧焚其草木則無種大威將至不可以爲勇注言亦貨以危身禍至不可救也注言亦疑倒故天之生也固有度國家之患離之以故注以言患因事而起故事也離權也地之生也固有植國家之患離之以謀注植立也有生則立也故時之還也無私貌日之出也無私照注還謂至也貌謂無實時至竝應日出普照也時之行也順至無逆爲天下者用大略注言當以大略順時也至字疑衍火之燀也固定上爲天下者用牧注燀然也火曰炎

上牧謂法也定疑走之訛水之流也固走下不善故有桴注桴所擊鼓也言惡政由於發者也陳云桴當訓栰注非故福之起也惡別之禍之起也惡別之注惡於何也言其微也故平國若之何須國覆國事國孤國屠皆若之何注覆滅也事謂事無役也孤謂無人屠謂爲人分裂也注無人舊脫人字卜本有屠謂舊倒故日之中也仄月之望也食威之失也陰食陽善爲國者使之有行注仄跌也食謂毀明而生魄也以日蔽於陰喻君行失道是彼萬物必有常國君而無道以微亡注微以積小以致滅亡者也故天爲蓋地爲軫善用道者終無盡地爲軫

天爲蓋善用道者終無害注言因道動靜法天地言因卜本作善用天地之閒有滄熱善用道者終不竭注滄寒竭盡也惠云說文滄从仌倉聲寒也列子曰初出滄滄涼涼陳彼五行必有勝天之所覆盡可稱注言五行相勝以生成萬物盡可稱名之也故萬物之所生也性於從萬物之所反也性於同注從謂立也始異終同故曰反也反舊作及今依注改注舊脫同字案文義補故惡姑幽惡姑明惡姑陰陽惡姑短長惡姑剛柔注姑者且也言幽明之相代陰陽之變易短長之相形剛柔之相生始終之道也故海之大也而魚何爲可得山之深也虎豹貔貅何爲可服注言皆

以貪餌自中鉤檻也人智之邃也奚爲可測跂動噦息而奚爲可牧【注】誠於事故可測牽於事故可牧玉石之堅也奚可刻【注】言服飾之窮物也陰陽之號也孰使之牝牡之合也孰交之君子不察福不來【注】言陰陽之稱號牝牡之交合皆自然也君子察自然之理則福來也故忌而不得是生事故欲而不得是生詐【注】生事謂變也生詐謂詐爲求之欲伐而不得生斧柯欲鳥而不得生網羅欲彼天下是生爲【注】所以生成所欲也謂云爲之事也維彼幽心是生包維彼大心是生雄維彼忌心是生勝【注】包謂包藏陰謀雄

謂雄桀於人也勝謂勝所忌皆惡忌事也注末一忌字疑衍

故天爲高地爲下察汝躳奚爲喜怒天爲古地爲久察彼萬物名於始注言法天地則喜怒無錯推古久則萬始可知也左名左右名右視彼萬物數爲紀紀之行也利而無方行而無止以觀人情注名以左右則物以數爲紀紀則生利利以利情也利有等維彼大道成而弗改用彼大道知其極加諸事則萬物服注等差也大道天道也極中也事業也用其則必有羣加諸物則爲之君注羣類舉其脩則有理加諸物則爲天子注脩長也謂綱例也

逸周書卷第九

逸周書卷第十

武紀解第六十八　銓法解第六十九

器服解第七十

武紀解第六十八

幣帛之間有巧言令色事不成車甲之間有巧言令色事不捷克□事而有武色必失其德臨權而疑必離其災□□不捷智不可□□於不足并於不幾則始而施幾而弗免無功國有三守卑辭重幣以服之弱國之守也脩備以待戰敵國之守也循山川之險而固之僻國之守也伐服不祥伐戰危伐險難故善

伐者不伐三守伐國有六時五動四順閒其疏薄其疑推其危扶其弱乘其衰暴其約此謂六時扶之而不讓振之而不動數之而不服暴之而不革威之而不恐未可伐也此謂五動立之害毀之利克之易并之能以時伐之此謂四順立之不害毀之不利唯克之易并之不能可伐也立之害毀之未利克之難并之不能可動也靜以待衆力不與爭權弗果據德不肆國若是而可毀也地荒而不振德衰而失與無苦而危矣求之以其道□□無不得爲之以其事而時無不成有利備無患事時至而不迎大祿乃遷延之

不道行事乃困不作小□動大殃謀有不足者三仁
廢則文謀不足勇廢則武謀不足備廢則事謀不足
國有本有幹有權有倫質有樞體土地本也人民幹
也敵國侔交權也政敎順成倫質也君臣和□樞體
也土地未削人民未散國權未傾倫質未移雖有昏
亂之君國未亡也國有幾失居之不可阻體之小也
不果鄰家難復飾也封疆侵凌難復振也服國從失
難復扶也大國之無養小國之畏事不可以本權失
□家之交不可以枉繩失鄰家之交不據直以約不
虧體以陰不可虞而奪也不可策而服也不可親而

侵也不可摩而測也不可求而循也施度於體不慮費事利於國不計勞失德喪服於鄰家則不顧難矣交體侵凌則不顧權矣封疆不時得其所無爲養民矣合同不得其位無畏患矣百姓屈急無藏畜矣擠社稷失宗廟離墳墓困鬼神殘宗族無爲愛死矣卑辭而不聽口財而無枝計戰而口足近告而無顧告過而不悔請服而不得然後絕好于閉門循險近說外援以天命無爲是定亡矣援舊作授從趙改蓋所謂我生不有命在天凡有事君民守社稷宗廟而先衰亡者皆失禮也大事不法弗可作法而不時弗可行時而失禮弗可長

得禮而無備弗可成舉物不備而欲□大功於天下者未之有也勢不求周流舉而不幾其成亡薄其事而求厚其功亡內無文道外無武迹往不復來者有悔而求合者亡不難不費而致大功古今未有古今舊作故令訛從趙改據名而不辱應行而不困唯禮得之而無逆失之而無咎唯敬成事而不難序功而不費唯時勞而有成費而不亡唯當施而不拂成而有權久之而能□唯義不知所取之量不知所施之度不知動靜之時不知吉凶之事不知困達之謀惠云謀宋本作諆古通用疑此五者未可以動大事恃名不久恃功不立虛願不

至妄爲不祥太上敬而服其次欲而得其次奪而得其次爭而克其下動而上資其力凡建國君民內事文而和外事武而義其形慎而殺其政直而公本之以禮動之以時正之以度師之以法成之以仁此之道也

銓法解第六十九

有三不遠有三不近有三不畜敬謀祗德親同三不遠也聽讒自亂聽諛自欺近慝自惡三不近也有如忠言竭親以爲信有如同好以謀易寇有如同惡合計掬慮慮泄事敗是謂好害三不畜也（掬當與播同）

器服解第七十

明器因外有三疲二用器服數犢四棓禁豐一觴天

韋獨食器甀迤膏候屑侯樂鉍[王枼]參冠一竿皆素獨

二丸弇焚菜膾五昔纁裹桃枝素獨蒲簞席皆素斧

獨巾紓績緌縞冠素紕紓冠組武卷組纓象□□瑱

絺紳帶象玦朱極韋素一作數獨簞籥捍次車羔冒□

純載枉綫喪勤焚纓一給器因名有三幾紓菌纁裹

桃枝獨蒲席皆素布獨巾紓象紓純

周書序

昔在文王商紂並立困于虐政將弘道以弼無道作

度訓殷人作教民不知極將明道極以移其俗作命訓紂作淫亂民散無性習常舊作冒常訛案此六字中疑尚脫二字文王惠和化服之作常訓惠和舊作意和訛案左氏傳云紂作淫虐文王惠和正與此文同今改正上失其道民散無紀西伯脩仁明耻示教作文酌上失其道民失其業□□凶年作糴匡文王立西距昆夷北備獫狁謀武以昭威懷作武稱武以禁暴文以綏德大聖允兼作允文武有七德□王作大武大明武小明武三篇所脫疑不止一字穆王遭大荒謀救患分災作大匡穆王當作文王豈穆考亦可稱穆王與此下有脫簡詩正義云周書稱文王在程作程寤程典當在此□□□□□□□□□□

□□□□□□□□□□□□□□□作九開
文王唯庶邦之多難論典以匡謬作劉法文王卿士
諗發教禁戒作文開維美公命于文王脩身觀天以
謀商難作保開作舊譌用文王訓乎武王以繁害之戒作
八繁文王在酆命周公謀商難作酆保文啓謀乎後
嗣以脩身敬戒作大開小開二篇文王有疾告武王
以民之多變作文儆文王告武王以序德之行作文
傳文王既沒武王嗣位告周公禁五戎作柔武戎舊譌戒
從趙攷
武王忌商周公勤天下作大小開武二篇作舊譌於
武王評周公維道以爲寶作寶典商謀啓平周周人

將興師以承之作酆謀武王將起師伐商寤有商儆作寤儆周將伐商順天革命申喻武義以訓乎民作武順武穆二篇武王將行大事乎商郊乃明德□衆作和寤武寤二篇武王率六州之兵車三百五十乘以滅殷作尅殷武王既尅商既舊訛作建三監以救其民爲之訓範此有脫簡□□□□□□□□□作大聚此有脫簡□□□□□□□□□□武王既釋箕子囚俾民辟寧之以王作箕子武王秉天下論德施□而□位以官作考德篇內作者德武王命商王之諸侯綏定厥邦申義告之作商誓武王平商維定保天室規擬伊洛

作度邑武王有疾此有脫簡□□□□□□□□□命周公輔小子告以正要作五權武王旣沒成王元年周公忌商之孽訓敬命作成開周公旣誅三監乃述武王之志建都伊洛作作洛周公會羣臣于閎門以輔主之格言作皇門周公陳武王之言以贊己言戒乎成王作大戒周公正三統之義作周月辯二十四氣之應以明天時作時訓周公制十二月賦政之法作月令周公肇制文王之謚義以垂于後作謚法前編肇作啓訛周公將致政成王朝諸侯於明堂作明堂成王旣卽政因嘗麥以語羣臣而求助作嘗麥周公爲太

師告成王以五則作本典五則疑當作五明成王訪周公以民事周公陳六徵以觀察之作官人舊脫徵字於上以五之下今移此周室既寧八方會同各以其職來獻欲垂法厥後作王會王伯厚本無其字又後作世周公云歿王制將衰穆王因祭祖不豫詢某守位作祭公某當與謀同穆王思保位惟難恐貽世羞欲自警悟作史記王化雖弛天命方永四夷八蠻攸尊王政作職方芮伯稽古作訓納王于善暨執政小臣咸省厥躬作芮良夫晉侯尚力侵我王略叔向聞儲幼而果賢口復王位作太王晉王者德以飾躬用爲所佩作王佩王者本或作玉者訛舊脫作王佩三字今補

夏多罪湯將放之徵前事以戒後王也作殷祝趙云將字衍

民非后罔乂后非民罔與爲邦慎政在徵作周祝

武以靖亂非直不尅作武紀積習生常不可不慎作

銓法車服制度明不苟踰作器服明本一作民周道於是

乎大備舊無是字趙案文義補

逸周書卷第十

附錄

昭德晁公武讀書志 以此書入史部雜史類

汲冢周書十卷晉太康中汲郡與穆天子傳同得晉孔晁注蓋孔子刪採之餘凡七十篇古者天子諸侯皆有史官惟書法信實者行於世秦漢罷黜封建獨天子之史存然史官或怯而阿世貪而曲筆虛美隱惡不足考信則儒學處士必私有記述以伸其志將來賴之以證史官之失其弘益大矣以司馬遷之博聞猶採數家之言以成其書況其下者乎亦有聞見單淺記錄失實胷臆偏私褒貶弗公以誤後世者在

觀者愼擇之而已矣（案周書不當繫以汲冢楊升菴已有辨）

陳振孫直齋書錄解題（入經部書類）

汲冢周書十卷晉五經博士孔鼂注太康中汲郡發魏安釐王冢所得竹簡書此其一也凡七十篇序一篇在其末今京口刊本以序散在諸篇蓋以倣孔安國尚書相傳以爲孔子刪書所餘者未必然也文體與古書不類似戰國後人依倣爲之者

李巽巖逸周書考

晉孔晁注周書十卷案隋唐經籍志藝文志皆稱此書得於晉太康中汲郡魏安釐王冢孔晁注解或稱

十卷或入卷大抵不殊若此則晉以前初未有此也然劉向及班固所錄竝著周書七十一篇且謂孔子刪削之餘而司馬遷記武王克殷事蓋與此合豈西漢世巳得入中祕其後稍隱學者不道及盜發冢乃幸復出邪篇目比漢但闕一耳必班劉司馬所見者也繫之汲冢失其本矣書多駁辭宜孔子所不取抑戰國處士私相綴緝託周爲名孔子亦未必見章句或脫爛難讀更須考求別加是正云巽巖李燾

丁黼逸周書跋

夫子定書爲百篇矣孟子於武成取其二三策謂血

流漂杵等語近於誇也今所謂汲冢周書者類多誇詡之辭且雜以詭譎之說此豈文武周公之事而孔孟之所取哉然其閒畏天敬民尊賢尚德古先聖王之格言遺行尙多有之至於時訓明堂記禮者之所采錄克殷度邑司馬遷之所援據是蓋有不可盡廢者晉狼瞫曰周志有之勇則害上不登於明堂其語今見之篇中此吾夫子未定之書也漢蕭何云周書曰天予不取返受其咎此則夫子既定之後而書無此語意者其在逸篇乎其後班固志藝文書凡九家有周書七十一篇劉向云周時誥誓號令蓋孔子所

論百篇之餘也以兩漢諸人之所纂記推之則非始出於汲冢也明矣惜乎後世不復貴重文字日就舛訛予始得本於李巽巖家脫誤爲甚繼得陳正卿本用相參校脩補頗多其閒數篇尙有不可句讀脫文衍字亦有不容強解者姑且刻之俟求善本更加增削庶使流傳以爲近古之書云嘉定十五年夏四月十一日東徐丁黼謹識

逸周書校正補遺

卷一

常訓解　上賢而不窮注窮謂不肖之人○案章本作肖各本俱作省

卷二

大武解　戰有六厲五衞六庠五虞○後獨闕六庠之日案酆保篇有五祥六衞七厲此庠字與祥通

大明武解　俄傳器櫓○案俄傳似當作蛾傅音蟻附墨子書有備蛾傅篇

大匡解　以罰助均無使之窮○罰民有過者其穀

幣仍以予民也無使之窮所謂其罰人也不傷財

程典解　乃作程典以命三忠〇惠半農云三忠卽三公文弨疑本或作三惡國策臣作惡古字也

卷三

文儆解　倍本者槁〇倍與背同魏甄后塘上行云倍恩者苦枯意亦本此

大開武解　動不時民不保〇北堂書鈔三十引作民乃不保案下文句中皆有乃字此處亦當從書鈔補

酆謀解　由禱不德注曲爲非義禱不德之〇正文

由字疑本是曲字故注云然注爲字疑當作謂

卷四

大聚解　立勤人以職孤注職同○同疑司字之誤
職訓主司亦主也

卷五

度邑解　叔旦泣涕于常○古常與裳通或云于常
異于常也又鍾伯敬本作十常豈亦與倍常之義同
與

五權解　疑德無舉士○宋本元本此句無字作方
圍後來本乃有無字

作雒解　故曰受列土於周室○初學記已作故曰列土於周室御覽因之耳

皇門解　其善臣以至于有分私子○此句上疑本有自字誤在上句注中前卷中卽有似此者

維時及胥學于非夷注時有○案時當訓是觀注下文知有字爲誤

大戒解　其位不尊其謀不陽○蓋言賢者不在尊位雖有善謀亦不能顯示於衆人而使人服從也注似不得其意

謚法解○案五經文字謚謚常利反上說文下字林字林以謚爲笑聲音呼益反今用上字据此則行之迹正當作謚字今說文不從益而從兮從皿以從益者爲笑皃今人多從之此亦不能違俗也

卷八

史記解　注秉政則專生殺則多恐雝君奪其政懼禍見及故作亂也○案專生殺三字當重下當云則多怨雝各本作恐雝係字誤當改正

卷九

王子晉解　自晉始如周○始字疑衍

委積施闕○元本章本俱作委積俗本作天下非
返失其身○似指四于羑里
是之謂儀○上云如武王者義則儀當從舊本作義
而注乃云儀善故今從注作儀豈以古義與儀本可
通用故耶
士率衆時作謂之曰伯○北堂書鈔四十六率衆作
齊衆
非舜而誰能○能字疑衍誰字與上財熙韻協
注王子戲問故曠戲荅○章本曠上有師字
王佩解　注所與密所親近所任用皆忠良則福利

生○案所親近所字卜本作謂別本作皆竝誤今案
正文改正又任用俗本作利用亦非

周祝解　榮華之言後有茅○惠半農云茅讀作矛
文弨案注云致穢正釋茅字惠以矛與牛韻故讀從
之非改字也

觀彼萬物且何爲求注萬物自然不爲人來○案依
注則正文求字乃來之誤來與時爲韻上文是時亦
不當作是則又且字亦似誤衍

貘有蚤而不敢以撅○案蚤當作叉說文於貘字下
雖引作爪但爪爲覆手叉爲手足甲似作叉爲是

故澤有獸而焚其草木○案下文焚其草木似承此句但此與下句巧字爲韻則木字衍也兩驗意各別正不妨多一字少一字

注言因道動靜法天地○元本章本何本因皆作用

卷十

武紀解　幾而弗免○章本免作克

應行而不困○章本應作隱

周書序　武王評周公○評疑訊之誤

（晉）孔晁 注 （宋）王應麟 補注

周書王會篇補注一卷

清嘉慶十一年（1806）刻本

王會篇補注

周書王會補注

孔氏晁傳　　浚儀王應麟伯厚甫

周室既盛八方會同各以職來獻欲垂法厥世作王會

補曰晉輿服志云成王之會唐顏師古云昔武王時遠國入朝太史次爲王會篇愚謂成周之會在成王時詩序周公既成洛邑朝諸侯是也八方四方四維之國

王會

成周之會周一作王

王城既成大會諸侯及四夷也補曰成周者洛邑之總名成王命周公營成周卜澗水東瀍水西爲朝會之地謂之王城是爲東都作雒篇曰乃作大邑于土中城方千七百二十丈郛十七里南繫于洛水北因于郟山以爲天下湊諸侯四方納貢職道里鈞

墠上張赤帟張陰羽

除地曰墠帟帳也陰鶴也以羽飾帳補曰覲禮諸侯覲於天子爲宮方三百步四門壇十有二尋深四尺司儀將合諸侯爲壇三成公於上等侯伯於中等子男於下等幕人朝覲會同共帟掌次合諸

侯設重帟帟以茈下而承塵易曰鳴鶴在陰相鶴經曰鶴陽鳥也而游於陰禽經曰鶴愛陰而惡陽故以陰爲鶴三禮圖在上曰帟四旁及上曰帷上下四旁悉周曰幄

天子南面立絻無繁露朝服八十物搢珽

繁露冕之所垂也所尊敬則有焉八十物大小所服搢插也珽似笏補曰司儀詔王儀南鄉見諸侯古者受朝立而不坐明堂位天子負斧依南鄉而立黃帝初作冕絻冕同崔豹古今注牛亨問冕以繁露者何答曰綴玉而下垂如繁露也冕之旒似露而垂玉袞冕五采繅十有二就皆五采玉十有二

用玉二百八十八前旒蔽明無繁露所以廣視也
珽玉笏也玉藻曰笏天子以球玉天子搢珽方正
於天下也玉人大圭長三尺杼上終葵首天子服
之大圭或謂之珽董仲舒春秋繁露以屬辭比事有聯貫之象也
唐叔荀叔周公在左太公望在右皆絻亦無繁露朝
服七十物搢笏旁天子而立於堂上
唐荀國名皆成王弟故曰叔旁謂差在後也近天
子故冕亦無旒補曰唐叔虞封於堯舊都爲唐侯
地理志太原晉陽縣詩唐國在今太原府左氏傳有荀
侯世本荀姬姓杜預云河東長脩縣東北有荀城

在今絳州玉藻笏諸侯以象曰荼前詘後直五經要義笏以記事防忽忘禮圖云度二尺有六寸中博二寸其殺六分去一晉宋以來謂之手板古者笏搢之以記事不執之以爲儀宇文周百官始執笏

堂下之右唐公虞公南面立焉

唐虞二公堯舜後也補曰樂記武王克殷未及下車封帝堯之後於祝帝舜之後於陳祝東海祝其縣陳陳州宛丘縣史記以祝爲薊幽州薊縣鄭康成謂黃帝堯舜後爲三恪

堂下之左殷公夏公立焉皆南面縗有繁露朝服五

十物皆搢笏

杞宋二公冕有繁露搢笏則唐虞同也補曰周頌振鷺二王之後來助祭史記武王克殷求禹之後得東樓公封於杞今開封府雍丘縣書序成王命微子啟代殷後宋今應天府梅福曰封殷於宋紹夏於杞明著三統示不獨有也

為諸侯之有疾病者阼階之南祝淮氏榮氏次之珪瓚次皆西面彌宗之旁

淮榮二祝之氏也彌宗官名次珪瓚南差在後補曰祝主祭之贊詞宗人主神之列位尊卑能知

山川敬於禮儀明神之事者以爲祝能知四時犧
牲壇場上下氏姓所出者以爲宗古以宗伯爲上
宗彌宗蓋宗人云阼階東階也瓚者盛鬯酒之器
以珪爲柄謂之珪瓚
爲諸侯有疾病者之醫藥所居
使儲左右召則至也補曰此見遇臣之厚處事之
周
相者太史魚大行人皆朝服有繁露
魚太史名及大行人皆讚相賓客禮儀補曰春官
太史下大夫大朝覲會同以書協禮事及將幣之

日執書以詔王秋官大行人中大夫掌大賓之禮
大客之儀
堂下之東面郭叔掌爲天子菆幣焉統有繁露
郭叔虢叔文王弟菆錄諸侯之幣也補曰左氏傳
虢叔王季之穆也在畿內謂之西虢括地志故城
在岐州陳倉縣今鳳翔府虢文公其後也唐世系表平
王求虢叔裔孫序封於陽曲號曰郭公虢謂之郭
聲之轉也菆說文艸名古字假借凡冕公袞侯伯
鷩子男毳孤絺卿大夫玄冕之旒諸公九侯伯七
子男五玉皆三采孤四三命之卿三再命之大夫

再玉皆朱綠

內臺西面正北方應侯曹叔伯舅中舅

內臺中臺也應侯成王弟曹叔武王弟皆國名爲諸侯二舅成王之舅姜兄弟也補曰左氏傳應武之穆也曹文之昭也武王封其子於應今汝州葉縣封弟叔振鐸於曹今廣濟軍定陶縣曲禮異姓謂之伯舅叔舅傳曰齊甥舅之國

比服次之要服次丁荒服次之西方東面正北方伯父中子次之

此要服於比服轉遠故殊其名非夷狄之四荒也

伯父姬姓之國中子於王子中行者補曰服言服
王事也比近也以職方九服約之比服其侯甸要
服其男采衛荒服其蠻夷鎭藩與祭公謀父諫穆
王謂先王之制有甸侯賓要荒亦與職方異曲禮
同姓謂之伯父中子王之支子也
方千里之內爲比服方二千里之內爲要服方三千
里之內爲荒服是皆朝於內者
此服名因於殷非周制也補曰職方九服幷王畿
方五千五百里此三服方六千里王畿不與焉其
在周官未作之時乎洛誥傳諸侯采服來受命者

千七百七十三諸侯

堂後東北爲赤帝焉浴盆在其中

雖不用而設之敬諸侯也補曰浴盆禮記謂之杅

其西天子車立馬乘六青陰羽鳧旌

鶴鳧羽爲旌旄也補曰書五子之歌言六馬漢世此經不傳多言天子駕四公羊說王度記云天子駕六析羽爲旌鳧似鴨而小長尾背上有文陸璣曰青色卑腳短喙曲禮前有水則載青旌注青青雀水鳥

中臺之外其右泰士臺右彌士

外謂臺之東西也外臺右泰士右彌士言尊王泰彌相儀之士也補曰泰大也彌終也泰士蓋上士彌士蓋中士下士（士一作巫）

受贄者八人東面者四人

受賓幣士也四人東面則西面四人也補曰贄之言至所執以自致

陳幣當外臺天玄駹宗馬十二

陳束帛被馬於外臺天玄黑駹宗尊也補曰覲禮奉束帛匹馬卓上（卓的也）畫繢之事天謂之玄玄與黑別黑者北方之正色六入爲玄則有黑有赤赤

者陽之正黑者陰之正惟天體備陰陽之正色博雅毦罽也何葛切左氏傳子服景伯曰周之王也制禮上物不過十二以爲天之大數也

玉玄纁璧綦十二

此下三璧皆玉玄纁謂以黑組組之綦玉名有十二補曰爾雅肉倍好謂之璧肉邊也好孔也東方之美者有醫無閭之珣玗琪焉注玉屬綦即琪也玉人璧九寸諸侯以享天子郊特牲束帛加璧往德也聘禮記絇組尺注云五采成文曰絇用五采組長尺爲以繫所以束玉使不墜絇組繫亦名繅藉聘禮

曰上介屈繅以授賓其組上以玄爲天下以絳爲
地
參方玄纁璧豹虎皮十二
參方陳幣三所也璧皮兼陳也補曰郊特牲虎豹
之皮示服猛也
四方玄纁璧琖十二
琖珪也有鋒鋭陳之四所方列之也補曰玉人琖
圭九寸判規圭之鋭上者
外臺之四隅每隅張赤帟爲諸侯欲息者皆息焉命
之曰爻閭

每角帳息者隨所近也諸侯稱爻補曰說文爻交
也掌次諸侯朝覲會同張大次小次
周公旦主東方所之青馬黑旄謂之毋兒
周公主東方則太公主西方東青馬則西白馬矣
馬名未聞補曰公羊傳自陝而東者周公主之旄
卽鬣字力涉切
其守營牆者衣青操弓執矛
戟也名異補曰營牆壝宮之牆也司儀注宮壝土
以爲牆後漢祭祀志爲壝重營詩傳矛長二丈司
馬法弓矢圍殳矛守戈戟助

西面者正北方稷愼大麈

稷愼肅愼也貢麈似鹿正北内臺北也補曰大行人九州之外謂之蕃國世壹見各以其所貴寶爲摯注周書王會備焉書序成王既伐東夷肅愼來賀史記作息愼山海經大荒之中有山曰不咸有肅愼氏之國在白民北注去遼東三千餘里後漢書挹婁古肅愼在夫餘東北千餘里東濱大海唐地理志渤海王城其西南三十里古肅愼城說文麈麋屬急就篇注似鹿尾大而一角談說者飾其尾執之以爲儀司馬相如上林賦麈麖漢書粤地山多

麈麖麈似鹿而大麖似鹿而小山海經風雨之山卽谷之山多麈周書世俘篇武王狩禽麈十有六華陽國志郪縣宜君山出麈尾之庾切

穢人前兒前兒若獼猴立行聲似小兒

穢韓穢東夷別種補曰後漢東夷傳濊北與高句驪沃沮南與辰韓接東窮大海西至樂浪山海經注今扶餘國卽濊貊故地在長城北去玄菟千里爾雅注鯢魚似鮎四腳前似獼猴後似狗聲如小兒啼大者長八九尺水經注廣志曰鯢魚聲如小兒有四足形如鱧出伊水史記謂之人魚始皇葬以膏爲燭司馬相如上林賦注鰨鯢

魚也似鮎有四足聲如嬰兒宋祁益部方物圖鯢
魚出西山溪谷及雅江狀如鯢四足能緣木聲如
兒啼

艮夷在子在子幣身人首脂其腹炙之藿則鳴曰在
子

艮夷樂浪之夷也貢奇獸補曰山海經朝鮮在列
陽東海北山南注今樂浪縣爾雅疏九夷二曰樂
浪漢樂浪郡故朝鮮國藿豆葉幣字疑

揚州禺禺魚名解隃冠

亦奇魚也補曰說文鰅魚名皮有文出樂浪東暆

神爵四年初捕收輸考工周成王時揚州獻鰅魚容切音顒上林賦禺禺郭璞曰禺禺魚皮有毛黃地黑文音偶又音顒

發人鹿人鹿人者若鹿迅走

發亦東夷迅疾補曰漢武帝詔曰周成康刑錯不用海外肅眘北發渠搜氐羌徠服晉灼曰王恢傳北發月支可得而臣似國名也大戴記五帝德曰北山戎發息愼管子曰發朝鮮之文皮博物志江漢有貙人能化爲虎鹿人蓋此類

俞人雖馬

俞東北夷雖馬巂[音攜]如馬一角不角者曰騏補曰漢書巴俞注俞水名今渝州爾雅䮫如馬一角注元康八年九眞郡獵得一獸大如馬一角角如鹿茸此即䮫也今深山中人時或見之亦有無角者

靑丘狐九尾

靑丘海東地名補曰服虔曰靑丘國在海東三百里司馬相如子虛賦秋田乎靑丘彷徨乎海外[郭氏曰山名上有國在海外]淮南子堯繳大風於靑丘之澤瑞應圖九尾狐六合一同則見文王時東夷歸之孝經援神契德至鳥獸則狐九尾呂氏春秋禹行塗山

有白狐九尾造於禹山海經青丘國在朝陽北其狐九尾青丘之山有獸如狐而九尾其音如嬰兒能食人注竹書曰伯杼征于東海及三壽得一狐九尾

周頭煇羝煇羝者羊也

周頭亦海東夷補曰羝牡羊也說文夷羊百斤左右爲䍧

黑齒白鹿白馬

黑齒西遠之夷也貢白鹿白馬補曰山海經黑齒國在青丘北爲人黑齒注齒如漆呂氏春秋禹東

至烏谷青丘之鄉黑齒之國東夷傳裸國東南有黑齒國船行一年始可至吳都賦注西屠以草染齒染白作黑伊尹朝獻商書正西漆齒管子雕題黑齒注南夷之國南夷志黑齒蠻在永昌關南以漆漆其齒見人以此為飾寢食則去之周語穆王征犬戎得四白狼四白鹿以歸宋符瑞志黃帝時南夷乘白鹿來獻鬯

白民乘黃乘黃者似騏文選注云似狐背有兩角

白民亦東南夷補曰山海經白民之國在龍魚北白身被髮有乘黃其狀如狐背上有角乘之壽二

千歲東夷傳九夷有白夷漢郊祀歌訾黃注一名乘黃龍翼而馬身黃帝乘之而仙淮南子黃帝治天下飛黃服皁注飛黃乘黃出西方狀如狐背上有角乘之壽三千歲宋符瑞志舜時地出乘黃之馬

東越海蛤

東越則海際蛤文蛤補曰通典東越即閩川地文選注引周書曰東越侮食本草經文蛤表文生東海

甌人蟬蛇順食之美

東越甌人也交州蛇爲上珍補曰山海經甌居海中注今臨海永寧縣即東甌在岐海中漢以東甌地立回浦縣後漢以章安縣即回浦之東甌鄉置永寧縣今溫州永嘉縣輿地廣記溫台處皆東甌地楊氏南裔異物志蚺唯大虵既洪且長采色駮犖其文錦章食豕吞鹿腴成養創賓享嘉宴是豆是觴交州蚺蛇長十丈圍七八尺

於越納

於越越也補曰春秋定哀時三書於越漢書于越注于發語聲戎蠻之語則然于越猶句吳也納謂納貢

姑妹珍

姑妹國後屬越補曰越語句踐之地西至于姑蔑注今大末輿地廣記衢州龍遊縣本姑蔑越西鄙春秋公及邾儀父盟于蔑公羊穀梁作眛亡結反妹亦蔑字也珍謂珍物

且甌文蜃

且甌在越閒蜃大蛤也補曰甌有二種伊尹朝獻商書正東漚又正南甌漢有東甌又有西甌駱閩越即西甌輿地志周時駱越及甌駱皆芉姓通典貴州古西甌駱越之地淮南子西嘔爾雅蚌含漿注蚌

卽蜃也月令孟冬雉入大水爲蜃山海經嶧皋山嶧皋水出焉其中多蜃珧（蜃小者名珧）

其八玄貝

其八吳越之蠻玄貝斑貽貝也補曰爾雅玄貝貽貝注黑色貝也說文貝海介蟲也古者貨貝周而有泉至秦廢貝行錢山海經陰山濁浴水出焉南流注蕃澤其中多文貝禹貢揚州島夷卉服厥篚織貝鹽鐵論幣與世易夏后氏以玄貝淮南子散宜生得大貝百朋

海陽大蟹

海水之陽一蟹盈車補曰史記蘇秦曰楚東有海陽山海經大蟹在海中又女丑有大蟹注廣千里玄中記北海之蟹舉一螯能加於山身故在水中

自深桂

自深亦南蠻也補曰山海經招搖之山多桂注葉似枇杷花叢生冬夏常青閒無雜木楚辭嘉南州之炎德兮麗桂樹之冬榮

會稽以鼉皆面西嚮

其皮可以冠鼓自大麈已下至此向西面也補曰越絕傳禹封大越上苗山會計更名會稽山海經

江水多鼉注似蜥蜴長二丈有鱗彩皮可以冒鼓
詩鼉鼓逢逢疏云四足長丈餘甲如鎧皮堅厚宜
冒鼓

正北方義渠以茲白茲白者若白馬鋸牙食虎豹
亦在臺北與大麈相對義渠西戎國茲白一名駮
補曰西羌傳涇北有義渠之戎地理志北地郡義
渠道秦縣也括地志寧原慶三州秦北地郡戰國
爲義渠戎國之地爾雅駮如馬倨牙食虎豹山海
經中曲山有獸如馬而身黑三尾一角虎牙爪音
如鼓名曰駮食虎豹可以禦兵博物志茲白狀如

酋耳尾長參其身食虎豹說苑師曠曰駮之狀有似駮馬

央一作英林以酋耳酋耳者身若虎豹尾長參其身食虎豹

央林戎之在西南者補曰山海經林氏國有珍獸大若虎五彩畢具尾長如身名曰騶吾乘之日行千里注六韜云紂囚文王閎夭之徒詣林氏國求得此獸獻之紂大說乃釋之吾宜作虞劉芳詩義疏騶虞或作吾書大傳散宜生之於陵氏取怪獸大不辟虎狼閒尾倍其長名曰虞注閒大也虞蓋騶虞也周書曰英林酋耳於陵英林音相邇其是乎淮南子散

宜生得騶虞雞斯之乘

北唐(一有戎字)以閭閭似隃冠

北唐戎之在西北者射禮以閭象爲射器補曰山海經縣雍(音甕)之山(今在晉陽縣西)其上多玉其獸多閭注閭即羭也似驢而歧蹄角如靈羊一名山驢煇諸之山其獸多閭荆山多閭女几之山多閭風雨之山多閭鄉射禮於郊則閭中注閭獸名如驢一角或曰如驢歧蹄北唐即晉陽也詩晉謂之唐傳曰晉居深山戎狄之與鄰

渠叟以鼩犬鼩犬者露犬也能飛食虎豹

渠叟西戎之别名也補曰禹貢渠搜地理志朔方今夏州有渠搜縣水經河自朔方東轉經渠搜縣故城北西域圖記鉢汗國在葱嶺之西五百餘里古之渠搜國山海經馬成之山有獸如白犬而黑頭見人則飛露犬蓋此類鼩權俱切一作䶂之若切

樓煩以星施一作旄星施者珥旄文選注羽旄樓煩北煩地施所以爲旄羽珥文選注鄭玄曰可以爲旌旗也補曰匈奴傳晉北有樓煩之戎伊尹朝獻商書正北樓煩地理志鴈門樓煩縣故樓煩胡也故城在代州崞縣東趙世家主父出代西遇樓煩王於西河旄以旄牛尾山海經潘侯山

有獸狀如牛而四節生毛名曰旄牛注背膝及胡尾皆有長毛爾雅犣牛旄牛也顔師古曰今謂偏牛揚雄甘泉賦流星旄以電燭荀子西海文旄

卜盧以紈牛紈牛者牛之小者也

卜盧盧人面西北戎也合盧水是補曰牧誓微盧彭濮人注盧在西北立政夷微盧烝括地志房州竹山縣及金州古盧國左氏傳有盧戎紈與綠同

詩有捄其角捄曲貌穀梁傳斛角注球球然角貌

區陽以鼈封鼈封者若龜前後有首

區陽亦戎之名補曰盛弘之荆州記武陵郡西有

陽山山有獸如鹿前後有頭常以一頭食一頭行
山中有時見之者
規規以麟麟者仁獸也
規規亦戎也麟似鹿牛尾一角馬蹏也補曰爾雅
麐麕身牛尾一角角端有肉陸璣疏云音中鍾呂
行中規矩不履生蟲不踐生草王者至仁則出宋
符瑞志成王時麒麟遊苑
西申以鳳鳥鳳鳥者戴仁抱義抱信
其形似鶴蛇首魚尾戴仁向仁國抱義懷有義抱
信歸有信也補曰爾雅鳳一名鶠注雞頭蛇頸燕

領龜背魚尾五彩色高足六尺許山海經丹穴之山有鳥其狀如雞五采而文名曰鳳皇首文曰德翼文曰義背文曰禮膺文曰仁腹文曰信自歌自舞見則天下安寧說文神鳥也天老曰鳳五色備舉出於東方君子之國見則天下大安寧古作𦐉象形鳳飛羣鳥從以萬數故亦以爲朋黨字禽經靑鳳謂之鶡赤鳳謂之鶉黃鳳謂之鸞白鳳謂之鷫紫鳳謂之鷟蔡邕琴操成王時天下大治鳳皇來舞於庭成王乃援琴而歌曰鳳皇翔兮於紫庭余何德兮以感靈淮南子曰二皇鳳至於庭三代

鳳至於澤德彌澆所至彌遠德彌精所至彌近

氐羌以鸞鳥

氐羌地羌不同故謂之氐羌今謂之氐鸞文於鳳亦歸於仁義者也補曰商頌自彼氐羌牧誓羌髳說文西方羌从羊地理志隴西有氐道羌道氐夷種名羌卽西域婼羌之屬括地志隴石岷洮叢等州西羌也黃氏曰羌古姜姓三苗之後居三危爾雅疏戎類曰耆羌山海經氐羌乞姓賈捐之曰成王地西不過氐羌山海經女牀之山有鳥狀如翟而五彩文名曰鸞鳥見則天下安寧說文鸞赤色

五采雜形鳴中五音頌聲作則至成王時氐羌獻

焉漢蔡衡曰凡象鳳者五多靑色者鸞徐鍇曰鸞似鳳而靑與說文異瑞應圖鸞鳥

赤神之精鳳皇之佐尚書中候周公歸政於成王

太平制禮鸞鳥見禽經鸞鳴噰噰鳳鳴喈喈淮南子羽嘉生飛龍飛龍生鳳皇鳳皇生鸞鳥

巴人以比翼鳥

巴人在南者比翼鳥不比不飛其名鶼鶼補曰左傳注巴國在巴郡江州縣今渝州巴縣郡縣志渝州古巴國也閬白二水東南流曲折如巴字故謂之巴武王伐殷巴人助焉其人勇銳歌舞以淩殷郄後

封爲巴子其地東至魚復西僰道接漢中南極牂

柯巴子城在合州石鏡縣南五里山海經後照始爲巴人爾雅南

方有比翼鳥焉不比不飛其名謂之鶼鶼注似鳧

青赤色山海經崇吾之山有鳥其狀如鳧而一翼

一目相得乃飛名曰蠻蠻見則天下大水注比翼

鳥也南山在結匈東南比翼鳥在其東其爲鳥青

赤兩鳥比翼管仲曰西海致比翼之鳥注山海經其名曰鶼

爾雅南方管仲云西海其說異乃瑞應圖王者德及高遠則至王

嘉拾遺記成王時燃丘國獻之狀如鵲而多力張

華以爲一青一赤在參嵎山

方煬以皇鳥

方煬亦戎別名皇鳥配於鳳者也補曰爾雅鳳其雌皇符瑞志其鳴雄曰節節雌曰足足詩鳳皇鳴矣于彼高岡荀子詩曰鳳凰秋秋其翼若干其聲若簫

蜀人以文翰文翰者若皋雞

鳥有文彩者皋雞似梟冀州謂之澤特也皋一作皇補曰蜀見于牧誓華陽國志蜀之先肇於人皇之際黃帝爲子昌意娶蜀山氏後子孫因封焉寰宇記蠶叢始稱王次曰柏灌次曰魚梟其後杜宇

號望帝以褒斜爲前門熊耳靈關爲後戶玉壘峨眉爲池澤禪位於開明曰開明而上至蠶叢凡四千歲秦以其地爲蜀郡今成都府爾雅鷮天雞注鷮雞赤羽遼周書曰文鷮若彩雞成王時蜀人獻之說文翰天雞赤羽也遼周書文翰若翬雉一名鷐風周成王時獻之鷮雉肥鷮音者魯郊以丹雞祝曰以斯鷮音赤羽去魯侯之咎

方人以孔鳥

方人亦戎别名孔與鸞相配者補曰東夷傳九夷有方夷竹書紀年少康即位方夷來賓孔雀生南

海蓋鸞鳳之亞藝文類聚引周書曰成王時西方人獻孔雀山海經南方多孔鳥春秋元命苞火離爲孔雀異物志大如鴈而足高細頸隆背似鳳自背及尾皆珠文五彩光耀長短相次羽毛末皆員文五色相繞頭戴三毛長寸以爲冠足有距迎晨則鳴相和人指其尾則舞交州記色靑尾長六七尺能舒舞足爲節

漢南粤獻孔雀二雙

卜人以丹砂沙一作

卜人西南之蠻丹砂所出補曰太平御覽卜人蓋今之濮人也伊尹爲四方獻令正南百濮牧誓注

濮在江漢之南爾雅南至於濮鉛郡國志越巂會無縣華陽國志曰故濮人邑左氏傳巴濮吾南土也劉伯莊曰濮在楚西南鄭語楚蚡冒始啟濮永昌郡傳曰雲南郡多夷濮禹貢荆州貢丹山海經柤山多丹粟注細丹砂如粟荀子南海有丹干本草丹砂生符陵山谷今出辰宜階州而辰最勝多出錦州界猎獠峒職方氏荆州其利丹銀

夷用闖木

夷東北夷也木生水中黑色而光其堅若鐵補曰山海經夷人在東胡東崔豹古今注烏文木出波

斯國集韻鬮木名茲消切南方草木狀文木樹高七八丈色正黑如水牛角

康人以桴苡桴苡者其實如李食之宜子

康亦西戎別名也食桴苡即有身補曰隋書康國康居之後也唐以其地爲康居都督府漢西域傳康居去長安萬二千三百里說文芣苢一名馬舄其實如李令人宜子周書所說或从以山海經芣苢木也王肅引周書云芣苢如李出於西戎王基駮云王會所記雜物奇獸皆四夷遠國各齎土地異物以爲貢贄非周南婦人所得采芣苢爲馬舄

之草非西戎之木也
州靡費費其形人身反踵自笑笑則上脣翕其目食
人北方謂之吐嘍說文作土螻反踵一作枝踵
州靡北狄費費曰梟羊好立行如人被髮前足指
長補曰漢書注嘄陽費費也人面黑身有毛反踵
見人則笑脣蔽其目淮南子山出嘄陽山海經梟陽國在
北朐之西其爲人人面長脣黑身有毛反踵見人
笑亦笑左手操管注海內經謂之贛音感巨人今交
州南康郡深山中皆有此物也長丈許腳跟反向
健走被髮好笑雌者能作汁灑中人即病上俗呼

爲山都南康今有贛水以有此人因以名水崑崙之上有獸其狀如羊而四角名曰土螻是食人爾雅狒狒如人被髮迅走食人臯羊也說文成王時州靡國獻𩳁或作狒父沸切左思吳都賦𤜶𤜶笑而就格張衡玄圖臯羊喜獲先笑後愁

都一作鄭郭狌狌一作生生欺羽狌狌若黃狗人面能言

都郭北夷狌狌獸名補曰山海經氾林方三百里在狌狌東狌狌知人名其爲獸如豕而人面爾雅猩猩小而好啼注山海經人面豕身能言語今交阯封谿縣出猩猩狀如貛㹠聲似小兒啼荀子曰

猩猩形笑亦一足毛也博物志若黃狗與周書同左思吳都賦猩猩啼而就擒淮南萬畢術猩猩知往郭璞贊曰厥狀似猴號音若嬰水經注形若狗而人面頭顏端正善與人言音聲妙麗如婦人

奇幹善芳善芳者頭若雄雞佩之令人不昧一作眯莫禮切皆東嚮

奇幹亦北狄善芳鳥名不昧不忘也此東向列次也補曰山海經翼望之山有鳥其狀如烏三首六尾而善笑名曰鵸鵌音猗餘服之使人不厭注不厭夢也周書云服者不昧或曰眯眯目也善芳太平

御覽作獻芳

北方臺正東高夷嗛羊嗛羊者羊而四角

高夷東北夷高句驪補曰爾雅疏九夷三曰高驪

東夷傳高句驪在遼東之東千里南與朝鮮濊貊

東與沃沮北與夫餘接東夷相傳以爲夫餘別種故言語法則多同述

異記成王時東夷進六角羊亦嗛羊之類嗛呼監切後

漢書冉駹夷有五角羊

獨鹿邛邛距虛善走也

獨鹿西方之戎也邛邛獸似鼠距虛負蟨而走也

補曰周書史記篇阪泉氏徙立至于獨鹿注西戎

地名爾雅西方有比肩獸焉與邛邛岠虛比爲邛邛岠虛齧甘草即有難邛邛岠虛負而走其名謂之蟨注呂氏春秋曰北方有獸其名爲蟨鼠前而兔後趨則頓走則顛然則邛邛岠虛亦宜鼠後而兔前前高不能取甘草故須蟨食之今鴈門廣武縣夏屋山中有獸形如兔而大相負其行土俗謂之蟨鼠音厥穆天子傳邛邛岠虛日走五百里符瑞志比肩獸王者德及矜寡則至說文作蛩蛩爾雅翼云沈括使遼稱契丹北境慶州之地大漠中有跳兔形皆兔也但前足纔寸許後則幾一尺行則用後足跳一躍數尺止則蹶然仆地此則蟨也邛邛岠虛蓋二獸子虛賦曰蹵蛩蛩轔距虛張揖以爲邛

卬青獸其狀如馬距虛似贏而小說苑孔子曰蛩蛩距虛見人將來必負蟨以走二獸者非性愛蟨也爲得甘草而貴之故也然則負蟨者或卬卬或距虛二物不相須也周書王會注以爲卬卬似鼠距虛負而走則是以卬卬爲蟨也與爾雅說苑異今不取

孤竹距虛

孤竹東北夷距虛野獸驢騾之屬補曰爾雅觚竹在北荒地理志遼西令支有孤竹城括地志孤竹故城在平州盧龍縣南十二里殷時諸侯國姓墨胎氏史記正義孤竹君是殷湯正月三日丙寅封相傳至夷齊之父山海經北海有素獸狀如馬名曰蛩蛩注蛩蛩距虛也一走百里穆天子傳距虛

注亦馬屬尸子曰距虛不擇地而遠玉篇駏驉獸似騾

不令支玄獏

不令支皆東北夷獏白狐玄獏則黑狐補曰齊語北伐山戎𠜂令支（史記離枝）斬孤竹注二國山戎之與也令支今爲縣屬遼西孤竹之城存焉括地志令支故城在平州盧龍縣西七十里（管子泠支）爾雅獏白豹注似熊小頭庳腳黑白駁能舐食銅鐵及竹骨骨節強直中實少髓皮辟溼或曰豹白色者別名貘說文似熊而黃黑色出蜀中（莫白切）南中志曰

貊大如驢狀頗似熊多力食鐵所觸無不拉廣志

曰貊色蒼白其皮溫煖

不屠何青熊

不屠何亦東北夷也補曰管子曰桓公敗胡貉破

屠何注屠何東胡之先也說文熊似豕山居冬蟄

上林賦注犬身人足 禹貢梁州貢熊羆韓土有熊有羆

東胡黃羆

東胡東北西胡胡補曰伊尹朝獻商書正北東胡山

海經大澤在雁門北東胡在大澤東匈奴傳燕山

有東胡服虔曰烏桓之先也後爲鮮卑爾雅羆如

熊黃白文似熊而長頭高腳猛憨多力能拔樹木關西呼曰貑羆詩韓侯其追其貊奄受北國獻其黃羆熊陸璣疏羆大於熊淮南子散宜生得玄豹黃羆以獻於紂

山戎戎菽

山戎亦東北夷戎菽巨豆也補曰匈奴傳燕北有山戎山戎越燕而伐齊史記正義今奚國杜預曰山戎北狄無終三名一也括地志幽州漁陽縣本北戎無終子國漢書戎叔注胡豆也管子桓公北伐山戎以戎菽遍布於天下

其西般吾白虎

次西也般吾北狄近西也補曰鄭志張逸問詩傳白虎黑文荅曰周史王會云今闕黑文二字詩釋文騶虞義獸也白虎黑文不食生物淮南子注食自死之獸有至信之德則至周書王會草木疏並同又云尾長於身不履生草說文𧇭白虎也𧇭莫狄切爾雅甝白虎甝胡甘切瑞應圖白虎者仁而不殺王者不暴虐恩及行葦則見漢宣帝時南郡獲白虎獻其皮骨爪淮南子散宜生得白虎獻紂

屠州黑豹

屠州狄之別名補曰晉史北狄有屠各山海經幽都山多玄虎玄豹散宜生得玄豹列女傳南山有玄豹霧雨七日而不下食欲以澤其毛而成文章也爾雅儵式竹虎切黑虎注晉建平秭歸縣檻得之狀如小虎而黑毛深者爲斑

禺氏騊駼

禺氏西北戎夷騊駼馬之屬補曰管子曰堯舜之王北用禺氏之玉注西北戎名又曰玉幣有七筴禺氏邊山之玉一筴也伊尹朝獻商書正北以騊駼爲獻山海經北海內有獸狀如馬名騊駼色青

字林北狄良馬也一曰野馬瑞應圖云幽隱之獸也有明王在位卽至說文野馬之良也史記匈奴奇畜則騊駼音陶塗顏師古曰出北海中其狀如馬非野馬也

大夏茲白牛

大夏西北戎茲白牛野獸也似白牛形補曰伊尹朝獻商書正北大夏山海經國在流沙外者大夏史記大夏在大宛西南二千餘里管子桓公西伐大夏涉流沙

犬戎文馬而赤鬣縞身目若黃金名吉一作古皇一作黃之乘

大戎西戎之遠者也補曰山海經白犬有牝牡是爲犬戎書傳文王伐犬夷何奴傳西伯伐畎夷即畎戎也隴以西有畎戎山海經犬封國曰犬戎國狀如犬有文馬縞身朱鬣目若黃金名曰吉量或作良一作彊乘之壽千歲注六韜曰文身朱鬣眼若黃金項若雞尾名曰雞斯之乘書大傳散宜生之犬戎氏取美馬駮身朱鬣雞目者取九六焉瑞應圖騰黃神馬一名吉光說文馬赤鬣縞身目若黃金名曰媽吉皇之乘周文王時犬戎獻之

數楚每牛每牛者牛之小者也

數楚亦北戎也補曰爾雅注犣牛庳小今之㹇牛
也又呼果下牛
匈奴狡犬狡犬者巨身四足果皆北嚮
匈奴醎北戎也補曰伊尹朝獻商書正北匈奴晉
灼曰堯時曰葷粥周曰獫狁秦曰匈奴通典云山
海經已有匈奴爾雅疏五狄三曰匈奴說文狡少
狗也匈奴有狡犬巨口而黑身
權扶玉目
權扶南蠻也玉之有光明者形小也補曰周禮注
相玉書曰珽玉六寸明白炤

白州比閭比閭者其華若羽伐其木以爲車終行不敗

白州東南蠻與白民接也水中可居曰洲洲中出此珍木補曰爾雅疏戎類有老白廣志欆一名并閭葉似車輪比閭疑亦并閭之類

禽人菅

亦東南蠻菅草堅忍補曰爾雅白華野菅注茅屬陸璣疏菅似茅其根下有白粉柔韌宜爲索

路人大竹

路人東南蠻貢大竹補曰鄭語北有路洛泉徐蒲

注皆赤翟隗姓春秋赤狄潞氏今潞州潞城縣山海經長石山之西有其谷其中多竹衞丘之山竹林在焉大可爲舟岳山尋竹生焉大竹也

長沙鼈

特大而美故貢也補曰湘川記秦分黔中以南長沙鄉爲長沙郡

其西魚復鼓鐘鐘牛

次西列也魚復南蠻國貢鼓及鐘而似牛形者美遠致也補曰左傳魚人注魚復音腹今巴東永安縣今豐州奉節縣十道志夔州春秋時魚國漢爲巴郡魚復

縣鐘牛未詳
蠻揚之翟
揚州之蠻貢翟鳥補曰禹貢揚州有島夷翟雉名
徐州羽畎夏翟左傳注南方曰翟雉爾雅鸐山雉
注長尾者疏云今俗呼山雞王叔之翟雉賦雉見
質而不陋翟表文而不華
倉吾翡翠翡翠者所以取羽
倉吾亦蠻也翠羽其青而有黃也補曰山海經南
方蒼梧之丘禮記注蒼梧於周南越之地楚吳起
南并蠻越遂有蒼梧漢有蒼梧王趙光後平南粵

以其地爲蒼梧郡今梧封賀昭藤龔州靜江德慶肇慶府之地爾雅翠鷸注似燕紺色生鬱林伊尹朝獻商書正南翠羽異物志曰翠鳥似鷰翡赤而翠青其羽可以爲飾交州記翡翠出九眞頭黑腹下赤青縹色似鶡鴣

其餘皆可知自古之政

餘謂衆諸侯貢物也言政化之所致也補曰書旅獒曰明王愼德四夷咸賓無有遠邇畢獻方物惟服食器用而此篇諸方致貢無所不有蓋遠人來慕以其寶摯而不寶遠物以庶邦惟正之供乃成王之心也明堂位九夷八蠻六戎五狄職方氏四夷八蠻七閩九貉五戎六狄鄭注云周

之所服國數也

南人致眾者皆北嚮

南人南越補曰歷代史皆云五嶺之南至于海並禹貢揚州之地故云揚粵朱子曰山海經記諸異物飛走之類多云東向或云東首皆爲一定不易之形疑本依圖畫而爲之古人有圖畫之學如九歌天問皆其類愚謂此篇亦然鄭康成注禮許叔重說文皆稽以爲證蓋周書著錄于劉略班志非晉時始出繫之汲冢失其本矣閎覽洽聞之士如郭景純王元長援述者不一宜與禹貢職方並傳

敘事之祖也若禹四海異物載於大傳湯四方獻令附於王會合而觀之三代之典粲然矣

禹四海異物

鄭氏玄注

夏成五服外薄四海

言德廣之所及補曰五服甸侯綏要荒薄迫也九州之外迫於四海

東海魚須魚目

所貢物魚須今以爲簪又魚目今以雜珠補曰子虛賦靡魚須之橈旃注大魚之須出東海見尚書

大傳雜書曰秦失金鏡魚目入珠

南海魚革珠璣大貝

魚革今以飾小車纏兵室之口貝古以爲貨王莽時亦然補曰璣珠不圓也禹貢荆州厥篚璣大傳曰散宜生得大貝如車渠爾雅大貝曰蚢說文魧大貝也音剛詩象弭魚服注魚服魚皮也草木疏魚獸似豬東海有之其皮背上斑文腹下純青爲弓鞬矢服海潮及天將雨其毛皆起

西海魚骨魚幹魚脅

魚幹魚脅未聞

北海魚釖魚石出瑱擊閭

魚釖魚兵如釖釖也魚石頭中石也出瑱狀如凝膏在水上擊閭狀如鮐魚大五六尺今海家謂之一闕字補曰鯼魚石首也出南海頭中有石集韻劒俗作釖非是南州異物志鰐齒如刀鋸

河鯇

鯇當作黿黿狀如鼈而大月令季夏命漁人伐鮫取鼉登龜取黿也補曰集韻黿或作鯇

江鱓大龜

鱓或作鼉鼉狀如蜥蜴長六十尺鱓或爲鱣鱣鯉

也補曰說文鱓魚名皮可爲鼓禹貢九江納錫大
龜漢食貨志大龜矩髯長尺二寸
五湖玄唐
五湖揚州浸也今屬吳玄唐未聞補曰國語韋昭
注太湖卽五湖
鉅野菱
鉅大也野魯藪今屬山陽菱芰補曰鉅野在濟州
鉅野縣一名大野職方兖州藪廣志曰鉅野大於
常菱
鉅定蠃

鉅定澤也今屬樂安有故縣屬齊贏蝸牛補曰漢
志齊郡鉅定縣水經注淄水自利縣東北流逕東
安平城北又東逕巨淀縣故城南縣東南則巨澱
湖蓋以水受名也河渠書東海引鉅定國語注贏
蚌蛤屬亦作螺
濟中詹諸
瞻諸鼁黽也補曰沇水出河南府王屋山東流至
孟州濟源縣而名濟水字本作泲淮南子詹諸注
蝦蟆
孟諸靈龜

孟諸宋藪也龜俯者靈周禮天龜曰靈屬補曰孟諸在應天府虞城縣一作盟豬職方靑州藪左傳

孟諸之麋

隆谷玄玉

隆讀如龐降之降或作函谷今河南穀城西關山也補曰鄭注立政云三亳者東成臯南轘轅西降谷秦函谷關在陝州靈寶縣西南漢弘農縣淮南子散宜生得玄玉百工以獻於紂

大都鯨魚魚刀

大都明都鯨渠成切魚今江南以爲鮑魚刀魚兵如

刀者也補曰史記道荷澤被明都索隱音孟豬說
文鰱魚名漢書注鮆刀魚也
咸會於中國
言德能及之異物來至也
湯四方獻令
孔氏傳
伊尹朝獻商書　不周書錄中以事類來附
言別有此書也王會俱朝貢事故今附合
湯問伊尹曰諸侯來獻或無牛馬之所生而獻遠方
之物事實相反不利

非其所有而當遠求其民故不利也

今吾欲因其地勢所有獻之易得而必貴其爲四方

獻令

制其品服之令

伊尹受命爲四方令曰臣請正東符婁仇州伊慮漚

深九夷十蠻越漚鬋髮文身鬋即淺切

九夷十蠻者東夷蠻越之別稱鬋髮文身因其事

以名也補曰符婁後漢東夷傳有夫餘國在玄菟

北挹婁古肅愼之國仇州伊慮未詳仇州海中洲

漢遼東郡有無慮縣顏氏注即所謂醫無閭伊慮

卽醫閭也漚深卽甌也見上九夷東夷傳夷有九種曰畎夷于夷方夷黃夷白夷赤夷玄夷風夷陽夷竹書紀年后芬三年九夷來御孔子欲居九夷爾雅疏九夷一曰玄菟二樂浪三高驪四滿飾五鳧更六索家七東屠八倭人九天鄙十蠻書武王通道于九夷八蠻職方四夷八蠻蠻類有八天竺咳首焦僥跂踵穿胸儋耳狗軹旁脊爾雅六蠻此云十蠻言其非一而已越禹之苗裔封會稽世本芊姓東越閩君皆其後又交趾之南有越裳國漚亦甌也鬋髮垂史記越文身斷髮趙世家云翦髮文身甌越之民也吳世家注常在水中故斷

其髮文其身以象龍子故不見傷害地理志以避蛟龍之害王制東方曰夷被髮文身通典文身國梁時聞焉在倭東北人體有文如獸額上有三文

請令以魚皮之鞞口鰂之醬鮫瞂利劍爲獻鞞布頂切

鞞刀削鰂魚名瞂盾也鮫皮作之鮫文魚也補曰左傳注鞞佩刀削上飾詩鞞琫有珌正義鞞今刀鞘說文烏鰂魚名有子楚人鮫革爲甲方言盾或謂之瞂音伐或作瞂後漢志佩刀乘輿半鮫魚鱗山海經注鮫皮可飾刀劍口本草注沙魚一名鮫

正南甌鄧桂國損子產里百濮九菌呈一作重

六者南蠻之別名補曰百濮見左傳鄧曼姓甌郎

甌駱山海經桂林八樹在番隅東秦南取百粵之地爲桂林郡漢曰鬱林餘未詳後漢注里蠻之別號今呼爲俚人

請令以珠璣瑇瑁象齒文犀翠羽菌鶴矩狗爲獻

璣似珠而小菌鶴可用爲旌翳矩狗狗之善者也

正西昆侖狗國鬼親枳已闟耳貫胷雕題離丘漆齒（文選注離身染齒後漢注胷作匈雕作彫闟徒盍切一作闒）

九者西戎之別名也闟耳貫胷雕題漆齒亦因其事以名之補曰禹貢織皮昆侖王肅曰昆侖在臨羌西之地（今蘭州）狗國犬戎也唐天文志聲教所不暨

皆係于狗國鬼親鬼方也通典流鬼在北海之地
鬼國在駮馬國西枳已未詳左傳衞侯入于戎州
己氏在楚巨縣爾雅疏蠻類有狗枳闟耳山海經
有聶耳離耳國呂氏春秋北懷闟耳貫胷山海經
其爲人匈有竅尸子曰貫匈者黃帝之德嘗致之
爾雅疏蠻類有穿胸雕題王制曰南方曰蠻雕題
雕刻鏤也題額也刻其肌以丹青涅之山海經有
彫題國通典百越古謂之雕題離身山海經有三
身國一首三身漆齒山海經有黑齒國齒如漆後
漢東夷傳自朱儒東南至黑齒國唐黑齒常之百

濟西部人
請令以丹青白旄紕罽江歷龍角神龜爲獻
江歷珠名龍解角故得也補曰荀子南海有曾青
丹于西海有文旄何承天纂文曰紕氏罽也卑疑
反
正北空同大夏莎車姑他旦略豹胡代翟匈奴樓煩
月氏孅犁其龍東胡代一作戎
十三者北狄之別名也戎狄在西北界戎翟之閒
國名也補曰空同爾雅北戴斗極爲空桐黃帝西
至于空桐山在隴右史記趙襄子娶空同氏大夏在西

域月氏擊而臣之淮南子空同大夏楊子大夏之西莎車國治莎車城姑他未詳趙世家北滅黑姑旦略未詳豹胡北胡也代北狄之別秦漢代縣今蔚州翟與狄同晉語翟祖又赤翟隗姓匈奴見山海經殷曰獯粥周曰獫狁樓煩在晉北趙武靈王北破樓煩月氏居敦煌祁連間與匈奴同俗孅犂其龍未詳漢匈奴傳有昆龍新犂國東胡在燕北見山海經燕秦開襲破東胡秦時東胡彊月氏盛漢鮮卑東胡之支也烏桓本東胡唐契丹奚本東胡種爾雅疏狄類有五月支穢貊匈奴單于白屋

請令以橐駝白玉野馬騊駼駃騠良弓爲獻

補曰漢西域傳大月氏出一封橐駝唐吐蕃獨峯駝日馳千里爾雅野馬如馬而小出塞外鮮卑有野馬駃騠駿馬也生七日而超其母後漢東夷傳句驪别種名小水貊出好弓所謂貊弓

湯曰善

（清）潘振 注

周書解義十卷（卷一——三）

清嘉慶間（1796——1820）刻本

序

漢書藝文志書九家有周書七十一篇當時說經者頗習其書多見徵引特未聞詮釋及之者至晉始有五經博士孔晁一注寥寥至今說者疑劉向以爲孔子所論之餘似乎無足貴重不知向明言周時誥誓號令其目與夏書商書正同雖駁而不純多有後人竄入至於脩己治人之要包孕千古博大宏深苟非好學深思不能通知其解是故疏證之難也近盧抱經先生手校此書鳩集舊本自元以下凡得一十九

家左右采獲力任廓清其功不少然欲紓徐而導之理糾結而解之櫛句梳章使讀者渙然冰釋則猶有待何者博觀約取其志在精而曲引旁通所貴在顯也且夫訓詁之學亦不外以古證古而已是書則馬融鄭玄之注經司馬遷班固之作史單辭隻義莫不各有取資即許慎說文李善選學一經援據如見先民誠以去古未遙師承有自故言之親切矣誠使漱瀝於羣言采華於往籍合諸書以求是書之解則如酥攪水以豆合黃可以因字會文即文通義所謂九

變復貫也所謂執柯以伐柯也餘莊爲余同年鶴沙令子承其家學以爲周家道法咸在於是乃上契古人博覽大要於命訓度邑而徵天人之感格焉於程典酆保而明朝廷之法戒焉於文傳大聚而究民生之繫維焉於王會明堂而考制度之因革焉於官人謚法而寓臣職之勸懲焉發露其精神而貫串其脈絡以定全書之得失以補孔注之闕遺書成屬余敘之余美其名物粲著規模郅張郁郁乎其文徽徽乎益以章文武周公之遺烈又豈徒訓詁之學已哉是

書自隋經籍志誤爲出於汲冢遂至淆亂者千數百年幾并孔注而晦然觀漢至唐初凡引周書皆不言汲冢而晉書荀勖束晳傳所稱汲冢又不言周書則竹簡與周書顯然爲二自宋丁黼跋明楊慎序詳加辨論其書始彰自抱經氏是正文字而又得餘莊引而伸之其注始詳而備今士林博稽羣籍多有肄業及之者雖不必盡奉爲經訓而握卷而視昭若發矇未始非餘莊爲之功臣也錢唐吳錫麒撰

序

周書古文人以爲逸書而忽之餘莊同年集成解義
歷觀其註恍與經傳相會通度訓好惡大學絜矩之
道言中言極心法可繼尚書命訓識權常訓知性文
酌示教非霸圖羅匡治荒非小惠也武稱允文大武
大明武小明武文王之謨文王之勇大匡亦荒政程
典酆保服事殷之至德大開小開文儆文傳佑啓後
人擇德卽爲政在人廣惠卽爲君止仁文王解如此
武王柔武以德服人大開武小開武寶典皆丕承文

王者酆謀寤儆東征之漸武順武穆有陣法存和寤武寤著八士跡克殷詳革車虎賁大匡文政管蔡監殷大聚邑制無思不服之由世俘謬與克殷等悟武成漂杵之非商誓協頌思文度邑開公洛誥武儆五權周公成德之始成王成開防殷之畔作雒見岐周成周之合郊甸縣鄙之分其社制與命民社註相備宮廟門堂最詳皇門進賢大戒馭士周月時訓行夏之時月令補呂覽較陳澔禮記註爲優衆星有方五祀有位車馬夏官是考衣服鄉黨互推諡法論語曾

引明堂修廣高深若干尺可補明堂位之闕嘗麥正刑書舜典呂刑之義其孟夏雩祭視月令仲夏雩而同舞雩之証在是本典則親賢字民禮樂之所由成也官人用才之法周官立政準此王會別周冕服貢物與九貢殊此天子朝諸侯於明堂之事穆王時有祭公解法文武監夏商知懿德明德微德之在敬且識禮記緇衣葉公之誤史記戒遂事峻命不易職方地理分其界水道表其源九畿之辨明堂王會同參而開方法與王制合厲王時有芮良夫解賤貨去讒

靈王時有太子晉解著見舜禹文武之德皇帝三王之姓其釋王侯君公得六書旨王佩愼德殷祝齊魯三亳殷邦畿之考周祝富敎三篇疑景王時作武紀好謀銓法知人器服愼終三篇疑敬王時作此其大略也至於殘文缺字斡旋訓詁本文不作成語觀而其註典則可采誠緒餘之有裨益者晉孔晁注周書十卷世無其匹宋晁公武陳振孫洪适高似孫黃震皆通知周書者而未嘗以註聞且謂得之汲冢從隋唐經籍志藝文志爾李燾丁黼訾汲冢甚當然但有

考有跋而無註元劉貞出先世所藏刻板學宮俾行
於世黄玢志之不註也吳澄周洪謨亦未聞有註明
楊慎題遜周書姜士昌稱其論辨甚覈又因升菴未
曾讐校稍加參訂然皆有序而無註章蘖程榮吳琯
卜世昌何允中胡文煥鍾惺僅傳校本率皆孔注不
求甚解者近盧抱經先生手校此書於是乎有元和
惠定宇之說曰半農乃考也又有嘉善謝金圃之說
江陰趙敬夫之說仁和沈朗仲梁曜北之說錢塘梁
處素陳省衷之說至若吳江沈果堂臨潼張芑田江

寧嚴東有金壇段若膺其說亦閒有之同年因其校本錄其要言而又廣稽衆籍博引旁通釋孔氏未釋之文詳盧本未詳之說可謂極書義之大全矣是書文辭質古考究最難同年家學淵源薪傳已久祖諱應元父諱鑛甲午孝廉皆研古文者母氏孫太孺人又嘗教子以終業其編有自成哉然非并致志十餘年則亦不能述千載以上之義意也石門徐懋義識

自序

潘振字芑田號餘莊浙江杭州府仁和縣人也年四十有餘歲當乙丑周書註成因自序焉滎陽潘氏系出畢公始祖諱時字德鄰號月林仕宋爲顯謨閣大學士進贈開國男家上虞傳十有九葉多業儒高祖諱世洋字玉華始遷杭曾祖諱楨字爾祥好學而不仕祖諱應元字文瞻授父經籍中年患目疴父諱鑛字九韶號鶴沙善服勤母孫氏諱素華佐養無少闕坎坷十二年而能曲盡事舅禮祖撰聯句賜嘉之德

立身功立家翼丈夫讀書貴氣志勤宜事儉宜室成子
婦順則聲名父受祖傳非一經矣而書獨精詳丁丑
采芹祖於辛巳終喜得見之甲午父鄉舉孝廉傳書
於振而難窺其蘊父誨之曰書陳心法者也觀尚書
序可知又有周書七十篇今存五十九篇道德之幾
微政教之要略凡所以脩已而治人者何莫非心法
乎漢志載周書七十一篇即列於尚書之後而總繫
之以辭時未有逸之稱也逮郭氏註爾雅李氏註文
選俱引稱逸周書汲冢發自晉太康二年書目具在

無所謂周書宋太宗脩太平御覽首卷引目有汲冢周書之名蓋當時儒臣求汲冢七十五篇而不得遂以周書充之而已汝兼習哉振退而考蔡氏序得讀尚書法而周書猶多訛缺之疑自庚子入泮以後盧氏本出校對完善暇就研索即所謂心法者參考其指乃知自度訓以至文傳文王之心法也自柔武以至五權武王之心法也自祭公以至職方穆王以文武成王之心法爲心法也過此以往而芮良夫有解矣太子晉有解矣王佩及器服皆有解矣後先異轍

胥存心法於不泯者何哉人同此心心同此理無以異也其要不外乎主敬周月敬天程典敬君祭公敬祖柔武敬親王佩敬身程寤敬配匹大開敬後嗣商誓敬故舊皇門敬朝廷羅匡敬民命明堂敬諸侯職方敬天下殷祝敬古昔各以類推餘皆可知敬者心法之終始也豈非與尚書相表裏哉振之得於嚴訓者如此也厥後父命撰書註授訓詁法且曰孔注宜增損之數聞命謹應唯癸丑註此書趨庭就正未幾父沒言猶在耳欲承先志以竟其事編未成而元配

祝鳴玉於己未逝鳴玉熟綱鑑嫻內則者叔父諱鎧
字憲成又於是年故庚申鄉舉副車而明年胞弟欣
亡遭家多蹇著述之功旋作旋輟母曰汝無忘先子
之言尚終其業振凜之不敢怠癸亥丁內艱有懷二
人倍加奮勉詳審再三而註始畢自來十有三年矣
名之曰周書解義蓋解自有義第即其解以還其義
也云爾

嘉慶十年夏四月甲寅朔謹序

周書解義

凡例

一凡采用孔注不載全文求順當也晉五經博士孔氏晁訓詁甚少年久訛缺本註采之或陳於前或列於後皆標孔云以參辨說有依次入本註中者不標孔云以免紛煩其餘槪置不錄

一凡連屬解題必有承受廣書序也太子晉之後爲景王敬王之世書序與孔注俱不言世

次本應如此本註考春秋時事髣髴言之

一凡訓釋文辭必聯脈絡法學庸也每篇有章旨有節旨有發端有結構兼綜條貫敬慎詮之

一凡損益取舍必有定言歸的確也疑文不用謂之衍殘文不釋謂之闕補脫文則曰疑是某字疑有某字改訛文則曰疑當作某字閒有不用疑者

一凡闡發幽隱必有引據憑義理也如某句訓

某義出某經某傳正文雖難曉以理準之博引旁通似無不合

一凡滙集衆說不錄姓名從省約也如月令職方鄭氏諸儒皆有成書其氏族可考而知不嫌簡略

一凡考究制度俱無臆說崇典實也如太廟室个說本晦菴車旗佩玉釋用周禮衣服之制依孔氏安國之註幷疏說而暢之天文地理皆有實據

一凡殘文缺字間有註釋完全體也如度訓解第三節政以內三字下有脫文旣闕節旨不得不盡釋其言又如程典解備不敬不意多二句上下皆有脫文但其義意相屬似應融會貫通不得不斡旋其說正文殘缺不作成語觀其餘放此同學鑒之

一凡離章絕句不事密圈隨採擇也周書七十解中言有難曉者闡之而物理賅存指有易知者用之而藝文炳蔚書無詭辭制義莫鄰

乎幽異註皆顯說取材冀附於芻蕘

是書本註約十六萬言刪煩就簡十得其八石

門同年庚申

恩貢徐懋義字以方號芸齋命子湘渚校訂而并跋

之振自行繕寫付之梓人盧本微誤亦相考正

歷半載而後鐫成無一訛字閱者莫疑

周書解義

目錄

卷四

卷六

卷九

卷十

器服解第七十

周書序

周書解義

仁和潘振芑田註　石門徐珩湘渚訂

卷一

度訓解第一

昔在文王。生有聖德。緝熙敬止。順帝之則。作解於世。以昭修己治人之術焉。度訓其一也。度。法度。訓。教也。解其義以示之。故曰度訓解。冠諸篇首。故曰第一。。治音持冠音貫

天生民而制其度。聖人制度。一篇之大旨。下文乃詳言之。度小大以正

權輕重以極。明本末以立中。立中以補損。補損以知足。□爵以明等極。極以正民。正中外以成命。正上下以順政。度音鐸。○此言制度之目也。度者。揆其事也。小大。指邦國之事而言。權者。稱物而使合於義也。輕重。指勸懲之典而言。極者。至善之謂。明者。燭其理也。本末。指萬民之職而言。農爲本。餘皆末也。中者無過不及之謂。補損。卽下文從其所好去其所惡也。中外。朝野也。上下。長幼也。言事有小大。典有輕重。職有本末。度爲正道。道又至善。其所以建極者。中而已矣。惟聖人能度之權之明之。故能制之也。中由損益而立。民各得其所而知足。聖人制爵。明貴賤之等。以爲民極。所以正民也。正朝野以成王命。正長幼以順政教。此制度之目也。○稱好惡並去聲。長展兩切。後同

政以內□□□自邇。彌興自遠。遠邇備極。終也。此言度制於君身也。解多脫文。姑釋之。內。指身。邇。指家國。

彌。偏也。興。起也。遠。指天下。備。極。言皆得其至善。此度之成也。故曰終。□微補在□□分

微在明。此言度制於君心也。微補在三字闕。微。指心。心之所發。分其緒以滌其源。在明其明德也。

爲下文偏行好惡之本。明王是以敬微而順分。分次以知和。知和以知樂。知樂以知哀。知哀以知慧。內外以知人。樂。音洛。此言度制於民心也。慧。性解也。內外。以地言。人。指民言。承上文。言明德主乎敬。民心隱微。不可慢也。民心之所發有兩端。即下文之好惡。是之謂分。不可以不順之也。順分不外乎次。事有小大。職有本末。各得其宜。分斯順矣。故分次可以知和。順則樂。逆則哀。此民之常性所自曉晤者。故可以知慧。性無不同。內外皆然。故可以知人。知人則能補損矣。

凡民生而有好有惡。小得其所好則喜。大得其所好則樂。小遭其所惡則憂。大遭其

所惡則哀。隱微有好惡之殊。所謂分也。此言當補損之故。凡民之所好惡生物是好。死物是惡。民至有好而不讓。不從其所好必犯法無以事上。民至有惡不讓。不去其所惡必犯法無以事上。偏行於此。尚有頑民。而況□不去其所惡而從其所好。民能居乎。好生惡死。自然之性。有好有惡。謂作好作惡也。偏行。兼爲也。言治民者。兼好惡而爲之。尚有不讓之民。況不去其惡。不從其好。敢望民之能安乎。居。安也。不能安。言必犯法無以事上也。此言不補損之咎。若不□力。何以求之。力爭則力政。力政則無讓。無讓則無禮。無禮雖得所好。民樂乎。力政。力爲主也。讓者。禮之實也。承上文。言不從其所好。而民求之。非力不能也。力爭則以力爲主。而無讓無禮。卽得其所好且不樂。況不能得乎。若不樂。乃所惡也。爭爲民之所不樂。承上文言不去其所惡也。凡民不忍好惡。不能分次。不次則奪。奪則戰。戰則何以養老幼。何以救痛疾死喪。何以胥役也。此言力爭之禍也。忍。耐也。人君不能分次以治之。民奪且戰。不止於爭矣。役。事也。胥役。猶曰相保相受云爾。明王是以極等。以斷好惡。敎民次分。揚擧力竟任壯。養老長幼。有報。民是以胥役也。斷去聲。。此言禮讓之由也。竟疑當作競。強也。承上文。言聖人用立極之等級。以百官決好惡於人。敎民職事。而小大本末。次第分明。其官或以言揚。或以事擧。皆力竟之人。壯者任之。老者養之。幼者長之。此謂力竟也。卽周禮孝弟睦婣任卹之事。有言揚事擧之報。民是以胥役也。。婣卽姻任平聲夫力竟非衆不尅。衆非和不衆。和非中不立。中非禮不愼。禮非樂不履。（夫音扶。此因力竟而言人之當知也。不衆不聚。履行也。言力竟非人衆不能。衆以度之和而聚。而中者和之本也。禮教中。樂教和。此制度之大成也。其始務知人以聚衆。）明王是以無樂非人。無哀非人。人是以衆。人衆賞多罰少。政之美也。罰多賞少。政之惡也。罰多則困。賞多則乏。乏之困無醜。教乃不至。（此因人衆而言中之當立也。知樂知哀。所以聚衆也。事有勸懲。職有修廢。於是乎有勸懲之典。賞以勸之。罰以懲之。較賞罰之多少。則美惡形焉。究之惡者固惡。而美者非美也。困。謂民窮。乏。謂財少。醜。類也。無醜者。謂不知輕重之類也。此非人君之至教也。惟中可爲至教。）是故民主明醜以長子孫。子孫習服。鳥獸仁德。土宜天時。百物行治。治之初歷初哉。歷無考。民主疑當作明王。初歷二字衍。以長示子孫。子孫服習其典教。則事勤職修。仁民即以愛物。故鳥獸被其仁德。土地有所宜。天時有所生。百物之流行。皆得其條理而治矣。此爲治之始。且因天地自然之利以導之。其度粗有條理。故曰治之初哉。下文遂美其成。治化則順。是故無順非厲。長幼成而生曰順極。教行曰化。所謂分者順矣。厲。勸勉也。公好惡。明賞罰度之順。皆所以勸勉斯民。使之邇於正而協於中也。長幼成其君上之命。而生其順政之心。斯時禮樂可興。其治乃大成矣。故曰順之至也。會其有極。歸其有極。聖人制度。一生民之天矣哉。

命訓解第二命。猶令也。天生萬物。氣以成形。而理亦賦焉。猶命令也。度以建極。所以使人立命。故次之以命訓。

天生民而成大命。命司德正之以禍福。立明王以順之。人受天地之中以生。所謂命也。德兼凶德吉德。司。主也。主之者。鬼神也。天命之以正人。福善禍淫。天之道也。順。順天。曰。大命有常。小命日成。成則敬。有常則廣。廣以敬命。則度至于極。命。王命。有常。始終如一也。日成。成日有成就也。敬。不怠也。廣。不狹也。以當作與。廣事業。敬王命。斯可已矣。此命民之法度。至于至善也。夫司德司義而賜之福祿。福祿在人。能無懲乎。若懲而悔過。則度至于極。夫或司不義而降之禍。在人能無懲乎。若懲而悔過。則度至于極。此司德。指人君。在人。言其自取之也。懲。創也。言主義而賜之福。主不義而降之禍。禍福皆其自取。司德者。能無懲創其不義而使之主義乎。福之禍之。所以懲創之也。人能悔不義而主于義。斯已矣。此福民禍民之法度。至于至善也。夫民生而醜不明。無以明之。能無醜乎。若有醜而競行不醜。則度至于極。醜。惡也。言民生而惡。其德不明。民不能自明也。司德者。能無著其惡乎。民知有惡。而強行於善。斯不惡矣。卽止不治。此醜民之法度。至于至善也。○惡如字夫民生而樂生。無以穀之。能無勸乎。若勸之以忠。則度至于極。樂。情也。穀。善也。民不善。以生道勸之。每難於盡已。勸民而盡已之心。斯已矣。無僭賞也。賞民之法度。至于至善也。夫民生而惡死。無以畏之。能無恐乎。若恐而承教。則度至于極。惡死。亦情也。不畏上。以死亡恐之。恐之而民奉敎。斯已矣。無濫刑也。罰民之法度。至于至善也。六極既通。六閒具塞。閒音諫。○閒。罅隙也。非至善不得謂之極矣。具。俱也。○罅音嚇。通道通天以正人。正人莫如有極。道天莫如無極。道天有極則不威。不威則不昭。正人無極則不信。不信則不行。威畏通。道天。言天也。言六極皆道。而道之大原出於天。通之以正人。人道邇。故有極。天道遠。故無極。言天有極。人得而測之。故不畏而道不明。正人無極。人得而畔之。故不信而度不行。明王昭天信人以度功地以利之使信。人畏天則度至于極。昭。明也。度。所以立極者。功地。致功於地。授田里。教樹畜。度之一大端耳。于以利之。所以使人信者也。倉廩實而知禮節。衣食足而知榮辱。則人畏天命矣。夫天道三。人道三。天有命。有禍有福。人有醜。有紼絻。有斧鉞。以人之醜當天之命。以紼絻當天之福。以斧鉞當天之禍。六方三述。其極一也。

不知則不存。當去聲知智通。紼絻節韍冕。文異爾。生於天地之閒者。皆曰命。故曰當天之命。方比也。述稱也。合而比之則六。別而稱之則三。天無極。人有極。道皆至善。故曰其極一也。不智則不能通道通天以正人。而極非其極矣。故曰不存。存在也。○別鞭入聲極命則民墯。民墯則曠命。曠命以誠其上。則殆於亂。墯即惰。○以下六節。言極非其極也。極甚也。窮也。誠疑當作逃。言命太煩。則民怠廢命。以逃其上。而近於亂。極福則民祿。民祿則干善。干善則不行。世祿之家。鮮克由禮。犯善而不行。極禍則民鬼。民鬼則淫祭。淫祭則罷家。罷音皮。○非其鬼而祭之。名曰淫祀。求免禍也。故罷弊其家財。極醜則民叛。民叛則傷人。傷人則不義。著其惡曰醜。人而不仁。疾之已甚。亂也。極賞則民賈其上。賈其上則民無讓。

無讓則不順。賈。賣也。以功求賞。如以物求售。民不讓。則不和矣。極罰則民多詐。多詐則不忠。不忠則無報。罰。即罰布罰鍰之罰。金作贖刑。政之寬者。太甚。則民設詐以避之。不盡心於輸將。而無報上之禮。○鍰音還凡此六者。政之殆也。殆。危也、明王是故昭命以命之。曰。大命世。小命身。昭命。昭度也。命之。命之也。父子相繼爲一世。聖人不爲已甚。違大命則世受罰。罪人不族也。犯小命則罰身。罪人不孥也。○孥帑通福莫大於行義。禍莫大於淫祭。醜莫大於傷人。賞莫大於信義。讓莫大於賈上。罰莫大於貪詐。行義當作干善。莫大於信義讓。六字當衍。莫大者。言極之害大也。古之明王奉此六者以牧萬民。民用而不失。牧。養也。不失。不失其度也。撫之以惠和之以均斂之。以哀娛之。以樂愼之。以禮敎之。以藝震之。以政動之。以事勸之。以賞畏之。以罰臨之。以忠行之。以權。娛音虞。撫。安撫也。均。平也。與周禮均人之均同。斂。卽小斂大斂之斂。自撫之以及臨之之之。指民也。行之之之。指度也。惠均哀樂禮藝政事賞罰忠。所以行度也。行度在權。權。稱錘也。所以稱物而知輕重者也。稱音秤。權不法。忠不忠。罰不服。賞不從。勞事不震。政不成。藝不淫。禮有時。樂不滿。哀不至。均不壹。惠不忍人。凡此物攘之屬也。此言行權之事。權無一定之法。惟義之所在而已。自忠不忠以至惠不忍人。皆言法無一定。惟求合于義也。服。卽五刑有服之服。從勞。謂有勞卽賞。不分輕重也。震。騷動也。成。一成而不變也。淫。過也。謂求備於人。禮以時爲大。滿。樂之過也。至。哀之甚也。壹。專一也。忍。堅忍也。謂必與之。總括其大概曰凡。物事也。擴當作攟。屬類也。言此十一事。皆行權之類也。

惠而不忍人。人不勝害。害不如死。均一則不和。哀至則匱。樂滿則荒。禮無時則不貴。藝淫則害于才。政成則不長。事震則寡功。以賞從勞。勞而不至。以法從中則賞。賞不必中。勝平聲長如字。此言不行權之弊。不忍人不字衍。不勝害。言多害也。如後世與之邑而據以叛者。是已。如當作知。匱。窮也。荒。廢也。不長。言近淺也。以法從中則賞句。當衍中則二字。言惠而必與之。人多害之。死且不知。均一不差分。故人不和。哀甚則難繼。樂過則廢時。禮不沿襲。當王者貴。故無時不貴也。人各有能有不能。教藝而求其備。是害之也。政一成。故近淺。事騷動。故少功。以賞從勞。不分輕重。有勞不至於宜賞而賞及之者矣。蓋以一定之法從賞則賞不得其中故也。言賞則罰不中可知。而所謂忠者泥於一定之法。又無論矣。○泥去聲以權從法則行。行不必以知權。以權從法二句。當作以權從法。法則必行。行以知權。承上文言惠均哀樂禮藝政事賞罰忠。其法皆無一定。以權從之。則法必行。行法非知權無以也。權以知微。微以知始。始以知終。權輕重而使合義。義最微妙。即天所賦之理也。得是理。然後有是物。所謂始也。所得之理既盡。則是物亦盡而無有矣。所謂終也。此非智者。不足以知之。夫然後可以立極。

常訓解第三

常。民所秉之常性也。天所賦爲命。人所受爲性。故次之以常訓。

天有常性。人有常順。順在可變。性在不改。順。順理也。順屬人事。故隨在可變。性屬天命。故隨在不改。不改可因。因在好惡。因。仍也。天命之。人因之。所謂率性也。好惡。人之常情。性不可見。於情見之。故曰在也。好惡生變。變習生常。常則生醜。醜命生德。習即習相遠之習。常久也。醜命。驅類無非驅命也。言情感物而動故生變。凡情之變。積習生常。習於善則常善。習於惡則常惡。故生類。類有善惡。則德有吉凶。故生德。明王於是生政以正之。民生而有習有常。以習爲常。以常爲慎。民若生于中。習常爲常。政。即度也。生。出也。又性也。言聖人出法度以正民。凡民生之事。少而習焉。其心安焉。不見異物而遷焉。是有習也。士之子恆爲士。工之子恆爲工。商之子恆爲商。農之子恆爲農。是有常也。先時之習慣。後日之常行。是以習爲常矣。知其爲常。不可以不慎也。惟是民于法度之中。若性之自然。習即常也。常即習也。一慎無不慎。率其常而已矣。○少式照切夫習民乃常。爲自血氣始。明王自血氣耳目之習以明之醜。醜明乃樂義。樂義乃至上。上賢而不窮。樂音洛○此推原習之義。至上。至于極也。窮。謂不肖之人。言習雖起於一時。馴之乃常矣。習於何始。凡人受生於父母。四月水精至而血生。五月火精至而氣生。是其始也。耳屬坎。坎爲血。目屬離。離火主氣。人旣生。則習尤不可以不愼。聖人從此以明善惡之類。類旣明。則民去惡從善而樂於義。樂義乃至于極。至極可謂賢矣。而不流於不肖也。○馴音句

哀樂不淫民知其至。而至于子孫。民乃有古。古者因民以順民。此極言常之義。哀樂不淫。義也。知其至。知其至于極也。至于子孫。常之極也。天有常性。太古已然。故愼常謂之古。所謂古者。不過因民民之性。以順民之理而已矣。孔云。皆有經遠之規。謂之有古。父敎子。子敎孫。故曰因也。

夫民羣居而無選爲政以始之。始之以古。終之以古。行古志今。政之至也。政維今。法維古。選者簡擇之謂。羣居而善惡無所擇。則醜不明。爲政以始之。自血氣始也。始之

以古。有習也。終之以古。有常也。心之所之謂之志。令指聖人所治之世而言。行慎常之道。以正人心。此度之極也。政度隨時。故維今。性法不改。故維古。○治陳知切

頑貪以疑疑意以兩平兩以參參伍以權權數以多多難以允允德以慎慎微以始而敬終乃不困。

心不則德義之經爲頑貪。探也。探入他分也。參如毋往參焉之參。參伍見易繫辭。三數之。伍數之。以成一變。彼指揲蓍。此指行權。多。無定數也。多難。無易心也。不困。即不窮也。言爲政者。當明德以正民。民之頑貪。由於惑。而其所以惑者。由於知德而不能以一守之也。參之以義。則二心平。義非權不合。須無易心。而允執其中。允不外乎慎而已。道心惟微。慎微在乎敬始。聖人習民自血氣始。故其終賢而不窮也。○分見並去聲易去入二聲兩數上聲

困在坌誘在王民乃苟苟乃不明。哀樂不時。四徵不顯。六極不服。

八政不順，九德有姦，九姦不遷，萬物不至。○洤蒲悶切承上文。言民所以困之故。洤，並也。即上文所謂兩也。誘，導也。苟不敬也。不服，不從命也。不順，逆理也。姦，詐也。遷，改也。言民之窮在乎兩。惟王有以導之故也。民不敬始乃不明其德。哀樂失時，而四徵不著。因悉推之，不服不順不遷，由於不明，則不至於極。民所以困也。

夫禮非尅不承，非樂不竟，民是乏之生。承上文。言不明由於苟也。禮毋不敬。故言禮因言樂。尅與克同。去也。承，順也。克己則順乎理。竟，成也。立於禮者，成於樂。乏之少也。乏之生者，言少自然之性也。□

好惡有四徵，喜樂憂哀，動之以則，發之以文，成之以民，行之以化。此下二節。申四徵而備詳之。以見誘民之宜慎也。徵，證也。小得其所好則喜。大得其所好則樂。小遭其所惡則憂。大遭其所惡則哀。喜樂憂哀，所以證好惡也。故曰四徵。之，指好惡而言也。動好惡於中而有法則，發好惡於外而有文章。成好惡以斯民。行好惡以教化。皆所以顯四徵也。六極。命醜福賞禍罰。六極不嬴。八政和平。八政。夫妻父子兄弟君臣。八政不逆。九德純恪。九德。忠信敬剛柔和固貞順。六極見命訓解。孔云。嬴。謂無常。振謂嬴。滿也。如極命極福極禍極醜極賞極罰是已。盡已之謂忠。以實之謂信。主一無適之謂敬。堅強不屈之謂剛。柔者。剛之對也。和者。剛柔中節也。固。堅固也。貞。正也。順。有敘也。言六極不失之滿。則八政不乖不陂矣。八政順。則九德不雜而敬守之。是可使民服且順而遷姦也。以此誘民。是以不困。其大端不離乎好惡。故申四徵而備詳之。順言曰政。順政曰遂。上文言八政不順。故申言順義。遂。暢遂。謂行之而無窒礙也。遂偽曰姦。上文言九德有姦。故申言姦義。偽。假也。如居之似忠信之類。姦物在目。姦聲在耳。耳目有疑。疑言有樞。

樞動有和。和意無等。萬民無法。□□在赦□復在古。

此申言頑貪一節之義。言。助語辭。樞。戶樞。在赦二字關。承上文。言姦物姦聲。接於耳目。民所以惑也。民之有疑。如戶之有樞。樞動則戶開。民動則疑。釋疑意以兩。平兩以參。參之以義。則政無所乖戾矣。政之和。出於心之所發。無差等之可分。所謂參伍以權也。蓋萬民乏生而至困窮。由於無法。習民者。惟復其慎常之古法而已矣。

古者明王奉法以明幽。幽王奉幽以廢法。奉則一人也。而功績不同。明王是以敬微而順分。

一人。謂一君也。績。業也。敬微。慎始終也。分。指好惡順。好惡者。聖人之政。所以使民有習有常者也。承上文。言慎常爲法反是則幽。奉法者。以其昭昭。使人昭昭。奉幽者。以其昏昏。使人昭昭。堯舜帥天下以仁而民從之。桀紂帥天下以暴而民從之。故功業不同。敬微順分。則民可正而復其常性矣。此總結上文之意也。

文酌解第四 民無常性，由上之失其道也。文王作文垂教，修仁明恥，斟酌而示之。故次之以文酌。

民生而有欲，有惡，有樂，有哀，有德，有則。酌人心，故歷言有心所貪愛爲欲。惡，憎不善也。樂，喜樂也。哀，愛也，憐也。德具於心，而見于事，指人才而言。則，法度，指王政而言。則有九聚，德有五寶，哀有四忍，樂有三豐，惡有二咎，欲有一極。聚，謂所同歸湊也。寶，貴重之謂。安於不仁曰忍，哀之反也。豐者，多大之名，盈足之義。咎，愆也。二咎當作三咎。極，至也。立極以遏其欲也。孔云，廣演其義也。極有七事，咎有三尼，豐有三頻，忍有四教，寶有五大，聚有九酌。尼，近也。謂近於咎也。頻，數也。教，所以復其不忍之心也。酌，言斟酌其爲政之事也。孔云，又敷陳也。○數音朔

九酌：一

取允移人。二宗傑以親。三發滯以正民。四貸官以屬。

五人口必禮。六往來取此。七商賈易資。八農人美利。

九口寵可動。取允。取信於人也。移。感也。信可以感人也。宗。主也。才智過人謂之傑。親。謂親民也。發滯。發倉廩也。正當作振。謂振乏也。貸。假也。言官屬有無相通也。人者。對己之稱。必禮者。必遇之以禮也。往來。尚施報也。如聘享之屬。此當作比。取比。取其親近也。易資。交易資貨也。美利。天地自然之利。寵。恩也。動。作也。鼓之舞之之謂。恩所以鼓舞人心也。○比音避。

五大。一大知卒謀。二大武劒勇。三大工賦事。四大商行賄。五大農假貸。知去聲。

孔云。率謀。言爲謀之帥。讀率爲帥。振謂率。用也。行也。桃氏爲劒。有上中下之制。觀其劒。可以知其勇。短兵難用。故稱大武。賦。稟受也。給與也。大工受上命以給衆工也。賄。與人財之言也。假。借也。貸者。取物於人。出息以償之也。孔云。假貸。恤貧振施者也。四教。一守之以信。二因親就年。

三取戚免梏。四樂生身復。復音伏。守。主守也。守用誠信。言不忍欺也。因親。依

其可親之人。尚德也。就年尊長年也。言不忍褻也。免梏。無患也。取資於親戚。人予之而免其患。言不忍棄

也。樂生。好生也。復。報也。人能生我。身當報之。言不忍負也。皆哀道也。四教去其忍也。○予上聲三頻。

一頻祿質潰。二陰福靈極。三畱身散眞。潰音狒。水溢爲潰。喻侈

泰也。世祿之家。鮮克由禮。故質地多侈。陰福猶陰禮陰事。謂女寵也。靈。善也。極。盡也。淫於色。害於德。故善

性因此而盡也。畱。淹畱。謂安身也。散。失也。眞。性也。四支之於安佚。性也。有命焉。君子不謂性也。三尼。

一除戎咎醜。二申親考疏。三假時權要。除。修也。戎。兵戎。咎醜。治脅

從也。申。致也。致其親以成其疏。遠閒親也。假。因也。時。謂登庸之時。得權而居要地。臣脅君也。三者皆人

之所惡也。所謂近於咎者如此。七事。一騰咎信志。二援拔潰謀。三聚謀沮事。四騰屬威衆。五處寬身降。六陵塞勝備。七錄兵免戎。沮音咀。降音杭。○騰。奔也。奔告其咎。如飛語之讒是已。信與伸同。伸志。逞志也。潰。亂也。援上望其拔擢。而故亂人之謀。屈原傳所謂心害其能也。沮。止也。騰躍其徒屬以威衆人。西京賦所謂結黨連羣。如虎如貙也。處寬居大廈。即夏書峻宇雕牆也。降。即我心則降之降。下也。彼指安心。此指安身。陵。止陵。況聚斂也。塞。實也。求勝於人。備物於己。左傳所謂聚斂積實。不知紀極也。錄兵。不備兵也。免戎。廢武事也。國家閒暇。般樂怠敖。不知思患而豫防也。此七事者。皆欲之爲也。○貙音踰。般音盤。一極惟事。昌道開蓄伐。孔云。言事事皆以中正行之。則吉昌之道開行。而征伐之道蓄之也。伐有三穆。七信。一幹。二御。三安。十二來。穆。即穆卜之穆。敬也。信與申同。

謂申明之。幹。即幹事之幹。人之有訣。如木之有幹也。御。與馭同。安。不危殆也。衆。百物聚也。三。穆。一

絕靈破城。二。筮奇昌爲。三。龜從惟凶。孔云。絕靈。不淫祀也。振謂絕靈。不卜也。左傳。鬬廉曰。不疑何卜。遂敗鄖師于蒲騷。筮奇。有奇計而筮之。大有爲也。孔云。不正而卜。雖從而凶。振謂洪範云。汝則從。龜從。筮逆。卿士逆。庶民逆。作內吉。作外凶。言龜從而其餘多逆。外事如征伐。作之則凶也。此之謂龜從惟凶。七。信。一。仁之愼散。二。智之完巧。三。勇之精富。四。族之寡賄。五。商之淺資。六。農之少積。七。貴之爭寵。愼。見可而進也。散。知難而退也。完。全軍奏凱也。巧。能因敵變化而取勝也。兵練則精。兵足則富。寡賄。乏之財。淺資。乏之本。少積。乏之糧。室如縣磬。野無青草。何恃而不恐也。爭寵。則軍將不和。敗乃事也。○將去聲

一。幹。勝權輿。權輿。始也。兵法多算勝。當愼之於始也。二。御。一。樹惠不

瘱。二既用玆憂。樹立也。瘱從疒從恣。疒訓疾。恣訓盡。言盡病也。應讀爲恣。恣音。言立恩於軍中。不病衆也。既盡也。言戰爲危事。兵爲凶器。盡用此憂心。愼之至也。此二者。所以馭衆也。○疒尼厄切

三安。一定居安帑。二貢貴得布。三刑罪布財。帑。妻子也。凡起徒役。毋過家一人。所以定民居而安其妻子也。周制惟行沃用井田之法。其餘皆用貢法。貴。猶重也。布。泉也。施刑於罪人。則有罰布。所以資軍用也。言徭役少。賦稅輕。刑罰省。三者所以安國也。

十二來。一弓二矢歸射。三輪四輿歸御。五鮑六魚歸蓄。七陶八冶歸竈。九柯十匠歸林。十一竹十二葦歸時。十二來言歸。皆有司存也。鮑。乾魚。魚。鮮魚。柯。斧柄。匠。所以作營壘者。林當作材。柯匠非材不能爲。竹葦可以作矢。取之以時。此十二者。所以來人也。○乾音干

三穆。七信。一幹。二御。三安。十二

來伐道咸布。物無不落。落物取配。維有永究。急哉急哉。後失時。布。播也。咸布。無敵於天下也。落。即實落材亡之落。無不落。言必敗也。落物。我落之也。取。言易也。配。即配耦之配。謂敵國也。永。長也。究。久也。言此征伐之道。實長久之法。軍法急宜修治。後則失時也。

糴匡解第五　買穀曰糴。匡。救也。方也。謂買穀賑民。此救災之方也。文王之所以修仁者。於此見矣。故次之以糴匡。

成年年穀足。賓祭祭以盛。大馴鍾絕。服美義淫。阜畜約制。餘子務藝。宮室城廓脩爲備。供有嘉菜。於是日滿。畜音齅。○成年。豐年也。足。有餘也。年字祭字。各衍其一。賓祭皆有常數。盛。如其常數而不殺也。大馴。

大順之世也。絕肺以祭之時且鳴鐘。其軒縣皆備可
知矣。服。如接聘賓以皮弁服。祭宗廟以玄冕服。周制
諸侯如此。商制未聞。美謂新之也。禮必有義。淫者有
餘之意。豐年不殺。故義淫。阜。閑也。牛馬多。須約束有
制也。餘子、卿大夫有田祿者之子。當守宮者專力六
藝也。廓作郭。外城也。修。增其舊爲。改作之。備。備物。供
供給。指賓祭言。嘉菜。美菜也。周禮醢人。朝事之豆。有
韭菹昌本菁菹茆菹。饋食之豆。有葵菹。加豆有芹菹
深蒲箈菹筍菹。是日。賓祭之日
也。滿。豐滿也。○殺音曬。箈音持

年儉穀不足。賓祭以中盛。樂唯鍾鼓。不服美。三牧五庫補攝。凡美不脩。餘子務穡。於是紀秩。

紀即糾。○年儉。中年也。中盛。孔云。
有黍稷無稻粱。振謂視常數爲少
殺也。不服美者。謂仍舊服。三牧。養馬牛羊者。五庫見
後月令。補。如無牛則補之以羊。昭其儉也。攝。兼也。事
物相兼。不必一一備之也。凡美。如宮室之美。城郭之
完。皆是。穡。納稼也。紀。收也。收秩。收祿秩之不當者。○

當去聲年饑。則勤而不賓。舉祭以薄。樂無鍾鼓。凡美禁。書不早羣。車不雕攻。兵備不制。民利不淫。征當商旅。以救窮乏之問。隨鄉。不鬻熟。分助有匡。以綏無者。於是救困。鬻音育。○年饑。無年也。勤而不賓。但致其殷勤。而不能盡賓禮也。舉祭以薄。用下牲也。書當作蓄。早當作皁。蓄不皁羣。馬牛不多畜也。攻。善也。謂功緻也。不雕攻。貴其質也。制。如晉作州兵之類。備兵不可作。逐末不可多。此四者皆美禁也。征商旅。所以抑末也。貧窮乏之絕。即以征布救之。問。清問。萬二千五百家爲鄉。鬻。賣也。熟。飲食之物。不粥於市。禁民之不儉也。分助。如左傳鄭子皮餼粟。宋司城貸民是也。分助有方。以安無者。於是可以救困矣。○不多畜音旭粥鬻同大荒有禱無祭。國不稱樂。企不滿壑。刑罰不脩。舍用振穹。君親巡方。卿參告糴餘子倅運開口同食民不藏糧曰有匡傳民畜唯牛羊於民大疾惡殺一人無赦男守疆戎禁不出五庫不膳喪禮無度祭以薄資禮無樂宮不幃嫁娶不以時賓旅設位有賜大荒饑饉師旅也國不舉樂大荒人所同憂也企舉趾望也管子霸言篇地大而不爲命曰土滿滿壑猶言曠土民舉趾而無曠土務穡也刑罰不脩緩刑也舍用舍常用振穷卽振窮三卿告鄰國以買穀餘子副之而運糧倅副也左傳振廩同食脫文疑是廩倅益也民之所養者惟牛羊可益牛羊草食不奪民食者也大疾饑之也惡心不明也戎禁不出兵戎禁止不出疆也不膳不治也無度殺哀也薄資薄其財用喪禮宜審祭也禱祈之禮不用樂宮不帷去文飾也時仲春會男女之時不以時四時皆可稼娶也賓旅鄰國之使也聘義燕與時賜無數設位有賜有躐位賜之不用

燕也。○使去聲

周書解義

仁和潘振芑田註　石門徐珩湘渚訂

卷二

文開解第十八　保開解第十九

八繁解第二十

武稱解第六 稱去聲。止戈爲武。得其當之謂稱。此文王之所以明恥也。故次之以武稱。當去聲

大國不失其威。小國不失其卑。敵國不失其權。有力可畏之謂威。卑。降以相從也。言大邦畏其力。小邦懷其德。而其於敵國。能權輕重以制之。孔云。此即所謂稱也。

岠嶮伐夷。幷小奪亂。□強攻弱而襲不正。武之經也。岠當作拒。謂拒絕之。不窮追也。嶮。阻難之地。凡師有鐘鼓曰伐。夷者。蹲夷。無禮義。幷小。如戡黎之類。奪亂。如降崇之類。脫文疑是遏。見楊蘷文。詩云。以遏徂旅。攻。擊也。弱。不修政刑者。凡師輕曰襲。言如風之襲人。

人不覺也。不正。鳥獸行也。經。常也。○難去聲蹲音存見行並去聲伐亂伐疾伐疫武之順也。彊取曰奪亂。聲罪曰伐亂。疾惡也。同惡則伐之。所以恤鄰國也。疫。病也。大兵之後。必有大疫。謂鄰國窮兵黷武。以致民疫。於是伐之。以逸待勞也。順。順人心。○黷音獨賢者輔之亂者取之。作者勸之。怠者沮之。恐者懼之。欲者趣之。武之用也。輔賢。親有禮也。取亂。覆昏暴也。勸。作。因重固也。沮怠。閒攜貳也。恐。畏其力者。懼之。示其威也。欲。懷其德者。趣。向也。向之猶對之。謂對答其仰望之心也。孔云。武以爲用事也。○覆音蝮閒去聲美男破老美女破舌淫圖破口淫巧破時淫樂破正淫言破義武之毀也。美男。頑童。老。如方伯稱天子之老。大夫稱寡君之老。皆是破老者。邦君國必亡。卿士家必喪也。美女破舌。婦有長舌。維厲之階也。圖。謀也。淫圖。利口也。脫文疑是信。利口所以亂信也。染采有四時之色。淫巧以蕩其心。故曰破時。淫樂。如鄭聲。破正。亂雅樂也。淫言。佞也。破義。亂義也。此皆敵國自毀。因而毀之也。○喪蘇浪切**赦其衆。遂其咎。撫其口。助其囊****武之閒也。**赦。舍也。左傳。叔弓圍費。平子令見費人執之。以爲因俘。冶區夫曰。非也。若見費人。爲之令主。而共其乏困。費來如歸。從之。費人叛南氏。此赦其衆也。成其愆曰遂咎。左傳。晉侯欲伐虢。士蔿曰。不可。虢公驕。若驟得勝于我。必弃其民。無衆而後伐之。欲禦我。誰與。此遂其咎也。撫其二字闕。無底曰囊。所以盛糧者。左傳。晉乞糴于秦。子桑曰。重施而不報其民必攜。攜而討之。無衆必敗。此助其囊也。謂之閒者。言乘其罅隙而伐之也。○舍如字區音甌共盛乘並平聲**餌敵以分而照其儲****以伐輔德。追時之權。武之尚也。**分去聲。○分器賂敵。猶鈎之用餌也。照。燭也。明察之義。儲。積也。指軍糧而言。伐人者。必明察其軍糧之足否。不可輕易舉兵。德不能化。以征伐之道佐之也。當其可之謂時。左傳。曹劌曰。大國難測。懼有伏焉。所以權之也。又曰。吾視其轍亂。望其旗靡。故逐之。此追之得其時也。尚。上也。言武以此爲上也。○劌居衛切

春違其農。秋伐其穡。夏取其麥。冬寒其衣服。春秋欲舒。冬夏欲亟。武之時也。

其。指敵國也。寒衣。爲敗其絲麻。舒。緩也。亟。急也。欲者。未定之辭。欲舒欲亟。當隨春秋冬夏而度之。讀者不以辭害意可也。

長勝短。輕勝重。直勝曲。衆勝寡。強勝弱。飽勝飢。肅勝怒。先勝後。疾勝遲。武之勝也。

長。指守國之兵。短。指攻國之兵。長勝短。言善守也。輕。謂擊兵。舉圍輕也。重。謂刺兵。舉圍重也。輕勝重。言善擊也。師直爲壯。曲爲老。衆寡。以人言。強弱。以力言。飢飽。以糧言。肅。敬也。怒。忿兵也。凡師。肅則整。怒則亂。先人有奪人之心。故勝後也。疾。速也。如孫叔敖疾進師車馳卒奔。故勝遲也。

追戎無恪。窮寇不格。力倦氣

竭。乃易克武之追也。戎。如山戎之類。恪。敬也。戎輕而不整。故無恪。所以可追也。格。鬭也。寇已窮。不必與之鬭也。竭。盡也。乃易克上。疑有敵字。此言追敵之法。旣勝人舉旗以號令。命吏禁掠。無取侵暴。爵位不謙。田宅不虧。各寧其親。民服如化。武之撫也。熊虎爲旗。掠。刼奪也。侵。侵陵。暴。暴虐。此武之所不取也。謙。損也。爵位不謙。因其官吏。無敢改也。虧。缺也。田宅不虧。各佃爾田。宅爾宅也。親。謂九族。化者。不知其所以然。如化。如自然也。撫。慰勉也。○佃音田

百姓咸服。偃兵興德。夷厥險阻。以毀其服。四方畏服。奄有天下。武之定也。咸。皆也。偃。仆也。兵。五兵。弓矢殳戟酋矛夷矛也。德。文教也。險阻。猶災患也。毀。去也。服當作武。奄。遽也。定。告成功也。○仆音赴。酋音遒

允文解第七

（允。信也。誠實不欺之謂。允文。實有此文德也。偃武修文。故次之以允文。）

思靜振勝。允文維記。昭告周行。維旌所在。（行音杭。○思靜。思安靜也。振。收也。收勝敵之兵也。記。識也。作解以示人。使其識之也。告。告新國也。周行。大道。所以見文德者。旌。表也。所在。如象魏門閭。可以縣書者。○識音志縣音懸）收武釋賄。無遷厥里。官校屬職。因其百吏。公貧少多。振賜窮士。救瘠補病。賦均田布。命夫復服。用損憂恥。孤寡無告。獲厚咸喜。咸問外戚。書其所在。遷同氏姓。位之宗子。率用十五。綏用口安。敎用顯允。若得父母。（此詳言周行之義。收武。收敵人戎器也。釋賄。不取賄也。無遷厥里。使各安其居也。官。官府。校。學校。屬。官屬。職。官職。官吏。不一。故言百。仍其官吏。示不改也。）

公家之貨。新國之所有者。少多。猶言若干。瘠瘦也。病疾甚也。救補。指拯民而言。賦均。九賦平也。田布。言無田者。當班之以田也。命夫。如一命再命三命之官。用。以也。無祿可憂。無爵可恥。復其事。所以減憂恥也。言孤寡。則鰥獨可知。皆窮民而無告者。厚。厚恩。問。存問。外戚。指勝國之父黨母黨妻黨也。書其所在。表厥宅里也。氏者。所以別子孫所自出。姓者。所以統系百世使不別也。言遷徙之。同族而徙。立其宗子。以奉祭祀。并爲羣臣立宗主也。率。領也。領軍。指司馬。十人爲什。五人爲伍也。綏。安也。安民指司徒。夏小正。綏多女士。脫文疑是士。安當作女。敎指師保。用通明誠信之人以敎之。若得父母。言如父母之慈愛。無所不至也。

寬以政之。孰云不聽。言已上之寬政如此。人皆聽命也。聽言靡悔。遵養時晦。晦明遂語。于時允武。死思復生。生思復所。人知不棄。愛守正戶。上下和協。靡敵不下。執彼玉珪。以

居其宇。庶民咸畊。童壯無輔。無拂其取。通其疆土。民之望兵。若待父母。是故天下一旦而定有四海。言。昭告之

言。靡悔。無遺恨也。遵養時晦。言有師不用。退自循養與時俱晦也。晦明。晦極則明。猶言亂極思治也。語告將帥也。于時信當用武。不必晦也。死思復生。后來其蘇也。生思復所。其究安宅也。棄。死而棄其尸也。戶有房戶室戶。皆正戶也。行師無襲門戶。人知不死。故愛守其家。不逃亡也。上。指將帥。下。指民衆。心和順而協合也。下。落也。玉。珪。瑞也。國之四垂爲宇。言持敵國之瑞。以處其國也。庶民咸畊。耕者不變也。童壯。以年言無輔。無助也。兼貧窮之人。與無告之四民而言。詩云。爰及矜人。哀此鰥寡。無逆其取也。通。通商。歸市者不止也。定四海於一日。不再舉兵也。

大武解第八

大武。武之大者。思靜允文。晦明允武。故次之以大武。

武有六制。政攻侵伐搏戰。成法曰制。政，政事。專治曰攻。無鐘鼓曰侵。有曰伐。擊曰搏。皆陳曰戰。孔云。政者。征伐之政。○陳去聲善政不攻。善攻不侵。善侵不伐。善伐不搏。善搏不戰。善武制者。不假威力。孔云。言廟勝也。政有四戚。五和。攻有四攻。五良。侵有四聚。三斂。伐有四時。三興。搏有三哀。四赦。戰有六厲。五衞。六庠。五虞。戚，親也。和，無乖戾也。四攻之攻，奪也。良，善也。謂人之善有五也。聚者，情義相維繫也。斂，謂收拾人心也。興，謂興起甲兵也。哀，憐惜之義。赦，置也。厲，勉也。護國家曰衞。庠，學宮。虞夏商各有大小學。謂之六庠。文王兼用之與。教民可以即戎也。虞，虞度也。○與音余四戚。一內姓。二外婚。三友朋。四同里。五和。一有天無惡。二有人無郄。三同好相固。四同惡相助。五遠宅不薄此九者。政之因也。同姓。姻嫁。同志同師。二十五家之里。皆人所宜親也。有天。得天也。天氣和。故無惡歲。人。對已而言。謂將帥也。人心和。故無嫌隙。同好同惡。謂鄰國和也。固。守其封疆。助。益其兵力。遠宅。遠居者。不薄厚之也。則遠人和矣。因。由也。孔云。言因此以成政也。

四攻者。一攻天時。二攻地宜。三攻人德。四攻行利。五良。一取仁。二取智。三取勇。四取材。五取藝。此九者。攻之開也。天時。時日支干孤虛王相之屬。左傳。史墨曰。越得歲而吳伐之。必受其凶。是越奪天時也。地宜。山川城郭之險。蜀記。秦惠王欲伐蜀。造石牛。置金其後。蜀人使五丁力士拖石成道。秦遂伐蜀。是奪其地宜也。人德。人有德者。用反間以奪之。行利。行賄也。左傳。吳將伐齊。越子率其衆以朝。王及列士皆有饋賂。子胥曰。是豢吳也夫。使從其諫。是奪越人行賄之計也。材與才同。泛言有能者。藝。善六藝者。開。啓也。

孔云。言開此道以成攻也。○王相閒並去聲豢音宦四聚。一酌之以仁。二懷之以樂。三旁聚封人。四設圍以信。三斂。一男女比。二工次。三祇人死。此七者侵之酌也。樂音洛比去聲○取善而行曰酌。仁如不斬祀不殺厲之類。懷之慰之也。如寒者衣之。飢者食之。此懷之以樂也。旁。四方。封人。謂封疆之人。信孚也。左傳。晉侯圍原。命三日之糧。原不降。命去之。軍吏曰。請待之。公曰。信國之寶也。得原亡信。何以庇民。退一舍而原降。此設圍以信也。比。親也。周禮。遂人以樂昏擾甿。昏姻匹偶。各得其願。則馴擾而不離散。男女比也。工次。工有次序。如一弓二矢歸射。三輪四輿歸御之類。祇。敬也。敬人死。哀喪也。孔云。言酌此法以成侵也。○衣食並去聲甿音甍四時。一春違其農。二夏食其穀。三秋取其刈。四冬凍其葆。三興。一政以和時。二伐亂以治。

三伐飢以飽。此七者伐之機也。湅葆。發露其葆聚。和時。言本國之春農夏穀秋刈冬葆。不可乖戾也。主發謂之機。孔云。機要也。以此要成其伐也。

三哀。一要不贏。二喪人。三擯厥親。四赦。一勝人必贏。二取威信復。三人樂生身。四赦民所惡。此七者摶之來也。要平聲。喪去聲。要。求也。不贏當作不贏。不足也。求所不足。如乞糴乞師之類。喪。失位也。左傳昭公曰。喪人不佞。擯。棄也。見棄於親。如公子出奔是已。此三者皆可哀也。贏。盈也。勝人必盈滿。赦之而不戰。所以待其斃也。我能取威而彼之約信。能踐其言。則赦之。生。養也。田宅所以養身。民樂之。故赦之而不虧。惡。恥也。左傳呂甥曰。小人恥失其君。故赦之而立宗。求歸附也。孔云。所以懷來之也。

六厲。一仁厲以行。二智厲以道。三武厲以勇。四師厲以士。五校正厲御。六射師厲伍五衛。一明仁懷恕。二明智輔謀。三明武攝勇。
四明材攝士。五明藝攝官。五虞。一鼓走疑。二備從來。
三佐車舉旗。四采虞人謀。五後動撚之。行去聲撚讀若年上聲。

仁智武。皆性之德。兼氣質而言者也。周禮。置以馭其行。所以勉仁也。儒以道得民。所以勉智也。勇。勇士。如司右虎賁旅賁戎右齊右道右皆是。所以勉武也。師。兵衆也。由伍長而兩司馬而卒長。選衆升之。兵衆以士勉之也。校正。馬官之長。校人須良馬。乘馬一師四圉。三乘爲皁。皁一趣馬。三皁爲繫。繫一馭夫。六繫爲廄。廄一僕夫。鶩馬三良馬數。麗馬一圉。八麗一師。八師一趣馬。八趣馬一馭夫。故曰厲御。射師。射人之長。射人。下大夫二人。上士四人。下士八人。長則下大夫也。軍制伍皆有長。厲伍者。射師之下士與明顯明之也。藝。指射御官。如校正射師之類。言顯明其仁。使之懷人以恕。顯明其智。使之輔已以謀。顯明其武材藝使整飭之。無曠厥職。此皆衛國之臣。故謂之五衛也。鼓。擊鼓。走。行也。疑。遲疑。不遽進也。備。預防也。左傳。楚屈瑕將盟貳軫。鄖人軍於蒲騷。將與隨絞州蓼伐楚師。鬭廉曰。君次於郊郢。以禦四邑。是備從來也。佐車。貳車也。舉旗。作旗也。左傳。張侯曰。師之耳目。在吾旗鼓。采。擇也。虞人。掌山澤之官。識道路者。後動。相時而後動也。擽。躁也。疾進師以躁躪之也。六庫不言者。教民可以即戎。六庫不異也。○賁音奔齊齋同乘去聲趣音剽郢音穎相躁並去聲躪音吝

無競惟害有功無敗。總結上文。無競。莫強也。指六制言。維。思維也。害。如輿尸之凶。有功。勝也。敗。敗績。孔云。雖強常念害。則不敗也。

大明武解第九

明明德。爲大武推其原也。故次之以大明武。○爲于僞切

畏嚴大武。曰維四方。畏威乃寧。臨事而懼之謂畏。出師以律之謂嚴。曰語辭。維。連結也。言畏嚴大武。連結四方。畏威然後安也。**天作武脩戎兵以助義正**

違。天作武者。天生五材。不廢兵也。戎謂戎車戎衣。兵。說見武稱。舉大義。當有以助之。正。正其罪也。違。逆天理也。此言武之經。順天行五官。官候厥政。謂有所已。已同無。○順天行。言政當和時也。五官。司徒司馬司空司士司寇。皆官長也。文王未有天下。尚仍殷制。與五官之屬。皆伺候政令於其長。長謂其屬。軍中之所無者。必備而有之。此言武之備。○伺音四。城廓溝渠高厚。是量既踐。戎野備慎。其殃敬其嚴君。乃戰赦。量平聲。○城。內城。郭。外城。溝。所以蕩水者。渠。池也。量。度也。言高厚則深可知。敵人不得而乘之也。戎野。戰場也。殃。師敗也。嚴君。父母之謂也。言有備無患。敬慎不敗。愛兵如愛子。則民敬之矣。於是敵國可制。無刑而伐之。服而舍之。故曰乃戰赦也。此言武之慎。○乘音繩。十藝必明。加之以十因。靡敵不荒。陣若雲布。侵若風行。輕車翼衛。在戎二方。我師之窮。靡人不剛。藝伎倆也。因者。言武侏之而成也。荒敗也。雲布。言其盛。風行。言其疾。輕車。追敵之車。翼輔也。衞捍也。在戎弁敵也。二。指藝與因而言。方。法也。言克敵不外此二者之法而已。我師追敵。無人不剛勇也。

十藝。一大援。二明從。三餘子。四長興。五伐人。六刑餘。七三疑。八閒書。九用少。十興怨。二節藝因之目。大援大國救援也。明從。明其可追者而追之。長興。興起其戰志。長久而不懈。言能練兵也。伐人。伐亂以治。伐飢以飽也。刑餘。赦徒。左傳斐豹隸也。謂宣子曰。苟焚丹書。我殺督戎。疑。疑兵。三疑。三覆也。閒書。反閒之書。所以閒離敵人者。用少。用兵少也。左傳。齊伐我。季氏之甲七千。冉有以武城人三百。爲已徒卒。師入齊師。獲甲首八十。兵貴精。不徒多也。興怨。興舉敵國怨望之人。如吳用伍員是也。孔云。用少者省費。興怨。離構也。○覆浮去聲

十因。一樹仁。二勝欲。三賓客。四通旅。五親戚。

六無告。七同事。八程巧。九口能。十利事。仁。仁政。勝欲。以義勝欲也。
賓客。如大行人之大賓大客。小行人之小賓小客。是
已。旅。羈旅。親戚。內姓外婚也。無告。鰥寡孤獨也。同事。
即同好同惡也。程。陳也。巧。妙也。大武解工汏也。能。有
能者。利事。凡有利乎軍事者。不止上九事也。故概言
之。藝因伐用是謂強轉應天順時時有寒暑。應去聲。伐用。
用以成伐也。強。有力也。轉。動也。言有力可動也。應天。
奉天命也。順時。相時而動也。寒。小寒大寒。暑。小暑大
暑處暑也。欲舒欲
亟。當隨時制宜也。風雨飢疾民乃不處移散不敗農
乃商賈委以淫樂賂以美女風。恒風。雨。恒雨。穀不成
曰飢。疾。疫也。移。徙於他
也。散。散而之四方也。敗。已也。言鄰國不修德政。致天
降災。民不安其鄉里。遷移離散。國幸而不亡。斯時農
乃逐末。彼猶不悟。惟知淫樂美女而已。故主人若杖。
人委之賂之。孔云。謂扇動之使沈惑也。

口至城下。高墉臨內日夜不解。方陣竝功。云何能禦。雖易必敬。是謂明武墉音因。主人。指敵而言。杖。憑倚也。言有恃而不恐也。至城下。我師至城下也。墉。距墉。踊土稍高。登城之具也。臨內。窺其城內也。方。即並也。方陣。言陣不一而足也。功。當作攻。並攻。謂并力攻也。云。語辭。禦。當也。敬。警也。敬爲德之輿。是謂明德之武。城高難平。湮之以土。開之以走路。俄傳器櫓。因風行火。障水水下。惠用元元。交誨其寡。旁隧外權。隨隳城湮。溪老弱單處其謀乃離。既克和服。使衆咸宜。竟其金革。是謂大夷湮音烟　隳許規切。難平。不降也。湮。塞也。湮土。謂爲土山以臨之也。開之之字衍。傳。當作傅。謂著城也。器。兵器。櫓。大盾。障水。曲爲隄防。壅泉激水也。古者謂人云善人。因善爲元。故云黎元。言元元者。非一人也。民寡德。則用文誥以教之。旁。城旁。隧。道也。外權。言兵權居於城外也。單處。無保障也。離散也。和服。柔和降服之人也。咸宜。如允文解因百吏。賜窮士。問外戚。位宗子諸政。使衆皆得其利也。竟其金革。言終其武事也。

是之謂大平也。○傳音附著入聲

小明武解第十 小。大之對也。明武而曰小。是大武之分見者。故次之以小明武。○見音現

凡攻之道。必得地勢。以順天時。觀之以今。稽之以古。道術也。地勢。地高下之勢也。順天時者。時有寒暑。當隨時制宜也。之。指攻道而言。此言攻之當極其慎也。

攻其逆政。毀其地阻。立之五教。以惠其下。矜寡無告。寔爲之主。五教允中。枝葉代興。下叶戶後同寔音室爲去聲。○逆政。敵國政不順也。五常之教。惠其下。猶云降德于衆兆民也。矜作鰥。寔。是也。主。主持。老者養之以安。少者懷之以

恩也。允中。信合乎中道也。枝葉。衆害政也。代當作代舉。謂更迭而舉之。此言攻之當務其本也。○更音庚

國爲僞巧後宫飾女荒田逐獸田獵之所游觀崇臺泉池在下。淫樂無既。百姓辛苦。○觀古玩切樂音岳

國。謂敵國也。僞詐僞。指婦官染采而言。巧淫巧。指工師效功而言。後宫。三宫也。飾麗飾。從獸無厭謂之荒。游觀閒館也。崇高也。四方而高曰臺。泉水原也。穿地通水曰池。在下。在崇臺之下也。淫樂靡靡之音。既盡也。無既。言歌舞不倦也。辛苦。猶言荼毒。謂橫征賦稅也。此言鄰國有可攻之釁也。○橫去聲

上有困令乃有極口。上困下騰。戎遷其野。敦行王法。濟用金鼓。

上。指敵國之君言。困令。困民之令。乃有極三字闕。上躍謂之騰。言民怨上也。其野。敵國之野也。王法。九伐之法。濟成也。金。鉦也。金以止兵。鼓以作兵。金鼓以聲氣。故以成其伐也。○上一音商上聲

降以列陣。

無悗怒口。降平聲悗音瞞。悗惑也。疑其有二心也。怒恚也。憤其不早服也。言敵既降當布陣以示其威。無庸疑且憤也。此言處降之道。按道攻巷。無襲門戶。無受貨賂。攻用弓弩。上下禱祀。靡神不下。具行衝梯。振以長旗。懷戚思終。左右憤勇。無食六畜。無聚子女。羣振若雷。造于城下。鼓行參呼。以正什伍。上有軒冕。斧鉞在下。勝國若化。故曰明武。造音慥。按道。計路程也。巷。里塗也。無襲門戶。不擾百姓之家也。弓。六弓。考工記。夾庾利射侯與弋。王弧利射革與質。唐大利射深。攻用王弧與。弩。四弩。夏官司弓矢。夾庾利攻守。唐大利車戰野戰。王弧往體少。使矢不疾。故不用也。上下禱祀。告天地也。衝車從旁衝突。鉤梯鉤引上城。此言攻外城之器。振。作也。懷戚。慰戚敵國之外戚。思終。思畢其戎事也。左。軍將。右。勇士。此言在車中者。子。美男。女。美女。羣振。羣吏作旗也。若雷。言師之疾也。造於城下。至於內城下也。人三爲衆。參呼。衆譟也。正什伍。使無亂行也。以上皆言攻道也。軒。大夫車。冕。冕服。隋銎曰斧。鉞。大斧也。軒冕所以賞人者。斧鉞所以戮人者。上有之。下施將士也。勝國。我所勝之國若化。順我之化也。故亦謂之明德之武。○射音石行音杭 隋音妥 銎恐平聲

大匡解第十一

大。大荒。明武必先固其本而後可動。民爲邦本。遭大荒而有救賑之方。故次之以大匡。

維周王宅程三年。遭天之大荒。作大匡。以詔牧其方。三州之侯咸率。時文王爲方伯。後人追王。故稱王。宅。居也。漢志。雒陽有上程聚。竹書。文丁五年。王季作程邑。帝辛三十三年文王遷于程。三十五年。周大饑。遷于豐。時用告饑服國。牧養程方也。孔

云。文王初。未得三分有二。故三州也。率。謂奉順也。○王一去聲

王乃召冢卿三老三吏大夫百執事之人。朝于大庭。問罷病之故。政事之失。刑罰之戾。哀樂之尤。賓客之盛。用度之費。及關市之征。山林之匱。田宅之荒。溝渠之害。怠墮之過。驕頑之虐。水旱之菑。

罷音疲菑災同。○冢卿。孤卿。三老。三卿致仕者。三吏。司徒司馬司空。大夫者。司徒之屬。有小司徒。司馬之屬。有小司馬。小宗伯。司空之屬。有小司空。小司寇。共五人也。百執事。府史胥徒也。孔云。大庭。公堂之庭。振謂大門外之庭。指外朝也。罷病。指飢饉。刑罰。司寇所掌。戾。不中也。哀。指凶禮。樂。指嘉禮。宗伯所掌。尤。過也。周禮九式。有賓客之式。好用之式。冢卿所掌。盛費。言太甚也。司關。司市。山虞。林衡。司徒所統。征。橫征。匱。窮也。田。百畝之田。宅。五畝之宅。田閒之水曰溝。池曰渠。司空所掌。言民之罷

病。其故由於政事之失。而其所以失之者。由於官之怠惰驕頑。宜其致天菑也。曰不穀不德。政事不時。國家罷病。不能胥匡。二三子不尚助不穀。官考厥職。鄉問其人。因其耇老及其總害。慎問其故。無隱乃情。及某日以告于廟。有不用命。有常不赦。寡人降稱不穀。遇災而懼也。胥匡。相救也。不尚。尚也。官官長。考察其屬職之治否也。言鄉則遂可知。鄉大夫朝之大臣兼之。詰問其屬政之得失也。耇老。庶人之老。總害。衆人受水旱之害也。故。所以致災之由也。日有十干。或剛日。或柔日。有一定之名。故曰某日。告廟。告后稷也。常。常刑也。不赦。不釋也。王既發命。入食不舉。百官質方。□不食饔。食一音嗣。入。退適路寢也。不舉。不用樂也。百官。官屬也。質。平也。方。版也。謂所上文簿。聽王平斷之者。必書之於版。達之長官。待其既奏。以受報也。

脫文疑是賓不食饔賓禮殺也指三州之使而言謂同憂也○上時掌切殺所界切及期日質明王麻衣以朝朝中無采衣期日所期之日百官復命之時也質明天正明也麻衣深衣袷袂襟齊純之以素者朝外朝也不言大庭可知治朝日日視之不必言期日也○齊音賫純音準官考其職鄉問其利因謀其菑旁匡於衆無敢有違其利謂其屬宜民之事也旁匡於衆四方匡救其衆也無敢有違言百官順命也○詰退驕頑方收不服慎惟怠墮什伍相保退黜也孔云方收方方收其不服化者也振謂方當作放逐也收收其祿秩不服不用命者慎思則審矣更相保守防外寇也○更平聲動勸游居事節時茂農夫任戶戶盡夫出動感其心勸作其力游游手居閒居事節從儉時茂務勤民戶有版圖農聽閭里者以之故曰任戶無戶不出夫以勸農也

稟分。鄉鄉命受糧。程課物徵。躬競比藏。賦穀以備農荒因名其倉曰農稟。分鄉。鄉各有稟也。鄉大夫命其屬受糧以待給也。程。計也。課。稅也。計其所稅。以知賦年之遠近。物。猶色也。徵。卽征。物其所征。以知粟米之陳新。躬。競者。謂鄉大夫躬親其事。專用其力也。比藏。校所藏米穀之多寡也。藏不粥糴。糴不加均。賦洒其幣。鄉正保貸。粥音育。

糴。買米也。比藏不足則買以益之。不賣所糴之米。不準糴。糴於民也。準糴則價雖賤。而近於賈矣。不加均。謂豆區釜鍾。均平如一。不於均之外有所加也。加則量增價減。民不願上糴矣。賦。謂給之。洒。散也。幣。泉也。正。長也。鄉有比長。保。任也。貸。借也。言給散其泉使民糴米。比長保之。則借與泉也。糴音眺。區音甌。散長並上聲。比毗意切。成年不償。信誠匡助。以輔殖財。成年。富歲。不償。不還也。信。誠實也。匡助。救助也。輔。所以扶持輪者。殖。生也。言扶持百姓以生財也。財殖足食。克賦為征。數口以食食。均有賦。數上聲二食音嗣。足食。食初足也。克賦者。去田賦而不斂也。征。征商。抑末也。數。計也。數口以食者。上農夫食九人。其次食八人。中食七人。中次食六人。下食五人也。食均者。如以一月食米計之。人四鬴為上。三鬴為中。二鬴為下。均平如一。食無不足也。於是乎可以收田賦矣。鬴即釜。外食不贍開關通糧。糧窮不轉。孤寡不廢。贍苦去聲。外。謂鄉遂之外。都鄙之地也。不贍。不足也。周禮司關國凶札。則無關門之征。此之謂開關與。人知穀貴。皆懋遷以取利。故可通。窮。無也。轉。運也。言糧無不運也。不廢。給其糧也。言孤寡則鰥獨之不廢可知矣。滯不轉留。戍城不留。口足以守。出旅分均。馳車送逝。旦夕運糧。民有積滯之貨。以之易糧。不久留也。戍城不留。謂相更代也。更代則人數備。故足以守。出旅。謂本國出門之商旅也。分均。分物而定均也。周禮賈師。辨其物而均平之。展其成而貿其賈。然後令市。送逝。送積滯往也。人以糧易於貨。糧貴貨賤。可以獲利。故朝夕運糧。來易賤貨也。

是告四方遊旅。旁生忻通。津濟道宿。所至如歸。遊旅。行貨之衆商也。旁。卽四方。忻。樂也。津濟。舟渡處。周禮。野廬氏。凡舟輦互者。敍而行之。道路也。環人。掌通賓客。送迎及疆。宿。住也。遺人。十里有廬。廬有飲食。三十里有宿。宿有路室。路室有委。五十里有市。市有候館。候館有積。言宿以賤廬市也。言告四方而招遊旅。四方知生財而樂於通商。津濟無阻。道路有環。委積有待。則所至之旅。如歸家之安也。○轚音瀫。遺去聲。積音恣。

幣租輕。乃作母以行其子。易資貴賤。以均遊旅。使無滯。凡稅皆謂之租。幣租。如廛人絘布總布之類。輕。薄也。謂減租也。大荒以幣糴。時民閒之錢少也。泉始蓋一品。民所通用者。作大泉爲母。則有二品。通用者。小而爲子。以母行子。如大錢重。直小錢若干。小錢輕。直一而已。易。貿易。資。貨也。使。役使也。謂用錢也。言幣租之輕。因錢少。乃作母以行子。而物價之貴賤。各如其均。本國之易資者然矣。至於四方遊旅。或用彼國之錢於此邦。或用此邦之錢於彼國。賣買隨其自便。無執滯於子母之法也。孔云。非但租賦作母行子。遊旅易資亦然。○紩音次

無粥熟。無室市。權內外以立均。無蚤暮閭次均行。凡熟食使自爲之。則省室市。藏貨於室。如市之多。待賈而貴價也。內本國之旅。外四方之旅。蚤暮。朝市夕市也。閭。里門。次。思次介次。言權內外之旅。或行子母法。或隨其自便。以之立均平之市價。無論朝夕。閭次依均而行也。○價音育

均行衆從。積而勿□。以罰助均。無使之窮。平均無乏之利。民不淫。衆從內外無不從也。積聚也。勿禁止之辭。大抵言積泉勿他用。惟買穀以賑民與罰。如質人罰犯禁。胥師罰詐僞。胥罰有罪者。皆罰其幣。廛人掌斂之。入於泉府也。市肆所稅之均錢。既可買穀。又以罰幣助之。雖罰其幣。不使受罰者窮也。平。齊等也。淫。甚

也。行均者衆。既齊而一之。故人皆無乏。無播蔬。無食種。種上聲。播。棄也。蔬。蔬材草木根實可食者。種。穀種食種。則穀無由生也。以數度多少省用。祈而不賓。祭服漱。不制車。不雕飾。人不食肉畜。不食穀。國不鄉射。樂不牆合。牆屋有補無作。多少數度中之分限也。祈。嗥也。謂有災變號呼告於神以求福也。繹則賓尸。不賓尸。殺禮也。漱。漸也。不制。不造新也。畜馬也。鄉射。鄉大夫與賢能之射也。樂縣之位。商制未聞。周制。王宮縣。諸侯軒縣。卿大夫判縣。士特縣。宮縣四面。象宮室有牆。牆合云者。豈指宮縣而言與。修破謂之補。改造謂之作。以上八者。省用之目也。其餘數度多少之省用。可例推矣。分去聲。嗥同叫。號音豪。殺音賽。縣胡涓切。資農不敗務。因上文無食種而申言之。資。藉也。國之所藉者。農也。不敗務者。不廢其事也。所以年雖大殺。不可食種也。非公卿不賓賓不過具。因上文不賓而推言之。孔云。唯賓公卿。酒食而已。振謂具。備也。賓公卿之禮。但備數而已。不盛也。哭不畱日。登降一等。孔云。畱。盡也。降一等。為荒廢之也。振謂天子七月而葬。諸侯五月。大夫三月。士踰月。既葬反虞。然後卒哭。哭不盡日。殺哀也。登降。上下也。一等猶言一概也。言上下一概行之也。庶人不獨葬。伍有植。送往迎來亦如之。植音織。老而無子曰獨。無後而人葬之。謂之獨葬。不獨葬。謂子葬父母也。五人為伍。植。監作者。往還彼國。來至我邦。言庶人之葬者。役五人。祇以一人監之。賓客之從者。有五人亦祇以一人監之。皆為省用而然也。監平聲。從為並去聲。有不用命。有常不違。不違。猶不赦也。

程典解第十二。典者常法也。亦宅程時所作。故次之以程典。

維三月既生魄。文王合六州之侯。奉勤于商。商王用宗讒震怒無疆諸侯不娛逆諸文王文王弗忍乃作程典以命三忠魄形也月輪廓無光處也望後生魄曰既望後二日也六州荆揚雍豫幽營也徐兖冀尚屬紂爾宗讒紂同姓有譖文王者無疆無限謂紂怒盛也弗忍不忍叛也三忠周公召公太公也

曰助余體民無小不敬如毛在躬拔之痛無不省以民爲一體弗因其小也而慢之毛以喩小省察也政失患作作而無備死已不誠誠在往事備必慎備思地思地慎制思制慎人思人慎德德開開乃無患備預防也誠警敕也往事指夏桀無不慎謂之慎備思地思地當作慎地思地人兼百官四民言政失故患作而無備死已不警敕也殷鑒不遠在夏后之世欲預防者必無不慎慎地慎制慎人皆思有以處之而其本則歸於慎德德具於心心之官則思故

通。通則慎斯備矣。此之謂有備。乃無患也。慎德必躬恕。恕以明德。德當天而慎下。此申言慎德。當合也。言慎德必躬行恕道。恕以表明君德。君德即天好生之德。故合天。由是以慎德敎下。而德不獨慎矣。下爲上貸力。競以讓。讓德乃行。慎下必翼上。上中立而下比。爭省。和而順。攜乃爭。和乃比。爲比並去聲。此申言無患。貸即大臣解保貸。所謂恕也。翼承奉之意。中立無偏倚也。順者無悖逆之事。攜貳也。言下因上之恕。而強力用之於讓。讓德乃行。下無不恕矣。誠以慎德敎下。下必翼戴其命。上德合天而無偏倚。下皆相讓以親比。而不讓之事滅。是恕有以和人心也。和則氣順而無患矣。蓋人心貳則不讓而爭。人心和則相讓而比。慎德者所以必躬恕也。比事無政。無政無選。無選民乃頑。頑乃害上。此下三節申言慎人。比事百姓相親比以事上也。言民比事而上無德政。由不知慎人而無選也。無選。則所用之人。不能感民。故民愚且亂。

故選官以明訓。頑民乃順。慎守其教。小大有度。以備菑寇。小大。以事言。菑。水旱。言人之感民如此。

協其三族。固其四援。明其伍候。習其武誡。依其山川。通其舟車。利其守務。三族。祖父孫。此司徒事也。四援。四鄰之救援。伍。部伍。候。斥候。誡。戒備。此三句。司馬事也。守務。萬民所守之事。此三句。司空事也。言人之職重如此。故不可不慎也。

士大夫不雜于工商。士之子不知義。不可以長幼。工不族居。不足以給官。族不鄉別。不可以入惠。長音掌。別必列切。。此申言思人。士可進爲大夫。故連言之。長幼。幼有所長也。給。辦也。族不鄉別之族。指商之聚居而言。鄉。指市井。商鄉也。入惠。如廛而不征。法而不廛。是已。言士大夫不與工商雜處。雜處。則其言哤，其事易。士不言義，子故不知。以之長幼而不可。工不聚居，業故不精。以之給官而不足。商不鄉別，不知逐末之多少。以之入惠而不可。皆思有以處之也。不言農，可知。爲上不明，爲下不順，無醜輕其行，多其愚不智。行去聲。此申言德開。醜，等也。言上不明德，下不順教。德皆不慎，無分上下之等也。不慎其行，節不能開通其思而自多其愚。何智之有哉。反言之，以見德之當開也。慎地必爲之圖，以舉其物，物其善惡，度其高下，利其陂溝，愛其農時，脩其等列，務其土實，差其施賦，設得其宜，宜協其務，務應其趣。度音鐸，應去聲。此申言慎地思地。圖，地圖。以，用也。舉物，行事也。其，指地也。物，相也。善惡以土色言。高，丘陵。下，川澤。陂，障也。等列，上地中地下地也。土實，土地所生之物也。施當作弛，謂弛力也。賦，力役之征。其務，其事也。應，當也。趣，趣時。言慎地必爲之圖。而其用圖行事者。思所以處之也。觀其圖。則物之度之利之。愼之至也。行其事。則愛之修之務之差之。思之審也。於是設施得其義。與事無不合。愼用必與時無不當。此愼地思地之驗也。○當去聲

愛。工攻其材。商通其財。百物鳥獸魚鱉。無不順時生穡省用。不濫其度。津不行火。藪林不伐。牛羊不盡齒不屠。士勸不極美。美不害用。用乃思愼。口備不敬。不意多口。用寡立親。用勝懷遠。遠格而邇安。

此申言愼制思制。家宰制國用。愼用。節愼制也。思所以處之。必在於愛物也。材。五材。物不一。故言百。順時所以愛之也。春生秋斂。用之以禮。不過其法度。愛五穀也。津。渡處。非時不火田。愛蟄物也。非時不伐木。愛材物也。牛羊老而後屠。愛家畜也。以土勸民。有再易三易之地。更相耘耔。不盡地美。愛地力也。以上言思制也。美。包一切而言。

害。妨也。不害用。猶言不可勝用也。愼不外乎思。故曰思愼。備不敬者。所具不能盡敬。謂其禮宜儉也。不意多者。非有意於多。謂其禮宜豐也。備不敬。故用少。如媒氏入幣不過五兩。冠禮不用醴。所以立親也。不意多。故用勝。如聘義用財如此其厚。所以懷遠也。以上言愼制也。遠。四鄰。邇。封內。遠至近安。愼制思制之效也。更勝竝平聲冠去聲

於安思危。於始思終。於邇思備。於遠思近。於老思行。不備。無違嚴戒。

此推究上文思字未盡之義。於安思危。言政失患作。安不可恃也。下文遂廣言之。始終。以事言。愼終于始也。邇。以時言。近時當備後時也。遠近。以地言。震于其鄰。當省其躬也。老以年言。創業垂統。當思可傳而可繼也。愼有數端可舉。故曰備思則周流無常。故曰不備。上文三思。此節五思。惟有德者能開之。故戒莫嚴于此。助君體民者。不可以違逆之也。

程寤解第十三

寐覺而有言曰寤。太姒吉夢在宅程時。故次之以程寤。

文王去商在程。正月既生魄。太姒夢見商之庭產棘。小子發。取周庭之梓。樹于闕閒。化爲松柏棫柞。寤驚以告文王。文王乃召太子發占之于明堂。王及太子發竝拜吉夢。受商之大命于皇天上帝。七十五字。出太平御覽及藝文類聚。盧氏抱經補。去商。朝紂還也。太姒。文王妃也。莘國。女莘在今陝西同州府郃陽縣。庭不屋。凡外朝治朝燕朝之塗。皆曰庭。棘如棗而多刺。木堅色赤。叢生。產棘。喻商亂也。楸之疏理白色而生子者爲梓。百木長。闕觀也。古者每門樹兩觀於前。以表宮門。中央闕然爲道也。取周庭之梓種於紂朝之闕閒。喻周有商朝也。松亦百木長。木皆向陽。而柏指西。木之有貞德者。二木皆壽。喻八百年基業也。棫。白桵也。小木叢生有刺。實如耳璫。紫赤可啖。柞。櫟也。堅靭之木。新葉將生。故葉乃落。附著甚固。二木喻多才也。占夢有六夢。此噩夢也。明堂。天子祭帝覩朔。武王始有之。文王爲西伯。記者誇之耳。或謂明堂卽太廟。非也。皇天上帝。天也。○觀去聲著直略切

秦陰解第十四 亡。秦。隴西谷名。在雍州鳥鼠山之東北。四方西爲陰。東爲陽。秦陰。秦西也。指岐而言。文王宅程治岐。故次之以秦陰。○雍去聲治平聲

九政解第十五 亡。治岐之政有九。所以戒百官者。故次之以九政。

九開解第十六 亡。開。通也。程典之所謂開。主愼德通思而言。此之所謂開。主以德道民而言。其目有九。所以牖民者。故次之以九開。

劉法解第十七 亡。劉。殺也。法。兵法。官治民安。武事大備。時有征伐與。故次之以劉法。○與平聲

文開解第十八已。文。文教。偃武修文。文所以開導民也。故次之以文開。

保開解第十九已。保開。保民當通天道也。文王命周公以此。所以使之助文教也。故次之以保開。

八繫解第二十已。繫。多也。謂多害也。八。其數也。紂殘害於萬方百姓。文王戒武王以此。亦保民之意也。故次之以八繫。

周書解義

仁和潘振芑田註　石門徐珩湘渚訂

卷三

武穆解第三十三

酆保解第二十一 酆在始平鄠縣今陝西西安府鄠縣也保安也時紂害甚繁文王命周公謀保酆邑故次之以酆保○鄠音戶

維二十三祀庚子朔九州之侯咸格于周王在酆昧爽立于少庭 少去聲○竹書帝辛三十三年周遷程三十四年伐崇三十五年自程遷豐此解當在遷程之後伐崇之前云二十三祀恐誤祀年也夏曰歲殷曰祀周曰年唐虞曰載稱祀從殷正朔也文王三分有二不得言九州酆有離宮曰在未遷也昧爽者未明將明謂夜向晨也少庭路寢庭也

王告周公旦曰嗚呼諸侯咸格來慶辛苦役商吾何保守何用行 慶賀也時文王有喜可賀與辛苦喻勞瘁也役使役言服事商受也行者斟酌

之辭。保，保城郭。守，守社稷。用，用民。行，行政。旦拜手稽首曰商爲無道棄德刑範欺侮羣臣辛苦百姓忍辱諸侯莫大之綱福其巳巳人惟庸王其祀德純禮明允無二卑位柔色金聲以合之稽音啓。拜手，拜頭至手，空首也。稽首，拜頭至地也。德範指大臣。辛苦，賦重役煩也。忍辱，忍心辱之。綱，大繩屬，綱絕流而漁，況罪罟也。言紂以莫大之禍加於人也。福，五福，用敷錫厥庶民者。巳巳，巳巳之又巳，言紂絕不加福於人，人遭紂之害，習以爲常也。祀德，猶言祀事。純，不雜也。以下申明純禮。齊明誠信無讒慝，此禮之純於內者。掃地而祭，故曰卑位。此類祭也。紀言者夸之爾。牲用白，屬陰，故曰柔色。從殷尚聲，用金奏，故曰金聲。此禮之純於外者。合之，謂以外合內，無不純也。齊齋同王乃命三公九卿及百姓之人曰恭敬齊潔咸格而祀于上帝商饋始于王。因饗諸侯。重禮庶吏。出送于郊。樹昏于崇。三公。見史記。九卿。三孤六卿。官備。記者夸也。百姓見克殷恭主容敬主事。齊齋其思慮。潔絜其身體。上帝。天帝。此命辭也。饋。遺也。王指紂。饗。致盛禮以飲之也。諸侯。紂畿內所封者。庶吏。紂之衆官也。饋商之禮既備。文王乃出。卿大夫士送之於邑外。妻父曰昏。樹昏。紂命文王主昏也。崇。國名。今鄠東。蓋崇國女紂與。○遺以醉切飲女去聲內備五祥六衛七厲十敗四葛外用四蠹五落六容七惡。惡去聲。○內指本國。備兼完備戒備二義。葛延蔓相及長久之義。外。敵國。用。用以征伐也。蠹。木中蟲也。敗自中出之義。落摧殘之義。容包函也。○蔓音萬五祥。一君選擇。二官得度。三務不舍。四不行賂。五察民困。舍上聲。○選擇。選才而能擇其人也。官得度。官不失其法度也。務不舍。農事不廢也。不行賂者。官民不行賄賂也。居而無食謂之困。察民困者。春省耕而補不足。秋省斂而助不給也。六衛。一明仁懷恕。二明智設謀。三明戒攝勇。四明才攝士。五明德攝官。六明命攝政。五衛同而異。故此申說之。戒。軍戒。左傳。晉侯之弟揚干亂行於曲梁。魏絳戮其僕。所以警戒也。反役。使佐新軍。果敢曰勇。才。才能。如可以爲千夫長百夫長者。士。卽大司馬之屬。上士中士下士也。德者。善美之稱。指藝而言。如善射良御皆是。官。如射人太馭之類。命。軍命也。綱鑑。漢文帝自勞軍。至細柳軍門。都尉曰。軍中聞將軍令。不聞天子詔。帝拜亞夫爲中尉。政。軍政也。言顯明其仁。使之懷人以恕。顯明其智。使之施陳其謀。顯明其戒才德命。使整飭之。無曠厥職。此皆衛國之臣。故謂之六衛也。○行音杭 長音掌 勞去聲 七厲。一翼勤厲務。二動正厲民。三靜兆厲武。四翼藝厲物。五翼言厲復。六翼敬厲衆。七翼知厲道。知智同。○翼。翼之也。贊。贊助之義。勤。不怠也。務。農桑之事。動。正。舉行正道。凡民之行。以身先之。所以勸民也。靜兆。安靜以俟其機兆。遵養時晦。晦明允武。靜兆所以勸武也。藝。百工技藝。物。工事。文酌解十二來言歸皆有司存。是有以翼之。所以勸工事也。言。約信也。復踐言也。約信不可不往。如魏文侯與虞人期獵。是已。所以勸踐言也。共命之謂敬。翼敬。如小宰廉敬。閭胥書敬。所以勸衆也。知。明道藝者。鄉大夫書其道藝而賓與之。所以勸道也。○行一去聲。共音恭

十敗。一佞人敗樸。二諂言毀積。三陰資自舉。四女貨速禍。五比黨不揀。六佞說鬻獄。七神龜敗卜。八賓祭推穀。九忿言自辱。十異姓亂族。比音避○佞人亂義。故質樸之人。反爲所敗也。希意道言謂之諂。利口也。積。積累。指基業。利口覆邦家。是敗其基業也。陰資。陰事陰令之所資藉者。謂奄人也。自舉用之。敗君子矣。女。女色。貨。金玉。

好色好貨。是敗德矣。故召禍也。比黨。皆親厚之出於私者。不揀擇人以任職。是敗政矣。鬻獄者。賣獄以受貨。呂刑所謂侫折獄也。是敗刑矣。龜所以卜。如臧會竊寶龜僂句卜僭。非聖人立卜之正義。故家不寶龜。恐其敗卜也。賓祭用穀。有一定之數。推而進之。則濫用也。是敗國用矣。忿言。怒言也。出乎爾者。反乎爾。故曰自辱。是敗行矣。異姓亂族。如漢高祖賜婁敬姓劉。是敗本矣。此十者。當戒備之。○覆音蝮僂音縷句音屨

四蔿。一蔿其農時不移。二費其土慮不化。三正賞罰獄無姦奇。四蔿其戎謀。族乃不罰

奇音羈。○農之子悝爲農。春耕夏耘秋斂。素知其候。故延其農事。則時不移也。土敝則草木不長。當取延蔓之義。不可費其土也。矯枉之謂正。大禹謨云。賞延于世。呂刑云。五刑不簡。正于五罰。皆延蔓之義。姦僞不中。奇邪不正。速決其獄。非延緩也。故禁止之。戎謀。卽蒐苗獮狩之事。族。如晉有中行氏。宋有司馬氏也。延習其戎事。則進退有度。左右

有局。官族乃不至於受罰也。四蠹。一美好怪奇以治之。二淫言流說以服之。三羣巧仍興以力之。四神巫靈寵以惑之。治平聲與去聲。○美男。好女。異物。奇器。彼得其欲則不亂。所以治之也。之。皆指敵國而言也。鋪張敵人之功德。不妨過言之。說如水流。莫有能禦之者。此滑稽之所爲。彼悅其辭則不畔。所以服之也。羣小之巧言。因其高與而逢迎之。此敵人爲我盡力於其君者。蓋賄賂使之然也。神巫能通鬼神。神靈降寵。所以惑敵人也。此四者。使之敗自中出也。謀近戰國。紀言者無乃駁乎。○爲去聲五落。一示五貞以移其名。二微降霜雪以取松柏。三信蟜萌。莫能安宅。四厚其禱巫。其謀乃獲。五流德飄枉以明其惡。移音異。蟜音橋。○移。羨也。示以吾正。使敵人歆羨其名也。微降霜雪。歲之仲冬。故可取松柏。喻取人村於敵國也。蟜是蟻，萌通氓，指民言。信蟜萌，取信於敵國之民也。莫能安宅，言來歸也。巫，敵國之巫。凡有侵伐之事，必先禱之。故厚賂其巫，則其謀乃得流通。其德澤，如大賚是也。飄散其寃枉，如釋囚復位是也。所以明勝國之惡也。此五者皆以落敵人也。

六容：一游言，二行商工，三軍旅之庸，四外風之所揚，五因失而亡，作事應時，時乃喪，六厚使以往，來其所藏。

應喪使去聲。游說之言，容之則士無不至。商工不通，則財用不足。故宜容之以通行。軍旅之用甚多，宜容蓄之也。敵國之風聲，簸揚於我國，容忍之，不爲其所動也。因失而亡，謂敵國之臣，因失政而亡在我國者，如陽虎奔齊，請師以伐魯，鮑文子諫止之。起兵事當此時，時乃喪失其師也。故必容忍之而不作，厚幣使臣，以往敵國，來其所藏之物。我往則彼來，無不容納之也。說音稅。

七惡：一以物角兵，二令美其前而厚其傷，三間

於大國安得吉凶。四交其所親。靜之以物。則以流其身。五率諸侯以朝賢人。而已猶不往。六令之有求。遂以生尤。七見親所親。勿與深謀。命友人疑。間去聲。用事於角兵。如州吁是已。王莽未篡之時。以公田口井布令。此美於前也。既篡之後。浚民禍世。是厚其傷也。安得。不得也。如蔓子不祀祝融與鬻熊。是失其吉禮也。許不弔災。是失其凶禮也。交接敵國親信之臣。如楚有子常。唐獻馬而歸唐侯。蔡獻佩而歸蔡侯。靜之以物也。後蔡侯唐侯伐楚。子常奔鄭。是流亡其身也。賢人。指天子。已。敵國自已。代言之也。不往。不庭也。有令於小國。而彼求賂於我。求而無厭。不能滿其欲。故怨也。見。我見之。敵國於其親愛之同姓。勿與深謀。即寶典所謂以親爲疎。其謀乃虛者也。命友人疑者。友邦疑畔若彼命之也。旦拜曰。嗚呼。王孫其尊天下。適無。見過過適。

無好自益以明而迹。嗚呼。敬哉。視五祥六衞七厲十
敗四葛不脩國乃不固。務用四蠹五落六容七惡不
時不允。不卒不緩。反以自薄。嗚呼。深念之哉。重維之
哉。不深乃權不重。從權乃慰不從乃潰。不可復戒
後人。其用汝謀。王曰允哉。

孫遜同適音的好音耗薄音博。遜讓也。適主也。言
王遜其尊位。天下之主無有也。見過過適。猶云萬方
有罪。罪在朕躬爾。自益自賢也。明示之也。而汝也有
行可見之謂迹。專力曰務。時時此也。允信此也。卒循
此也。緩緩此也。言當順時誠信遵循從容而用之。薄
侵也。自薄自見侵於人也。維謀也。敬故深念。深念故
重維。不敬則念不深。所權謀之事。必輕易而不重。權
重則敬至。從敬則汝之國安。不從敬。則汝之國亂。不
可復救矣。戒後人以敬用汝五祥及七惡之謀也。文

王曰信哉。從七恭切

大開解第二十二

開者，啓謀以示後嗣。曰大者，別乎其小也。保民之本，在於脩身，故次之以大開。○別，方別切

維王二月既生魄，王在酆，立于少庭，兆墓九開。少，去聲。○商二月，即夏正建寅之月，孟春也。兆，界域。墓，平地。先儒謂周祭五祀，祀於宮。時蓋祀戶與？祀戶之禮，南面設主於門內之西，見蔡邕《獨斷》。界域甚平，指門之西與？九開，九戶，四方、中央及四隅也。此戶主之數與？抑一主而總祀之，因號其主爲九開與？開厥後人八儆五戒。儆，寤也，謂寤其理之所以然。戒，備也，謂備其事之所未然。八儆：一曰旦于開，二躬脩九過，三族脩九禁，四無競維義，五習用九教，六回用守備，七足

用九利八寧用懷口早啓門勤政事也九過如足容重手容恭目容端口容止聲容靜頭容直氣容肅立容德色容莊其有差忒則治而去之親親以三爲五以五爲九禁如族之相爲宜弔不弔宜免不免有司罰之是也無競維義莫強於義也習修爲也九教者一孤三卿五大夫之諫教也守戍卒備兵器保國者宜用之足財用足也九利即周禮之九職寧安也懷懷之以德也此八者皆有所以然之理故寤之也免音問五戒一祗用謀宗二經內戒工三無遠親戚四離無薄口五禱無憂玉及爲人盡不足遠去聲謀宗謀主謂慮四方之大臣不敬用失民表矣內不治則女禍烈工不戒則淫巧生九族外戚遠之則禍亂作脫文疑是金雕刻之事薄視其金而用之則費也憂與優同有餘也禱祈小祀用玉有餘亦費也貨爲人盡用則不足矣此五者雖屬末然皆不可不戒也王拜儆我後人謀競

不可以藏。戒後人其用汝謀。維宿不悉。日不足。拜。拜神也。

以下皆儆辭。競。力也。藏。不行也。上後人。指見在下後人。指將來。宿。用也。日不足。嫌日短也。言我後人。卽此謀而用力焉。不可以不行也。告戒子孫。用汝今日所聽之謀。此謀用之而不盡。日有孳孳。其可也。

小開解第二十三

開而曰小。別乎其大也。啓示後人。前旣陳其綱領。此復就其中習用五教。祇用謀宗。而詳言用人之不易。是大開之所分見者。故次之以小開。

維三十有五祀。王念曰多。□正月丙子。拜望食無時。

汝開後嗣謀。有又通。○是年遷豐。王念。念德也。多。美辭。商正月。夏正季冬。畢山川之祀。故望也。食無時。申時也。王者四食。旦食。晝食。晡食。暮食。諸侯三飯。無晡食。與。地屬陰。故申時祭之。與。言美哉德也。正月丙子。拜望祭於晡時。當命汝啓謀於後嗣也。○晡音逋

曰。嗚呼。于來後之人。

余聞在昔曰明明非常維德曰爲明食無時汝夜何脩非躬何慎非言何擇非德爲去聲○此以下皆拜望後所命之辭于語辭明明言天有顯道非常命靡常也維德曰爲猶言惟德是輔二句古語也明食無時汝夜者言明告於晡時汝當清夜思之也曰何曰非設爲問答以發其意見三者不可不盡心也嗚呼敬之哉汝恭聞不命賈粥不讎謀念之哉不索禍招無曰不免不庸不茂不次人菑不謀遷弃非人朕聞用人不以謀說說惡諂言色不知適適不知謀謀泄汝躬不允諂音叨○此一節明不擇德之戒敬者篇中之大旨居貨曰賈讎售也免罷去庸登庸茂勉也次序也遷弃猶言貶黜言當敬之哉汝尊所聞出於汝心我不命之居貨求粥而人不售其所議之物不可強

也。惟敬故能常思慎勿求禍而招無德之人。蓋小人不去。則國家不能用賢而失其人。由是功力不勉。則庶績不能咸熙而失其序。此人蓋所以不能謀也。良由黜陟之不當其人耳。我聞古語。人不以言取。其說之可惡者。莫如疑言。以彼色莊之人。中心無主而不知謀。故爲疑言以應之。如此。則謀洩漏於外矣。汝身當勿信用此人也。○強上聲當一去聲

嗚呼敬之哉。後之人。朕聞曰謀有共軥。如乃而舍人之好。佚而無窮。貴而不傲。富而不驕。兩而不爭。聞而不遥。遠而不絕。窮而不匱者。鮮矣。軥音拘舍上聲○此一節。言德也。軥。推也。乃。彼也。指古語。好。指德。言謀有同德。猶車有共推也。如古語所云。則人之有德者宜擇之。而顧可以舍之乎。以下遂歷數人之好。佚。遺也。無有窮之見存。遺佚而不怨也。不傲不驕。富貴若固有之也。兩。謂人與已同功。不爭。謙讓也。聞。卽升聞之聞。不遥者。親近乎民。所謂

居廟堂之高。則憂其民也。遠。隱遯不絕者。心繫乎君。所謂處江湖之遠。則憂其君也。不匱者。不憂其乏。阨窮而不憫也。如此之人甚少。不可以舍之也。○數上聲 汝謀斯何。嚮非翼。維有共枳。枳云重大害小。不堪柯引。維德之用。用皆在國。謀大鮮無害。云同無。鮮音仙○此一節言擇也。斯指國。何嚮非翼。言當心向乎羽翼我之人也。枳。木高多刺。可爲籬落。喻上下相維。遮爲藩蔽也。害。妨害。以爲妨於用而舍之也。大小。以德言。重大。則天下恐無完人。害小。則有善不會節取。堪。能也。柯長三尺。博三寸。厚一寸有半。所以運斧者。十丈爲引。所以量物者。不堪柯引。喻不稱其職也。隨德之大小而用之。賢才皆在國而不去也。大鮮。大善也。無害。無禍菑也。○量平聲 嗚呼。汝何敬非時。何擇非德。枳維大人。大人枳維公。公枳維卿。卿枳維大夫。大夫枳維士。登登皇皇。此一節。明擇德之妙也。登登。高也。皇皇。大也。言汝何所敬。豈非時乎。隨時布德。當擇有德之人而用之。以德爲藩。藩者王也。王之藩維公。公卿大夫各有藩。皆所以藩王也。故王德極其高大也。君枳維國。國枳維都。都枳維邑。邑枳維家。家枳維欲無疆。此一節。推言枳義也。四縣爲都。五十里。四井爲邑。二里。家。五家。所謂比鄰也。欲。指衣食而言。無疆。言饒足也。

動有三極。用有九因。因有四戚五私。極明異與有畏勸。汝何異非義。何畏非世。何勸非樂。謀獲三極無疆。動獲九因無限。樂音洛。此一節。言培德待擇。并指敎。至善之謂極。用者。舉而用之。因。緣由也。以下申言九因。四戚。一孤三卿。與君國同休戚者。五私。五大夫也。用人必因卿大夫。所謂德有由擇也。以下申言三極。極有異與畏勸。皆當明之也。何異非義。言當旌畀有義之人也。何畏非世。言當畏服世祿之心志也。何勸非樂。言當勸其樂善也。所謂培德待擇也。獲得也。無疆無限。皆言無盡也。言有謀可用之人。得三極之薰陶。故萃聚而無已。感動有成之後。得九因之薦舉。故鼓舞而無窮。互言之。以見德之不勝擇也。○勝音升

務用三德順攻奸□言彼翼翼在意仍時德。此一節言既擇而用其德也。鮮矣以上言德之裕。此乃言其實也。攻治也。翼翼敬也。在察也。八尺曰仞。論語數仞旅獒九仞。皆由此積之也。時善也。言專力用三有德之人。和順而能治人之詐偽。德莫明於此。出言而彼能敬。德莫飭於此。察意之善惡。而能積小以高大其善德。德莫聚於此。此所以宜務用也。○治平聲

春育生素草肅疏數滿夏育長美柯華。務水潦。秋初藝。不節落。冬大劉。倍信何謀。本□時歲至。天視。數音促 潦音老 ○此一節言德各稱其用也。素草。初生之草。盩肅扶

疎。草始盛也。數密滿盈。草大盛也。務。趣也。潦。雨大貌。初藝。草木葉初分解也。節落則盡隕矣。大劉者。百卉具零。是大殺也。倍與背同。信。四時之信也。脫文疑是四。至。善也。視。效也。言春生夏長秋藝冬劉。時各有信。人背之。不能謀歲。本其時而謀之。則歲無不善。以況人各有德。君背之。不能謀政。本其德而謀之。則政無不善。此用人者。所以惟天時是效也。文王之世。豈卽以四時名官與。○趣音促

嗚呼汝何監非時。何務非德。何興非因。何用非極。維周于民人。謀競不可以後戒。後戒宿不悉。日不足。此一節總結上文也。何監非時。言當視天時也。何務非德。言當專力於德也。何興非因。言當起其後日九因之才也。何用非極。言當用其前日三極之人也。如此。則德可普徧于民人。此謀用力。豈不可以戒後人乎。戒後人而用之不盡。惟日有孳孳而已也。通篇祇言擇德。而脩躬愼言。末之中明著德爲二者而擇。則二者已在其中也。

文儆解第二十四

文。文章。即所詔之言也。儆。戒也。前既啓謀乎後嗣。今當有疾。又有以戒之。故次之以文儆。

維文王告夢。懼後祀之無保。夢。寐中所見事形也。告。訊占夢也。祀。年也。無保。不保其生也。庚辰。詔太子發曰。汝敬之哉。民物多變。民何嚮非利。利維生痛。痛維生樂。樂維生禮。禮維生義。義維生仁。諸侯之子稱世子。云太子者。後人追敘之辭。敬爲一篇之大旨。故每首言之。變。無常也。利有得失。失則痛。得則樂。倉廩實而知禮節。禮以義起。故生義。知義則有無宜黽勉。有喪宜匍匐。皆出於不忍之心。故生仁。民事之變如此。嗚呼。敬之哉。民之適敗。上察下遂信。何嚮非私。私維生抗。抗維生奪。奪維生亂。亂維生亡。

亡維生死。適敗。即善敗。猶言豐耗。事從志而成曰遂信當作民。私。指利。抗。拒也。亂。悖逆。亡。逃也。民之宜察如此。故下文言遂民之事。嗚呼。敬之哉。汝慎守勿失。以詔有司夙夜勿忘。若民之嚮引。汝何慎非遂。遂時不遠。非本非標。非微非煇。壤非壤不高。水非水不流。壤如兩切。若順也。時。是也。壤與水喻民。非壤不高喻利之積也。非水不流。喻利之行也。言敬之哉。汝謹守其謀。而無有遺失。詔告其官。而勿使偶忘。順民之所嚮而引導之。汝何所慎。非遂民之道乎。其道是甚近者。非本非末。非隱非顯。即觀其民而得之。民非利不遂也。嗚呼。敬之哉。倍本者槁。汝何葆非監。不維一保監。順時維周于民之適敗。無有時蓋後戒後戒謀念勿擇。木離本。喻棄民也。槁。木枯。喻國亡也。葆與保同。當保其所察之民。保監不一而足也。時。指所嚮而言。周言察之徧也。無有時葢。言無有所嚮而掩覆之也。謀念勿擇。言此謀宜常思之。勿更有所選擇也。○覆敷救切

文傳解第二十五　傳去聲。○傳。傳也。傳示後人也。前既有以戒之。此又有以示之。故次之以文傳。

文王受命之九年。時維暮春。在鄗。竹書。帝辛三十三年。錫命西伯。得專征伐。沈約曰。受命自此年始。九年。帝辛四十一年也。暮春。商正三月。夏正二月也。鄗。在豐東二十五里。有別館。召太子發曰。嗚呼。我身老矣。吾語汝。我所保。與我所守。傳之子孫。吾厚德而廣惠。忠信而志愛。人君之行。語行並去聲。○老。文王九十有七也。言吾告汝。我所保民。與我所守邦之道。傳之子孫。吾厚其德於

內。廣其恩於外。厚德心存誠實。不爲驕侈。不爲泰靡。廣惠志在愛人。人君之行也。

不淫于美括柱茅茨。爲民愛費。此一節。言厚德也。驕矜夸。侈奢侈。指服御而言。泰體怢。靡財費。指頤養而言。淫貪也。美指用器而言。括柱。刮楹不加文飾也。以茅蓋屋謂之茨。爲民愛財用。務儉也。山林非時不升斤斧。以成草木之長。川澤非時不入網罟。以成魚鼈之長。不麛不卵。以成鳥獸之長。畋漁以時。童不夭胎。馬不馳騖。士不失宜。夭音襖。此以下。言廣惠也。野外謂之林。斤。斫木刀也。網罟。緵罟也。即詩九罭。今百囊罟。亦曰罬。獸初生。皆曰麛。卵。鳥卵取其幼穉謂之童。馳騖。馬行疾也。言山林非時不伐。川澤非時不罟。所以成草木魚鼈之生長者。麛卵亦有以成之也。既成之於平日矣。及其畋山林。漁川澤。必以其時。或取其幼穉。其至小者。未生者。皆舍之。而

田獵用馬。不可以盡其力也。由山林川澤推之。土甚多矣。皆不可以失其所宜之物也。○斫音灼 畾音雷

土可犯。材可蓄。潤溼不穀。樹之竹葦莞蒲。礫石不可穀。樹之葛木。以爲絺綌。以爲材用。莞音桓 礫音歷○此申言土不失宜也。犯。勝也。相土得宜。是陵犯得勝也。蓄。聚也。莞。苻蘺。小白蒲也。礫石。小石。葛。蔓草也。○苻音扶

故凡土地之閒者。聖人裁之。並爲民利。是魚鼈歸其泉。鳥歸其林。此言以時之驗也。裁之。度其時也。是下疑有以字。凡物言歸。見其多也。此因不夭胎而然也。言此。則材木與獸之多可知矣。

孤寡辛苦。咸賴其生。山以遂其材。工匠以爲其器。百物以平其利。商賈以通其貨。工不失其務。農不失其時。是謂和德。承上文。遂言多物之利民也。窮民不止孤

寡。故以辛苦賅之。賴。藉也。山下疑有林字。遂。進也。工匠。專指木工。單言工。百工也。和。諧也。惠因德廣。民無不諧。故曰和德。凡言謂者。皆古語也。言窮民皆得藉其所生之物。山林甚多。得進於匠而作器。百物甚多。得平其價而通貨。百工多造作之費。而不失其事。農夫多耕種之本。而不失其時。是之謂和德也。

土多民少。非其土也。土少人多。非其人也。是故土多發政以漕四方。四方流之。土少。安帑而外其務。方輸。此以下。言人之當愛也。郊外可耕之土多。耕者少。畝必奪之。郊內可耕之土少。望授田者多。不能給。人必去之。水運糧曰漕。輸。出賦也。言外土多。則發徙民之政。給糧而運糧至四方。爲之裁其利。使之賴其生。四方流行其民。無不適攸居者。所以充實外土也。民不患少矣。內土少。則使民安妻子於內。而於外土設農業。四方輸粟。所以遠離內土也。民不患多矣。離音荔。

夏箴曰。中不容利。民乃外次

夏箴。夏禹箴戒書也。中。郊門之內。利。指稼穡。外。郊外。次。舍於田也。引此以証土少外務之義。開望曰。土廣無守可襲伐。土狹無食可圍竭。二禍之來。不稱之災。開望。古書名也。竭。盡也。謂盡其糧也。裒多益寡之謂稱。言土多而不知轉徙。無以守土。可襲而伐之。土少而不知外務。無以輸粟。可圍而竭之。二禍之來。人土不稱之災。此引古書而總証之。天有四殃。水旱饑荒。其至無時。非務積聚。何以備之。此言愛人之實。二穀不熟為饑。四穀不熟為荒。積聚。乃實政也。孔云。積材用。聚穀疏。夏箴曰。小人無兼年之食。遇天饑。妻子非其有也。大夫無兼年之食。遇天饑。臣妾輿馬非其有也。兼。并也。有餘之義。古者國家。三年必有一年之儲。非其有。言流亡也。引夏箴以明積聚之當務也。戒之哉。弗思弗行。至無日矣。惟戒故能備之。指天饑也。思。存諸心也。行。舉其政也。至無日。言四殃之至不遠也。不明開塞禁舍者其如天下何。此承弗思而總言上文之義通曰開指發政安帑而言。不通曰塞。指無守無食而言。禁。不時則禁之也。舍。置之而不取也。不思故不明。雖有天下。不能治也。人各修其學而尊其名聖人制之。此承弗行而望其行也。尊其名。如尊之為秀士選士俊士進士也。制。裁也。裁用之。所以使之行政也。選去聲故諸橫生盡以養從。從生盡以養一丈夫。從音蹤。橫生。指物。背向上也。從生。指人。首戴天也。一丈夫。指天子。承上文。言行政。則萬物可以養人。而人可以養君。無禍殃也。無殺夭胎。無伐不成材。無墮四時。如此者十年。有十年之積者王。有五年之積者霸。無一年之積者亡。生十殺一者。物十重生一殺十者。物頓空。十重者王。頓空者亡。王去聲。

此申言禁舍之事。以反覆推明山林一節之義。無憚四時。勤土宜也。物十重者。物數足也。物頓空者。物遽盡也。此言能廣惠者與不能者之得失。以見愛人之當廣惠也。

兵強勝人。人強勝天。能制其有者。則能制人之有。不能制其有者。則人制之。令行禁止。王始也。出一曰神明。出二曰分光。出三曰無適異。出四曰無適與。無適與者亡。

此承上文而申言忠信也。勝天。勝有天命也。令。如發政安帑之類。禁。如非時不取是已。出政有四等。神明者。純乎忠信。人所不測。所謂誠者天之道也。分光者。學乎忠信。髣髴神明。所謂誠之者人之道也。適。善也。無適異者。不勉乎忠信。無善可異。則愚柔之主也。與。許也。無適與者。全失其忠信。無善可許。則暴虐之君也。言兵強人強。在乎能制其有。蓋爲治之初。且因天地自然之利。而樽節愛養之。故令之而民行。禁之而民止。王道之始也。此非忠信。何以能之。因分能忠信與不能者之等差。不言得而言失。其丁寧之意。至深切矣。

柔武解第二十六

柔。服也。以德服人。不尚兵力。是柔武也。文王既沒。武王卽位而作此解。故次之以柔武。

維王元祀。一月既生魄。王召周公旦曰。嗚呼。維在文考之緒功。維周禁五戎。五戎不禁。厥民乃淫。竹書。帝辛四十二年。周武王元年。一月。商正建丑之月也。緒。業也。國功曰功。五戎。言五事可以致寇者。淫。邪也。一曰。土觀幸時政。匱不疑。二曰。獄讎刑蔽。姦吏濟貸。三曰。聲樂□□。飾女滅德。四曰。維勢是輔。維禱是怙。五曰。

盤游安居枝葉維落。觀去聲。土觀、築土構屋可以遠觀、時時幸往。政窮廢而不介意也。獄懈者、民有懈怨、爲報仇者致人於獄。刑蔽者、情有遮隔、爲矯詐者致人於刑。此姦吏所以成其貨也。若假貸然、假不反矣。聲樂、音樂。飾女麗後宮之華飾。色爲伐性之斧、故滅德。勢、有權力者、如晉假道以伐虢、虞公許之、是助勢也。禱、求福之祭、如神降于莘、虢公請命、神賜之土田、是恃禱也。盤游、久游。安居、晏處、好逸樂也。枝葉、指衆政。落、隕也。五者不距、自生戎旅。距與拒通。國必自伐而後人伐之、故曰自生戎旅。故必以德爲本、以義爲術、以信爲動、以成爲心、以決爲計、以節爲勝。德之宜於事者爲義。術、法也。德之孚於人者爲信。動、感動敵人也。德之有樹立爲成。心者、人之神明所以具衆理而應萬事者也。德之有果斷爲決。計、謀也。德之有限制爲節。勝、勝敵也。此爲拒戎端其本也。務在審時、紀綱爲序、和均口里以匡辛苦見寇口慼靡適無口承上文勝敵而言其事也務在事在也包下文而言審時者春違其農夏食其穀秋取其刈冬凍其葆此勝敵之事也既勝之後事有紀綱如允文解收武釋賄以下二十言是紀其綱則周行也和平其里匡救其窮見敵國之外慼無善不賚皆所以收其心也其序如此○行音杭勝國若化不動金鼓善戰不鬪故曰柔武四方無拂奄有天下善戰謂廟勝不鬪不假威力也拂違也

大開武第二十七大謂廣大其義也王既作柔武而又訪之周公乃大通其武而告之故次之以大開武

維王一祀二月王在酆密命一祀即元祀時武王未遷鄗故在酆有祕密之命也訪於周公旦曰嗚呼余夙夜維商密不顯誰和告

歲之有秋。今余不獲其落。若何告疑當作若。言余朝夕思商。此事祕密不明。誰其合我意者。譬如歲之禾穀既熟。余不得其刈。將若之何。周公曰。茲在德敬。在周其維天命。王其敬命。遠戚無十和。無再失。維明德無佚。佚不可還。維文考恪勤。戰戰何敬。何好何惡。時不敬殆哉。遠去聲。○茲。此也。遠戚。昏棄厥遺王父母弟不迪也。戰戰。恐懼。時、指好惡而言。言此商之難。在敬德以禦之。天命在周。王其敬命而已。今商王受遠其所親。無十人之和衷。一戎衣而即失其天下。不必至于再也。葢明德可以無失。一失則不可復。思我文考恪恭勤敬。其所以恐懼者。果何所敬乎。民有好惡。何者所好。何者所惡。知民之好惡而不敬。國其危哉。○難去聲王拜曰。允哉。余聞國有四戚五和七失九因十淫。非不敬。不知。今而言維格。余非廢善以自塞。維明戒是祗。九因者。謂伐敵有由也。非不敬而未知所聞。欲知之也。格。至也。善。指明德。廢則自障矣。惟周公明示戒警之言是敬也。周公拜曰。茲順天。天降寤于程。程降因于商。商今生葛。葛右有周。維王其明用開和之言。言孰敢不格。茲。指明戒言。順天。順理也。降寤。指太姒之夢。其命維新。有因殷之勢。所以儆商也。葛。蔓延之草。喻紂惡也。右。助也。王其明用開導和衷之言。則恐告之言。無不至也。告音梏。四戚。一內同外。二外婚姻。三官同師。四哀同勞。勞去聲。內同外當作內同姓。婦之父爲婚。婿之父爲姻。婦之父母。婿之父母相謂爲婚姻。官。宦也。宦必有師事師所以明道也。官皆如此。故曰同。哀。凶禮也。大宗伯凶禮有五。皆所以愍勞之也。故亦曰同。五和。一有天維國。二有地維義。三同好維樂。四同惡維哀。五遠方不爭。維。繫也。有天時之順。敵人必受其殃。故可以維國。有地利之順。戰守皆得其宜。故可以維義。同好。可以維繫人之安樂。同惡。可以維繫邦之凶禮。遠方與我無爭。此皆人心之順也。故曰五和。七失。一立在廢。二廢在祇。三比在門。四諂在內。五私在外。六私在公。七公不違。比去聲。立在廢者。立其所廢也。如衛立黜年。王人救之。諸侯放之。是也。廢在祇者。廢其所敬。如放黜師保。屛棄典刑。是也。比在門者。親比在門之人。指閽寺而言。諂在內者。婦有長舌也。私在外者。嬖人在關塞也。私在公者。所寵之人。專任公事。公不違者。公事而莫之違。君日驕而臣日諂。未有不喪邦者也。故曰七失。屛音丙九因。一神有不饗。二德有不守。三才有不官。四事有不均。五兩有必爭。六富有別。七貪有匱。八好有遂。九敵有勝。別鞭入聲。○神有不饗。不敬不孝也。德有不守。顛覆厥德也。才有不官。君子在野也。政事不平。兩賢必爭。國君侈富。別乎常制。則僭越也。貪貨賄。則匱竭人之財也。好有遂者。好暴從志。敵有勝者。如紂百克是也。十淫。一淫政破國。動不時。民不保。二淫好破義。言不協。民乃不和。三淫樂破德。德不純。民乃失常。四淫動破醜。醜不足。民乃不讓。五淫中破禮。禮不同。民乃不協。六淫采破服。服不度。民乃不順。七淫文破典。典不式教。民乃不類。八淫權破故。故不法官。民乃無法。九淫貸破職。百官令不承。十淫巧破用。用不足。百意不成。淫政。如春行夏令。秋行冬令之類。國不固矣。作事不以時。民不保其生也。淫好。如好土功。好遊田。好貨色。皆是。不宜好而好之。故破義。君命不合乎人情。民乃不順其所好也。淫樂壞德音。君德不純。民乃失其恆性也。淫動。如作丘甲作田賦之類。衆不足於財。乃爭競也。聖人以五禮防民僞而教之中。似中非中。是謂淫中。禮不合。民乃不協于中也。淫采。間色不正。服非法度。民乃不循用其正色也。造作文字。以壞經典。典不用教。民乃不善也。淫權。如唐陸贄論兩稅之弊。疏舊制賦役之法曰租庸調。建中初。再造百度。而遽更其法。每州取代宗時一年科率最多者。以爲兩稅。舊章不爲法於官。民無良法也。淫貨。如王莽貸民以財。使治產業。計贏受息壞民之九職。百官之令。民弗奉也。淫巧。則常用之器不售。造作者少。故用器不足。而百工之生意不成也。○閒疏調並去聲更平聲率音類

嗚呼。十淫不違。危哉。今商維茲其唯第茲。命不承。殆哉。若人之有政令。廢令無赦。乃廢天之命。訖文考之功緒。

忍民之苦。不祥。若農之服田務耕而不耨。維草其宅之。既秋而不獲。維禽其饗之。人而獲飢。云誰哀之。違去也。訖。及也。苦。如不保以至不成。皆是。言十淫不去。其國必危。商王所行。維此而已。是可鑒也。其維分次第而言此十淫。天命不奉。豈不殆哉。若有政令於人。不從令者。有刑無赦。不然。廢天之命。以及文考之國功世業。見民之苦而忍之。其不善孰甚焉。譬如農夫有事乎田。起土而不去草。則草居之。既成熟而不刈。則禽食之。人而得飢。其誰哀之。十淫之不可不去如此。王拜曰。格乃言。嗚呼。夙夜戰戰。何畏非道。何惡非是。不敬殆哉。孔云。王心以周公言爲至。故拜也。振謂太祝九𢷎。臣拜宜稽首。君拜空首而已。言王拜。則公答稽首可知。是指十淫。○𢷎拜本字

小開武解第二十八

小承大而言。武之分見者。亦以備商難也。周公通之以告武王。

故次之以小開武。

維王二祀一月既生魄王召周公旦曰嗚呼余夙夜忌商不知道極敬聽以勤天命。忌戒也。道極道之至善也。敬聽謹聞大開武之言也。勤勑也。周公拜手稽首曰在我文考順明三極躬是四察循用五行戒視七順順道九紀三極既明五行乃常四察既是七順乃辨明勢天道九紀咸當順德以謀罔惟不行。當去聲。順理也。是直也。博雅直訓正。戒警戒。視教也。順道者。敘而治之也。紀者記也。所以記事也。罔惟不行。與無思不服相類。言察我文考理明三極。身正四察。遵用五行。警教七順。敘治九紀。其勤如此。以言其驗。相因而見。蓋三極之中。有生五行者。有成五行者。有用五行者。

三極明。則五行乃得其常矣。有四察。然後知七順。四察正。則七順乃辨矣。至若明自然之勢於天道。所謂敘而治之也。則九紀皆合其宜矣。因總承上文。而言順君德以謀此。則人心皆從。無思不行矣。此言其效也。三極。一維天九星。二維地九州三維人四左。維語辭。九星。四方及五星也。左。佐也。四左疏附禦侮奔走先後也。四察。一目察維極。二耳察維聲。三口察維言。四心察維念。極。即三極。聞諸耳者爲聲。宣諸口者爲言。察之可以知人之情實。心之所察則惟罔克之念也。五行。一黑位水。二赤位火。三蒼位木。四白位金。五黃位土。位。謂位置之也。以五色位五行。水火木金對待。土在中央。則生尅見矣。七順。一順天得時。二順地得助。三順民得和。四順利財足。五順得助明。六順仁無失。七順道有功。天理有盈虛。順之。故得進退之時。地勢有高下。順之。故得戰守之助。順民者。所欲與聚。所惡勿施。得民心之和也。順利者。如居澤利魚鹽。居陸利田蠶之類。財用足也。利令智昏。順得。故可以助明。仁者人心之全德。順之。故德無闕失。道者天下所共由之路也。順之則協力者衆。故有功。○令平聲

九紀。一辰以紀日。二宿以紀月。三日以紀德。四月以紀刑。五春以紀生。六夏以紀長。七秋以紀殺。八冬以紀藏。九歲以紀終。時候天視可監。時不失以知吉凶。日月之會是爲辰。自娵訾以至析木。辰十二也。從亥右旋而至子。日次遷在焉。故可以紀日。星各止其所曰宿。每月各有昏旦中星。故可以紀月。日實也。光明盛實也。君子終日乾乾。夕惕若。故紀德。月缺也。盈則缺也。刑法也。聖人作則。月以爲量。故紀刑。歲越也。越故限也。終成也。視與示同。欲知時候。則天之所示者。

可察也。時不失。言有常度也。合常度則吉。否則凶。○娵遵須切王拜曰。允哉。余聞在昔。訓典中規。非時罔有恪言。日正余不足。中去聲。恪古文格。○訓典。先王之書。中。合也。規。圓指天。時。卽上文九紀也。不足。有所短也。言信哉。我聞在昔。先王之書。合乎天道。非天時。無有至言矣。余有所短。汝日正之也。

寶典解第二十九　寶。貴也。典者。常經也。前既訪道極道。固君子之所貴。而以爲常經者也。故次之以寶典。

維王三祀。二月丙辰朔。王在鄗。召周公旦曰。嗚呼。敬哉。朕聞曰。何脩非躬。躬有四位九德。何擇非人。人有十姦。何有非謀。謀有十散。不圍我哉。何愼非言。言有三信信以生寶寶以貴物物周爲器美好寶物無常維其所貴信無不行行之以神振之以寶順之以事明衆以備改口以庸庶格懷患圍音御○敬者一篇之大旨位所也指心而言圍與禦同周備也美好皆善也之指信而言事九職之事明示也備成也言我聞諸古語君人者當脩身擇人有謀身有四位九德雖十姦十散不能禦我也又當謹其政令其所以孚於民者有三信以生天地之寶寶各有所貴之物物備爲日用之器美好之寶物原無一定日用爲貴信莫不行行信以不測之神作信以自然之寶循信以生寶之事示衆以成其信改造以用其信衆於是乎至於善矣所以尊君親上皆知思患而預防之也

四位一曰定二曰正三曰靜四曰敬敬位丕哉靜乃時非正位不廢定得安宅定謂志有定向敬位

丕哉。言敬則心廣也。時非。言心待時不妄動也。廢怢也。正心不驕泰也。定則有天理自然之安。無人欲陷溺之危。常在其中。而須臾不離也。故曰安宅。九德。一孝。子畏哉。乃不亂謀。二悌。悌乃知序。序乃倫。倫不騰上。上乃不崩。三慈惠知長幼。知長幼樂養老。四忠恕。是謂四儀。風言大極。意定不移。五中正。是謂權斷。補損知選。六恭遜。是謂容德。以法從權。安上無慝。七寬弘。是謂寬宇。准德以義。樂獲純嘏。八溫直。是謂明德。喜怒不郄。主人乃服。九兼武。是謂明刑。惠而能忍。尊天大經。九德廣備。次世有賚。慈。慈幼。惠。恤老。知長幼。一言管老幼。一言知養幼也。法。度也。從。順也。天地四方爲宇。人心廣大如之。故曰寬宇。淮與準同。所以揆乎取正也。純嘏。皆大也。大大之福也。主人。敵人也。兼攝武事。善將將也。刑。軍刑。言九者之德。一君能孝。則爲子者。皆畏敬父母。乃不有悖亂之謀。二君能悌。則人亦悌。乃知長幼之序。而不失其倫。故下不超越乎上。上不崩墜於下也。三君能慈惠管老幼。則民以此知養幼。樂養老矣。四君能忠恕。是謂四方之儀法。則其敎言皆大中之極。故民心之所發。皆有定向而不遷也。五君能中正。是謂權變之斷制。不及者補之。太過者損之。知所擇也。六君能恭遜。是謂有德之容。民以君度可敬。而順其所行之權。下無覬覦。則安上而心無匿惡也。七君能廣大。是謂寬宇。揆德以合宜之義。則樂得其福也。八君能溫直。是謂明德。喜怒無罅隙之可議。敵人乃服也。九君能兼武。是謂明刑。施恩惠以拯鄰民。能含忍而不黷武。有罪當討。天之大經。宜貴重而不可褻也。此九德者。君能廣備。則世世有令聞也。○將去聲覬音冀闚音問

十姦。一竊口于靜。二洒行于理。三辯惠于

智。四移潔于清。五死勇于武。六展允于信。七比譽于讓。八阿衆于名。九專愚于果。十愎孤于貞。干與奸通洒取猥切行比並去聲阿於何切。洒高峻貌。言心本不靜。而極致其安。是謂奸靜。躬本無道。而高峻其行。是謂奸理。處事本無智。而辯論就順。是謂奸智。待物本不清而遷移合潔。是謂奸清。無殺敵之武。而矢死於勇。是謂奸武。無孚民之信。而開展於信。是謂奸信。有譽則比黨之。以推讓於人。是謂奸讓。遇衆則阿迎之。以得名於世。是謂奸名。無決斷之才。而專擅自用其愚。是謂奸果。無貞正之德。而剛愎孤行己意。是謂奸貞。此之謂十姦。十散一廢□□□行乃泄□□□□□□□三淺薄閒瞞其謀乃獲。四說咷輕意乃傷營立。五行恕而不願。弗憂其圖。六極言不度。其謀乃費。七以

親爲疎其謀乃虛八心私慮適百事乃僻九愚而自
信不知所守十不釋太約見利忘親瞞滿平聲兆音滌。一廢行乃
泄五字闕閉卽遠閒親新閒舊之閒匿情相欺曰瞞
乃獲當作不獲淺薄之言相閒相欺其謀不得也敫
兆楚歌說如歌之足聽輕意發之乃傷毁謀爲與建
立之事也君當行恕如以不願施於人則人弗憂我
之所謀矣至言不撥忠告之謀損矣以親爲疎至親
之謀空矣居心私曲而不中圖慮安適以自便百事
偏矣愚而自是其謀不知所以護國之道矣釋解也
太約者道之大要指仁義言見利忘親者子懷利以
事其父弟懷利以事其兄也此
皆謀之散失者也。○敫音叫三信一春生夏長無
私民乃不迷二秋落冬殺有常政乃盛行三人治百
物德其德是謂信極而其余也信旣極矣嗜欲口

在在不知義欲在美好有義是謂生寶無私溥徧也不迷不眩也物德其德人感其德也而其二字當在有義之上言信有三一生長無私民不眩於事二落殺有常政盛行於世三人治百物感君之德是謂信之至余也信既至矣嗜欲何在在乎不知制事之宜惟知美好之物耳而其有制事之宜者是謂生天地之寶周公拜手稽首興曰臣既能生寶恐未有子孫其敗既能生寶未能生仁恐無後親王寶生之恐失王會道維其廢後親後嗣也會聚也廢墮也言臣既能生寶尚恐未有其寶則子孫之業壞矣既能生寶未能生仁人心離叛恐無有後嗣也王當以寶生其仁惟恐失王會聚之皇極葢道當思其廢則政無不舉斯子孫無敗也王拜曰格而言維時余勸之以安位敎之廣用寶而亂亦非我咎上

設榮祿不患莫仁。仁以愛祿。允維典程。既得其祿。又增其名。上下咸勸。孰不競仁。維子孫之謀寶以爲常。

安位。各得其所也。典程。常法也。言至哉汝言。惟是余勸勉之。以各安其所其爲敎也。行之以神。振之以寶。順之以事。可謂廣矣。既能生寶。民用之而生亂。亦豈非我之過哉。爲人上者設榮祿以選俊民。不患其不仁。仁人愛祿。鄉舉里選。信爲常法。既得朝廷之祿。又增仁人之名。上以勸下。下以自勸。上下皆勸。誰不用力於仁乎。富所以宜敎也。寶能生仁。當有以謀之。子孫維以此爲常也。

酆謀解第三十

酆說見前。謀。議也。寶典以安國。此以禦敵也。故次之以酆謀。

維王三祀。王在酆。謀言告聞。謀言。謂紂黨助虐。謀伐周之言也。告聞。謀告武王聞知也。王召周公旦曰。嗚呼。商其咸辜。維日望謀建功。

謀言多信。今如其何。商王之黨皆罪周。如奄與五十國是已。彼日望商王謀周。以立武功。謀告謀言。多可信也。今如其何。謀所以禦之也。周公曰。時至矣。乃興師循故。初用三同。一戚取同。二任用能。三矢無聲。三讓。一近市。二賤粥。三施資。三虞。一邊不侵內。二道不毆牧。三郊不畱人。粥音育。伐敵之時至。循文考之故事。初用文初所用者。同。齊也。戚兼內外。取同姓。親親也。任。事也。指軍政。能。有才者。矢。誓也。無聲不諠譁也。指軍法。同心同事同法。此之謂三同。讓。推以與人也。近。指貨之名寶。凡貨賄名相近者。相遠也。實相近者。相爾也。而平正之。肆長是也。賤粥。賤賣也。凡天患禁貴儥者使有恒賈。賈師是也。施資。施貧財於賓旅。如遺人委人是也。此三者皆以財讓也。虞。樂也。設此三禁。所以悅民。邊。陲也。深入其地之謂內。不侵內。防伏兵也。不毆牧。不逐養馬牛羊之人也。邑外謂之郊。畱。止也。淺其出入。無滯畱也。○僨音育恆賈音價王曰嗚呼。允從三三無咈。厥徵可因。與周同愛。愛微無疾。疾取不取。疾至致備。由禱不德。不德不成。害不在小。終維實大。悔後乃無。帝命不諂。應時作謀。不敢殆哉。上三字。指數而言。下三字。即三同三讓三虞也。咈。違也。愛者。奉上之通稱。言信從三三無違。善証可依以立功。試觀天下諸侯。與周同奉商王無受者。非無惡也。惡當取之而不取。則惡至矣。故宜招致其備。從而禱其黨惡之事於神。神不德之。彼不能成其謀。周之事矣。蓋受之與國害周。如因其事勢之小。以爲害不在此。則害終實大。雖悔之於後。乃無及也。上帝眷顧我周。無有疑貳。合時以起其謀可耳。不速圖之。國其危哉。周公曰。言斯允格。誰從已出。出而不允乃菑。往而不往乃弱。士卒咸若周一心。咸若。謂皆順也。言此言信乎其至。誰不從我出師乎。出師而不信三三。乃受其菑。允則宜往而不往。乃是弱也。士卒皆順周。一心與與師可哉。

寤儆解第三十一

寤者。武王既夢而覺。儆者。言因夢而有戒也。鄷謀恐泄。王戒備之。故次之以寤儆。

維四月朔。王告儆。告國人戒備也。召周公旦曰。嗚呼。謀泄哉。今朕寤有商驚予。欲與無口則。欲攻無庸。以王不足。戒乃不興。憂其深矣。王去聲。則。地未成國之名。庸。功也。言鄷謀恐泄露於商。今朕夢有商來伐而驚予。欲與之地。不成國矣。我周作伯已久。斷無不成國者。欲攻之。於義不克。恐無功也。以我小邦周。王天下而不足。故祇戒備。乃不興師。恐謀之泄。憂其深矣。周公曰。天下不虞

周鶩以寤王。王其敬命。奉若稽古。維王克明三德。維
則戚和遠人。維庸攻王。禱赦有罪。懷庶有茲。封福監
戒善敗。護守勿失。無虎傅翼。將飛入邑。擇人而食。不
驕不悋。時乃無敵。傳音附。悋音吝。三德剛柔正直也。虎喩紂。傅翼喩紂有黨惡之人
也。言受黨之外。天下無有圖度我周者。商王伐我可
鶩以夢寤王耳。王其敬天命可也。承順而稽考古道
可以致王。能明三德。可以爲法。親睦遠人。可以立功
攻王之所禱。咨脅從之罪而罔治。以懷衆庶。有此大
福矣。出師於外。察其善而戒其敗。護守其國。勿有闕
失。無使虎附翼而飛入邑。擇人而食。王其以禮接下。
不矜夸而得將帥之心。以惠及人。不吝
嗇而賞有功之士。是乃無敵於天下也。王拜曰。允哉。
余聞曰。維乃予謀。謀時用臧。不泄不竭。維天而已。余

維與汝監舊之葆咸。祗曰戒戒。維宿。乃難也。臧善也。葆藏也。咸讀爲緘。封也。藏而封之。謂古文也。宿通作夙。早也。言允哉余聞曰。維其難其慎於予之謀。謀是以善。幾密而不泄。福大而不盡。維奉天而已矣。此古語也。余維與汝察舊之葆咸敬而戒之。戒宜早。不可遲也。

武順解第三十二　順循也。前旣告微矣。此言武之取象與其成法。以及用武之人。無不循其道也。故次之以武順。

天道尚左。日月西移。地道尚右。水道東流。人道尚中。耳目役心。天。顯也。在上高顯。地底也。其體在底下。載萬物也。尚左尚右。陰陽對待之義也。耳目役心。耳目爲心所役也。此言天地人之體。心有四佐。不和曰廢。地有五行。不通曰惡。天有四時。不時曰凶。四佐。脾腎肺肝也。廢癈通。病也。五行專一。

不相生剋。則不能相濟。故惡。凶。如大災大疫大札大荒皆是。此言天地人之用。天道曰祥。地道曰義。人道曰禮。知祥則壽。知義則立。知禮則行。禮義順祥曰吉。祥。善也。元亨利貞無不備。故曰祥。剛柔燥濕無不分。故曰義。親疎貴賤無不敍。故曰禮。造道必始於知。知祥則天行至健。可以不息。故壽。知義則事物得宜。有所持循。故立。知禮則小大皆由。無所不可。故行。合而言之。義以生禮。禮必有義。義禮順從天之善。則事無不吉也。此言天地人之合。吉禮左還。順天以利本。武禮右還。順地以利兵。將居中軍。順人以利陣。將去聲。○本。謂人也。從東而南。左還陽也。從西而南。右還陰也。人有中曰參。無中曰兩。兩爭曰弱。參和曰彊。上節中軍。總全軍而言中。此言乘皆有中也。參。指車右及御車之人也。無中。則兩必爭而弱。三則和而彊。男生而成三女生而成兩。五以成室。室成以生民。民生以度。（承上文。合參兩言之。以況行軍之有伍法也。男子奇數。故三。女子耦數。故兩。三兩合。故五。度。三兩之體度也。）

左右手各握五。左右足各履五。曰四枝。元首曰末。（承上文五字而推言之。以況伍法之有統率也。五。五指也。手足謂之四枝。元首在上。故曰末。）

五五二十五曰元卒。一卒居前曰開。一卒居後曰敦。左右一卒曰閭。四卒成衛曰伯。三伯一長曰佐。三佐一長曰右。三右一長曰正。三正一長曰卿。三卿一長曰辟。（辟音璧。此節遂言伍法。元卒。大卒。伍兵名也。開。謂導之也。敦。以厚終也。閭。門也。左右卒似之。開敦閭。陣名。周禮兩司馬也。四卒百人。衛。護也。伯。把也。把持軍事。卒長名也。三伯。三乘三百人。長所以統率者。佐。輔也。三佐。九乘九百人。右。助也。三右。二十七乘。二千七百人。正。備也。佐右正。皆長官名也。三正。八十一乘。八千一百人。卿。章也。鄉。嚮也。章善明理。人所歸嚮也。大國。三卿。二百四十三乘。二萬四千三百人。辟。君也。辟必明。卿必仁。正必智。右必和。佐必肅。伯必勤。卒必力。自辟至卒。言任之不易勝也。佐右俱宜和肅。右和左肅。互言之也。辟不明。無以慮官。卿不仁。無以集衆。伯不勤。無以行令。卒不力。無以承訓。均卒力。貌而無比。比則不順。均伯勤。勞而無攜。攜則不和。均佐肅。敬而無畱。畱則無成。均右和。恭而無羞。羞則不興。此承上文推明必字之義。君不明。無以詳審百官。卿不仁。無以集聚衆職。伯不勤。無以行令於卒。卒不力。無以承教乎伯。此反言之。以見其當必然也。官職同曰均。均卒力。則二十五人皆禮貌其上。而無計校之私。計校。則不承順也。均伯勤。則百人皆服勞於上。而無攜離之志。攜離。則不和睦也。均佐肅。則三百人敬事。而無遲留之意。遲留。則不成就其武功也。均右和。則九百人協恭。而無羞恥之情。羞恥。則不興起其勇氣也。此正言之。以見其所以必然之故也。離音荔

辟必文聖如度。元忠尚讓親均惠下。集固介德危言不干德曰正。此申言辟之明。所以專責其君也。均。卽卒伯佐右也。危。高峻也。正。卽三右之長也。言君必文章通明而能合度。體仁盡已而能尚讓。此其所以明也。故能親近其卒伯佐右之官。惠愛其卒伯佐右所統之人。卿之集衆。固在大德。危言不犯卿德者。正也。皆辟之明。有以慮之也。

正及神人曰極。世世能極曰帝。此推廣辟字之義而贊美之。上節正指官。此節正指君。明以德言。正以道言。及。謂造及之。聖不可知。是名神人。可謂至善矣。德合天地者稱帝。帝。諦也。公平通遠。舉事審諦也。

武穆解第三十三穆。深遠也。言武義深遠。不但順而已也。故次之以武穆。

曰若稽古曰。昭天之道。熙帝之載。揆民之任。寅德之用。揆葵上聲。○曰若。語辭。昭明天道。光上帝之事也。君有民之任而揆度之。大君德之用也。此古語也。武義之深遠。於是乎在矣。摠之以咸殷等之以□禁成之以□和。咸康于民。卿格維時監于列辟。敬惟三事。永有休哉。承上文揆民任而言。揆民任。所以昭天道也。殷。中也。成。平也。格。正也。列辟。諸侯也。言合民以咸中。齊民以禁制。平民以和順。皆安民之道也。其有不合於道者。卿有以正其君。維是視古之諸侯以爲師法。敬思三事。長有休美哉。三事。一倡德。二和亂。三終齊。終。盡也。齊者。一其心志。申明三事也。綱領爾。德有七倫。亂有五遂。齊有五備。倫。常也。遂。擅成事也。又舒達之意。備。具也。言德中之常事有七。亂國之遂事有五。齊民之具事有五。條目也。此總計之。下文乃悉數之。五備。一同往路。以揆遠邇。二明要醜友德。以衆爾庸。三明辟章遠。以肅民教。四明義倡爾衆。教之以服。五要權文德。不畏強寵。要，一音邀。要。要道。謂孝也。醜。比也。分別之義。友德。彊弗友剛克。燮友柔克也。衆。多也。辟。法也。指禮而言。服。行也。要。劾實也。權。所以稱物者。文德。所以齊民者。強寵。指在位之人。言具事有五。一同歸王路。無遠無近。其揆則一。二明孝道。分別友德。以多其庸行。三明禮法。表著其遠嫌之事。以整飭民教。四明制事之宜。先爲衆倡。教之以行。五劾稱文德。以懲戒之。不畏有力有勢者。此五者。齊民之事也。五遂。一道其通。以決其雍。二絕口無赦不疑。三挫銳無赦不危。四閑兵無用不害。五復尊離羣不敵。道。引也。凡人往來交好曰通。如宋合成是也。決。去也。雍與壅同。言道路無壅也。絕。卽絕世之絕。如晉里克弒其君之子奚齊。此無赦而不疑者也。挫。摧也。銳。細小也。挫銳謂強鄰伐小國。如密人侵阮徂共。此無赦而不以爲危者也。閑兵。謂敵國降卒宜防閑之。此雖無用之兵。不可害也。復。還也。尊謂鄰國之君。離羣。離羣臣也。敵。拒抵也。言鄰國之君見逐於羣臣。當納復其國。不可拒也。五者無不遂。此和亂之事也。。降胡江切

七倫。一毀城寡守不路。二通道不戰。三小國不凶不伐。四正維。昌靜不疑。五睦忍寧于百姓。六禁害求濟民。七一德訓民民乃章。毀城。不修之城。寡守。謂守者少也。路。隳城以成路也。通道。謂道路交通也。不戰。不鬬也。凶。咎惡也。正。正道。如小明武解五教允中。枝葉代舉。皆道之正者。維。連結之也。昌。美言。如允文解昭告周行。此言之美者。靜。安之也。不疑。民不惑也。睦。忍。和睦含

忍。如允文解收武釋賄。以至位之宗子。皆和忍之事。所以安寧勝國者。族姓甚多。故以百賅之。非專指民也。害。如侵掠之類。求。索也。索取勝國之財物。禁止之。所以救民也。一德。純一之德。以之教民。民德乃章明也。此之謂七倫。倡德之事也。

欽哉欽哉。余夙夜求之無射。射音睪欽。敬也。書之大旨。之。指七倫五遂五備而言。無射。無厭斁也。